湖南人怎么了

湖南城市十四脸谱

嘴巴长沙　士气湘潭　书生衡阳
手掌常德　打手邵阳　文人永州
灵魂湘西　蛮人娄底　商人郴州
直人株洲　美人益阳　蛮商怀化
眉毛张家界　眼睛岳阳

徐志频◎著

中国青年出版社

图书在版编目(CIP)数据

湖南人怎么了 / 徐志频著;
—北京：中国青年出版社，2012.11
ISBN 978-7-5153-1204-0
Ⅰ. 湖… Ⅱ. ①徐… Ⅲ. ①性格特征—研究—湖南省 Ⅳ. ①C955.2
中国版本图书馆CIP数据核字（2012）第259426号

湖南人怎么了

作　　者：徐志频
插 画 者：贝丽君
责任编辑：周　红
美术编辑：夏　蕊
出　　版：中国青年出版社
发　　行：北京中青文文化传媒有限公司
电　　话：010-65516873/65518034
公司网址：www.cyb.com.cn
购书网址：zqwts.tmall.com　www.diyijie.com
制　　作：中青文制作中心
印　　刷：北京盛源印刷有限公司
版　　次：2013 年 3 月第 1 版
印　　次：2013 年 3 月第 3 次印刷
开　　本：787 × 1092　1/16
字　　数：238 千字
印　　张：21.5
书　　号：ISBN 978-7-5153-1204-0
定　　价：35.00 元

目录

CONTENTS

副 篇

第二卷 湖南人

反思湖南人

曾国藩

毛泽东

第三卷 湖南精神

湖南精神

评论

再版前言

三年前，眼下这本《湖南人怎么了》初版面世。连我自己也没能预料到：通过网络扩散、社会争议、读者口碑，短短数月，居然会持续造成铺天盖地的轰动效应。

这本书因此成了我事实上暴得大名的成名之作。

三年来，围绕这本书，也发生过不少故事。我飞遍中国各地，常进湖南街巷，一路碰到过许多读者。惊讶的是，不少读者见面能背诵出其中不少语句与段落。他们力挺我：自己正是书中写的那样的！年轻读者用奇特的方式表达对它的喜爱：在书中找到自己所出生的城市，提取书中喜欢的字词，用做自己笔名、网名或座右铭。有朋友据此玩笑说："看来，以读没读过《湖南人怎么了》，知不知道'湖南人怎么了'，可以分辨出今天湖南到底有哪些人在看书，哪些湖南人开始浮躁不再看书。"这话可能有一点夸张。"耕读传家"的湖南人是有真看书的习惯，至少我行走中国江湖碰到过的各式各样陌生读者，身边差不多都藏有这本书。最绝是有些80后、90后，买了送60后、50后的老板、同事。这本书对了他们的口味，他们便主动去扩散这种味道。

现在争议已过，自我反观，这本自由言说的书，以当代的眼光，构思可能确实过于“大胆”了一点，语言写法上也可能确实太“创新”了一点。以致初版出来，不适应的、骂娘的、喝倒彩的、挑战的、甚至想找上门来打人的，令人眼花缭乱。热闹过后，民间文化机构开始在各种读书活动中推荐；学校、企事业单位、社团、社区、景点相互间口碑产生“自动波”；一些名家相继站出来谈论收获，挺身支持；潜心的读者开始用心阅读。最后，越来越多的读者肯定了它、相信了它、接受了它，并主动去讨论它、传播它。

我自问读者热情追捧的原因，固然有“大胆”、“创新”，但重要的一点，无非是这本书没有大话套话，彻头彻尾都是些当代“人话”。就是说，是些“公民表达”。湖南民间历来就是这么说话的，我写出来了而已。

三年过去，初版多次印刷，销售一空。如今合同到期，中国青年出版社再精心制作推出，借再版之机，我补充进三分之一内容。新版更丰满，读起来更系统，整体上也更完整，更具珍藏价值。

也特借新版机会，与所有喜欢、热爱它的读者用当代“人话”，再深入聊一聊民间鲜猛的“湖南精神”。试想1912年的湖南，与2012年的湖南，确有一种真气贯通，诚如2112年的湖南人将会寻问今天一样。我们对所处时代，对时代的真实，从来不应那样隔膜，更不应故意疏远。

于湖南

2012年8月8日

第一卷

湖南城

主篇

嘴巴长沙　土气湘潭　书生衡阳

手掌常德　打手邵阳　文人永州

灵魂湘西　蛮人娄底　商人郴州

直人株洲　美人益阳　蛮商怀化

眉毛张家界　眼睛岳阳

副篇

在长沙策里手　在湘阴说江湖

去黔城看菩萨　到平江感英雄气

进大瑶察工业

主篇

嘴巴长沙

> 长沙人对外发明一个“策”：就是有话好好策，没话找话策；有人好好策，没人找人策。这是比空瓶子也能喝出烈酒来更难更高的本领。这张策的名片，只供出省外销，长沙人最喜欢的头衔，还是“里手”。

每次翻开地图看到湖南那颗脑袋，我总联想起长沙就是湖南那张嘴巴。

嘴巴除了可以吃食，还可以用来说话。如湖南嘴巴的长沙，含在它里面的人，多为能吃善说。

1999年我初到长沙，住在黄兴路步行街边一个叫樊西巷的地方，第一个认识的长沙人，是个本土老头。老头特别能吃。那年冬天特冷，老头将自己裹得像北方人，冒雨顶雪，从外面提一兜白菜，几颗肉星，一瓶4块的二锅头。大门一关，火锅一烧，空调一开，自做自吃。

老头见我没事，拉我陪他喝。这一喝，就从上午11点，扯到晚上8点。老头本是做工科，在省里某单位做工程师，但酒一上心，菜一进嘴，他话多了起来。端起碗来吃白菜，举起瓶子来喝酒，放下筷子来说话，动作如此反复者三。老头说了什么，今天我已记不得一句，但他神奇的说话本领，却让我头一次见识了长沙人。等他吃完一盘点，火锅电费也算进去，这餐不超过10块钱。但他津津有味的本领，足以让看客馋得咽，听客爱得迷。

3年后碰到一事，才知道他们爱吃，更爱付钱。一哥们讲见识，某长沙青年哥哥请兄弟喝酒，一瓶子五粮液进肚，从长沙扯到北京，从月球讲到卫星，从四娭毑谈到蔡京。临到埋单，哥俩抢着掏，结果打了一架。青年哥哥说：争么子争，老子有钱，VIP，走人！张手拦辆的士，啪地关门，一骑绝尘。第二天一早起，有人看见青年哥哥带把现金，走路来到饭店，将作抵押的诺基亚赎回，脸上看不到忧伤。

走在长沙街头，闻到臭味不在洗脚城，你身边一定有人吃豆腐。长沙火宫殿臭豆腐火，地球人都知道，长沙路边的臭豆腐火，外地人才知道。长沙人去火宫殿，场面办得像请客。早年最高档的祝生祝寿店有家叫玉楼东，几盘菜要1千多块，长沙人吃起来眼睛不眨一下。长沙女人买口红涂嘴巴，如果一根卖1千块，你就别想将她吓眨眼。她出手阔绰，辣指夹1千一甩，昂起胸脯扭屁股走人，倒足够将你吓傻眼。

所以你就搞不懂，每月拿1千块工资，为什么他们都那么有钱，而且像似越花越有钱？人需要明白一个真理：天下长沙人只有可能缺钱，永远不存在口袋里没花的钱。这是个让人羡慕的奇迹。世界人没有永动机，长沙人没有造钱机。那他们为啥不差钱？你不能轻易搞得懂。直到你看到他们将洗菜水滴水不漏地节下来冲厕所，每月节省下0.1百元水费，你才会明白艰苦朴素与“头可断、血可流、皮鞋不能没有油”的两结合精神，顾上嘴巴弃下卫生的牺牲精神，会有多么了不起。

据说人吃饭是为了说话。这印证口腹之欲次要。钱钟书写《论吃饭》，说吃饭是个名义，好比娶阔佬的小姐，宗旨不在女人。长沙人吃，宗旨不在食好。中国比长沙人吃得好的不少，至少广东人爱吃果子狸，长沙只几个出差的人尝过。但以中国之大，真要架起场来“比吃招亲”，则长沙人有望成为地球村每个家庭的乘龙快婿：以地球之辽，比长沙人会吃的没有。拿着瓶子喝酒，最高本领是空瓶子喝出烈酒来。有了这个最高本领，长沙人会说，也就成了顺理成章，顺水推舟，顺其自然。

10年过去，我再回想，当年一个工科的老头尚且如此能说会道，长沙人的策功，已足以窥小斑而见大豹。

长沙人对外发明一个“策”：就是有话好好策，没话找话策；有人好好策，没人找人策。这是比空瓶子也能喝出烈酒来更难更高的本领。这张策的名片，只供出省外销，长沙人最喜欢的头衔，还是“里手”。

“长沙里手”。每听到这句话，长沙人的嘴巴就会心而笑，骄傲地笑，将你看傻瓜一样地笑。在长沙，心领神会，这叫“心有灵犀一点通”，出长沙，闻曲听音，就叫“他乡遇故知”。同属人生四大喜。有灵犀用来谈爱，遇故知可以借旧攀亲，这叫气味对头。气味不对，长沙人不甩起，脑袋昂得像老爷，眼角里没你这个人。

要长沙人承认某人，除非你先当个里手。里手是长沙方言，在行的意思。随便找家路边店吃盒饭，碰到一个本土老长沙喝酒聊天，如果你不说他“神舟八号的事已经晓得一半，地球上的事情已经全部晓得”，他就会用他虽三寸但灵活的舌头，源源不断地告诉你天上人间万千大小事，直到让你心里头明白：这人间事情，只有神舟九号，他暂时还不全晓得。你在某地不点姓名地惊叹：某人太牛，知晓前五百年，又后五百年！长沙人路过，会傲起头颅，冲你微笑，感谢你实诚，这么诚恳来夸他。你说：我在说诸葛亮呢！长沙人嘴巴一撇，诸葛亮是哪个？诸葛亮算么子！

我刚做记者那两年，在长沙的社区里跑，跟正宗老长沙打交道，他们喜欢跟我策，所谓光阴似箭，日月如梭，时间一分一秒，就像他嘴巴里一个接一个汉字，这个进来，那个出去，射箭一样地飞掉。

有个同事刚好也是老长沙，他大我10多岁，算得上老江湖。他跟我说：做新闻就是策，话策完了，新闻也就做出来了。那时节跑社会新闻，找线索是个大问题，该老兄却从来不为无米之炊，每天坐在办公室，打开电脑上网，还没流行用QQ，他就登陆内部论坛，跟一帮同事天南海北，稿子却源源不断。这可是比空瓶子也能喝出烈酒更高的本领啊！我怀疑他有秘偏方之类，他也不作声，神情颇为不屑，仿佛如此雕虫小技，压根就不值得渲染，说：明天我带你去见识见识！

第二天快下班了，老兄叫上我，打个车，飞也似的跑到省妇联的挂权益保护牌子的办公室，一番神龙见首不见尾的开场白，马上就找到一个受害妇女来投诉。老兄是个喜欢说话懒得动手的人，于是他导演一样，马上换副悲剧加同情的脸，跟受害妇女神策起来。等老兄的嘴巴收工了，我的本子也记满了，一篇绝妙好新闻，也就水米具备，只等烧熟了吃。如此配合者三，省事省心不少，其他同事莫名就里，青发搔更短，腿跑得更细，老兄常独自偷笑。

老兄对每个月拿个五六千块颇为不屑，他跟我说：还不够吃夜宵。某次他跟我说：咱们报社某某某吹嘘自己有钱，鸟！老子是见过大钱的，以前每次过手的钱都有几千万，懒得用麻袋提，全放到一张卡里了！某某某那点钱？只够塞牙缝！这话说得让人满心狐疑。但后来他带我去一家茶楼，喝200多块一杯的铁观音，说更加大得没边的牛气话。临走时告诉我：这家茶楼就是你老兄我开的！果然，做记者没几个月，该老兄就突然消失。再次见到时，他已在某大文化公司做了总经理，果然接了一家几个亿的项目，但这次私下见面，他请我吃4块的盒饭了，话就更加没边，从国际到国内，不超过10个人可以放到眼里。他一声喟叹：问天下还有几人？诸公碌碌皆余子！

老长沙都经历过革命。国际自人类开始说话，信息无时无刻不在搞革命，后来发明了一个新行当，叫作广告业。广告当然对你的口味，但最对的是长沙人口味。在长沙人看来，人生在世，就一广告：说话是用语言在空气里做流动的广告，街头广告等于将人的嘴巴固定在墙壁上。用哲学家的话讲：天下事物，莫不处身广告之中。所以溜一眼长沙街头广告，等于看见全长沙的嘴巴。

将金条讲成稻草，那是两千年前的人。老子和他的学生，相信“信言不美，美言不信”，所以说话像个穿补丁的乞丐，看上去老实又可怜，人恨不能多周济他。但长沙的乞丐都装像个达人，他们指点江山，鄙夷天下，一边讨钱，一边不忘讨论宋庆龄。黄兴路步行街几个铜像前，常飘荡这类声音。君子固穷，他至少还可以用嘴巴来兼济天下。

是的，天下。

长沙人打广告不写“天下”，等于美国人眼里没有华盛顿，法国人墙上失去拿破仑，中国人嘴里不谈毛泽东，那都是不敢想象的事。让长沙人将“天下”换成中国，等于去洗脚城被小妹按了脑袋，去酒吧蹦迪结果听了轻音乐，那是不可思议的事。不可能的舒服与可能的不舒服，敢想象的与不可思议的，总之都是不可能发生的。

长沙跟北京比城市，好比蚂蚁比大象。但大象有可能被蚂蚁绊倒，那得看蚂蚁是否在打哈欠。长沙人打个哈欠，整个湘江水便成了东风里的飘带，东风万里鲜花开放湘江像太平洋。从长沙人口里有了天下，他们都成了太平洋里广告商。

记得相声大师马季曾发明个“宇宙牌”香烟，北京人眼里，宇宙大象那么大。长沙人嘴里，大象固然不小，但比过大象，则是嘴里乾坤，号曰“天下”。到长沙你想打广告，一句超过3个字，还没点到“领袖、天下、民心”，借《大腕》的话说，你都不好意思说出口。“不吹最牛，只要最大”，这是长沙版人生观。但抱歉广告版面过于小气，长沙人抓紧简称之“领天民”。看不懂去翻古汉语词典，帮添加词条新义：“领导全天下的人民”。

即使离长沙几百里的边远山区，在市中心挂广告也会说：英雄不问出处。其实是问不得出处，昨天还在耕田嘛！你以为大有来头，其实先封了你的口。但你冒失问了，结果被一番神策，你更加自讨苦吃，被搞得云深不知处。你再过细看下，墙壁上几个威风凛凛的大字，难道不正在张大嘴巴，专门冲着来吓你这个小老百姓？

长沙人眼里没几个人，广告里人没有几个，嘴巴里出来更加没有人。我做记者那阵，谈的女朋友家在坡子街，是土生土长的长沙人。2002年她第一次出差到北京，回来后跟我说：北方的人都是木鱼脑壳，反应十分迟钝，你急得死他还没开窍。最后她跟母亲结论，中国还只有长沙最好。然后又一起怀疑：中国首都为何不在长沙改到北京？答案是长沙人宽宏大量，懒得跟小气的北京人计较。她的外婆家就在兴汉门，据说跟大画家李立是邻居，每次说起李立，今天被多少人前来求他写字了，明天又要到哪个国家帮人写字了，张嘴说来，如数家珍，直到让你误会，李立或者就是她一家人。其实她们都一点不懂画画的，到了这里是货真价实的“长沙不里手”。

既然还要做“长沙里手”，老长沙跟老长沙的子孙，见面神策就要上演一幕好戏。2001年，记得长沙中山路有家叫荷东的酒吧，都是一些以里手自居的青年，在里面蹦迪。里面火气盛，嘴巴话就多，三句话不对头，拳脚就动起来。那时长沙到了不打架酒吧就没生意的地步。但长沙人更乐意做个打架指挥家，人家两个像斗红眼的公鸡，有满哥作壁上观，在边上大喊：打上面！打下面！打中间！手脚并用，声情并茂，幸灾乐祸，唯恐天下不乱。人家打得血花四溅，他看得眼冒金星，当这是不掏门票的斗牛场。可见嘴巴能用上的力太小，远不足以消耗掉长沙人的旺盛精力，他们更愿意动口动手，手脚并用，来显得自己言语跟行动都是巨人。

去年北京有几个兄弟，都是20年后可望晋级省部级别的，慕长沙酒吧声名而来，可怜酒吧门徘徊，不照北京有人来，犹豫再四，还是担心手脚伤与口水，带着长沙的遗憾，忧郁地回到京城。我后来想起，忘了带他们去湖大堕落街，至少几根辣椒，还能带点回味，不会这么落落寡味。

孔子说：君子敏于行而慎于言。这是告诉人多做事，少说话。又说：君子敏于行，讷于言。等于告诫人：多干活，闭上嘴。两句话一直被当作中国人的人生信条。湘潭人毛泽东很喜欢，马上拿来用，叫女儿“李讷”，还发明一句话：实事求是。但长沙人不会慎于言，就无从讷于言，顶多是敏于行敏于言。如果人除了吃饭可以长胖之外吃话也可以长胖，那么2009年全球再怎么金融危机，也只可以饿到中国与世界其他人，绝对饿不到长沙人。所谓“今年不怕饿，全凭嘴一张”。

其实说到嘴巴，你再去打开地图，可以看到：北京像是中国这只雄鸡的嘴巴，长沙正是湖南这颗人脑的嘴巴。虽然长得有点歪。我猜测：鸡的嘴巴是用来吃米的，所以中国人跟外国人打交道，就是多赚外汇多吃米，用长沙话说，就是有很多米米；但人的嘴巴多是只用来说话的，所以长沙人就不顾产米，总是话多，而且说后就忘，到最后自己也不知道到底说了什么，嘴巴像架专做无用功的永动机。

说到这里，长沙人眼珠子咕噜一转，意识到再看下去，后果严重：一拍脑袋，啊耶！拐挂场哒！冒搞头啦！撤！

想起好多年前，湖南电视台笑逐颜开给汪涵办了个《越策越开心》，几年下来，汪涵嘴巴讲干了，湖南人脸都笑麻了，外省人全笑僵了，硕果仅存的快乐，也都被笑得肥皂泡一样炸掉了；骑马下不来，策马扬鞭不打仗，越策越烦恼，越策越不开心，汪涵脑子一泛，好家伙，越撤越开心。四下寻思，见好踏上《天天向上》，从此每天可以好好学习，如今他心里踏实多了。

如果有人看到这里还想说：长沙人贫嘴。我第一个不答应。这不仅是因为我已名正言顺地成了地道的长沙人。岁月流转，浪花起灭，10年弹指一挥间，我如今身边的长沙朋友，多是半路杀进来，已鲜有土生土长的长沙人。

老长沙都到哪里去了呢？我很怀念他们。

老倌，上街，血拼！
堂客，我们省吃俭用了
一个月已经有这么多钱咯！
老倌，今天吃的好饱，
臭豆腐好好吃啊！
堂客，今天花得好爽，
我那手表真漂亮！
KFC
不错，可是老倌，
我们明天怎么办？
堂客，今天我们花的好省，
还剩10元！
明天，我们把这剩下的10元
也花了，留着不花
看着难受

土气湘潭

> 湘潭人的舌头尖厚些，声音出来后，总像拳头擂在沙发上。因为声音尖而清给人以时尚感，所以落音重而钝就让人感到土老帽。湘潭人不会在意自己老土，依然大街小巷地翻卷槟榔，乐得自己就是一个俗人。

据说要认出城市，最好的方式是嗅，闻一下味道就知道；以这个方法闻湘潭，鼻子里缭绕的，怕都全是土气。

偌大一个湘潭城，其实是农村的放大版。城市的高楼，也正是农村平房的叠加版；湘潭城的道路，恰好是农村土路的拓宽版；生活在里面的湘潭人，是刚换上了市民服的农民。

湘潭是我高中毕业继深圳之后生活的第二个城市。当在湘潭的时光与一段青春的记忆如此血肉交融，我发现湘潭味道深入骨髓，我稍一回味它就如身体，熟悉到已无须触摸，甚至无须再闻。

随手扇一下湘潭，你就可以说闻到槟榔味道。湘潭人不分场合、时间，口里随时翻卷槟榔，腮帮子肌肉一紧一松。所以湘潭人说话，口里也像是含了一颗槟榔。跟长沙人说同一句话，你会发现，湘潭人的舌头尖厚些，声音出来后，总像拳头擂在沙发上。因为声音尖而清给人以时尚感，所以落音重而钝就让人感到土老帽。湘潭人不会在意自己老土，依然大街小巷地翻卷槟榔，乐得自己就是一个俗人。

湖南人走到哪都让人发现俗气，湘潭人是衣角落带风都流淌俗气。他们本来舌头就厚，卷颗槟榔再翻动舌头吐话，那已是厚上加厚。用池莉小说《烦恼人生》一个人名来形容，就是印加厚。黄天厚土，背朝太阳。湘潭人这一形象，在我们印象里进一步加厚。

我在湘潭一家报社实习那年，某次报社获了市里一个奖，副总编辑一高兴，请客！记者编辑们烫一壶浑浊的米酒，一群人在一条颠簸的水泥路上穿梭，我闻到巷子里尽是烟火味，看头顶平房凋敝，像毛主席时代的遗物。在一家跟农村差不多的土桌子前打牌，烟雾缭绕，声音交加，麻将花牌，雾里看花。但他们都修得一双火眼，摸牌即发，炮声连连，男记者吆喝，女编辑尖叫，整盘麻局高潮迭起，其快乐不足为外人道。我一直弄不明白，他们为啥转弯抹角、费尽九牛二虎之力，才委婉找到这么个比大学生宿舍还对不住人的俗地方？后来想通了，一帮文化人，只有这地方有气氛，来感觉。换了五星大酒店，他们摸麻放炮，不喊不叫，不哭不闹，生不如死。他们俗出生活的本色，让人感到率真与纯粹。

回忆一下，比土屋子更俗，还只有槟榔。长沙人也爱吃槟榔，但也就像广告里说的，爱冲动，爱诱惑，A感觉。很小资，让人感到秀气，根本缺少湘潭人的黄天厚土气。

我头一次领教湘潭槟榔是1998年。那次去市里玩，中午在中心站搭14路车回，夏日炎热，人欲昏昏，一个湘乡的朋友，随手递来一颗槟榔，说可以提神。我放在口里咀嚼不到两分钟，突然感到头已眩晕。车上一路颠簸，我试图站起来，才发现浑身绵软，像醉了酒，力不从心。车到站后，已过半小时，槟榔劲道已消，我才得以按时下车。那次后我才明白，湘潭人吃槟榔的俗，是有农民胳膊一样的劲。

有人说湘潭的槟榔里放过敌敌畏，据说农药放到越多，槟榔嚼起来越有劲，这话让人听得毛骨悚然。湖南人不怕死是真话，湘潭人不怕死是实话。湘潭人毛泽东写文章说：这世界什么不要怕？天不要怕，鬼不要怕，死人不要怕，官僚不要怕，军阀不要怕，资本家不要怕。他又进一步借老子的话说：民不畏死，奈何以死惧之？电视剧《恰同学少年》里说，毛泽东上湖南第一师范时，虽然文采风流，但排在第一，且无第二人能及的，却是胆性。第一师范校长孔昭绶在当时的校志中，由衷评价说：毛泽东通身是胆！等于说，毛主席是中国人的胆。

我就想：槟榔是否能锻炼人的胆量？这个听上去有点荒唐，所以我像不确定湘潭的槟榔放了农药一样无知。但我想湘潭人土气与不怕死，却一定与槟榔有扯不清的关系。

槟榔本来是产于海南，却不知为何到了湖南？这与湖南地处湿热，寒气过重应该有关。与槟榔像姑娘一样并肩平坐的，就是辣椒。但辣椒是道天下最香的菜，进得厨房，出得厅堂，漫步地球村，可以上T台。槟榔就只好是个不登大雅之堂的俗物，像古时候虽则让男人受用，但却拿不出手的小妾，仅供本土私下交流。

俗物入口，必有俗话。我在湘潭时听来的头一句当地俗语，是“龙牌酱油灯芯糕，砣砣妹子任你挑”。这话听上去也像农村特产，很土气。土气之外，尤其让人瞠目结舌，是湘潭三大特产，砣砣妹子算一个。我曾问：什么叫砣砣妹子？湘潭人答：是长得像秤砣一样的女孩子。她们个子都比较矮小，身材上小下大，葫芦形状。如果说女人是一个城市时尚的急先锋，那么湘潭女人的这个形象，你怎么也想象不成时尚。这样的女人，都是居家教子的好苗子，不是长沙人动不动就“画的胡子”、“驮的腿子”（情人）。

长沙男人谈女子很有一手，因为长沙女子手脸都过关。打个比方，长沙的女子像辣椒，形态修长，看着漂亮，吃得辣心；湘潭的女子像槟榔，分量实沉，看着一团，吃得醉心。就是没有时尚女人那么多弯弯肠子，放在家里与放在外面一样放心。所以砣砣妹子更像是一个乡里妹子，或者干脆说是刚洗脚上岸的村姑。

如果说从砣砣妹子身上闻到的是湘潭人外形上的土气，那么湘潭人五花八门的方言，就更让人笔直地相信，那些非再翻译过来根本就如天书的话，都是从庄稼的叶子里直接冒出来，被风刮得四处碰撞后的原始音。我有一些湘乡的同学，他们开老乡会，叽里呱啦一通，我从来没听懂过一句。有同学很气愤，称湘乡话是“鸟语”。但这已是骂人，于是再发明一个新词：“日语”。但只要看过电影的人，没有谁听不懂日本鬼子的“米西米西”、“哟西哟西”，所以湘乡话比鬼子的话还要难懂。郁闷不过的是，同为中国人，我们眼睁睁看着他们谈笑风生，自己莫名所以。

湘潭人方言的土气不说，还在于他们乡音顽强，从来不可更改。我曾听过毛主席在开国大典上的录音，他的湘乡话已经很接近湘潭话，但说到“月日”、“委员”，他的方言又成了天音。如果不是中国人听惯了，凭意思去猜测，能得个八九不离十，他们的土老帽话，怕真的永远走不出湘潭的土地了。

而到了湘潭农村，他们各自独门独户的房子，清一色干脆就是土地的颜色，土地的气味。如果说湘潭的城市像农村，那么湘潭的农村最像中国农村，是以，湘潭的农民也最像中国农民。就我到过的湘潭农家，今天居然还有祠堂之类，灵堂简陋到一张古旧黑框照片，几缕香烟，桌子年旧古远，遥见青灯黄卷，像是清朝的尾声。

大致正是因为湘潭的土地比较恶，难得产出像样的庄稼，获得满意的收成，所以湘潭人与土地奋斗的积极性都很高。我去过湖南绝大部分地方，发现论土地的贫瘠，大约只有嘉禾与之相提并论。湘潭城餐馆，从装修到菜味，都能嗅到农村的过渡色。

但也正是这样的土地，生活在这片土地的人们，精神上有了无可比拟的执着与顽强。用湖南话说，就是“拗”。说得文雅点，就是“世上无难事，只要肯登攀”。我已经相信，任何人，只要有湘潭人的这股劲，在这个地球上，已经没有做不成的事。

写到这里，我们似乎可以归纳：只有土气的外形，方能有土气的精神。外形之与精神，从来都彻底矛盾。土气如农民，总让一些人瞧不上；土气有精神，天下人从来不敢小瞧。中国人若有小瞧湘潭的，不是说笑话，就是讲醉话。湖南多出伟人，而湘潭是伟人镜像群中的焦点。据说以湘潭为圆心，以100公里为半径，在湖南的土地上划个圈，新中国有400多个大人物，全部被囊括进去。这一发现，简直让人震惊。中国的前途与命运，很长一段时间，就是被这块土地完全主宰了沉浮。

凡出人物的土地，必有不平凡的民间。关于湘潭民间的土气，我在那实习期间，曾随文化局去过，有幸得以亲身体会。那次是一个本土的戏班子，搞了个文化下乡。那些唱花鼓戏的生旦将打扮一化妆，周边就围满老百姓。一个土不拉叽的晒谷场，唱戏的唱得欢，看戏的看得乐，敲锣的敲得快，打鼓的打得响，整个就像一个大PARTY。看他们土气的衣着，个个都是大老粗。但他们锣鼓一响，大戏一唱，就像是都通了艺术。

我后来逐渐领悟到：为什么新中国搞得像农村？毛主席的湘潭最农村。为什么毛主席的诗写得那么好？这里的民间都尊重艺术。文化气氛很重要，民间世俗的文化场，对个人的影响，比学校要大过10倍。古人说：7岁看老。一个人一生的潜质，在草根民间已经定了。毛泽东读书，过目成诵，其领悟力之强，历史以来，难有人及；但就这样一个大知识分子，他常以老粗自喻，又爱借农民自况。可见湘潭的农村生活，从小一点一滴，全融进了他的血肉。他无人能比的意志力，根源来自湘潭民间的土气。

到这里，形神都被勾勒了一番模样，湘潭人在我们脑海，也就清晰起来。

中国的城市如果来一个类比，上海就像一个时尚的姑娘，脱离人间一切世俗烟火，有点缥缈的仙气；长沙则像一个传统与现代边缘的少妇，在居家的柴米油盐中不忘描眉，打扮出几分妖娆；湘潭更像俗语里的那个村姑，与粉黛绝缘，以江河为镜，以青山作手，有时随意照看一下，捋几缕头发，然后按自己的想法生活。

中国有不少省的城市土气，但比不过湖南的土气；湖南有不少城市也土气，但比不过湘潭土气。湘潭人举重若轻地做过许多惊天动地的大事，他们或许还有许多其他精神特质，但以我的切身体会看来，他们所有性格中的根子，都源于这个土气。

嚼得菜根，百事可做。土气本身就是一种内圣外王的精神特质。湘潭人彭德怀是彻底的大老粗，并无多少文化的熏陶，他可作土气湘潭代言人。他性情耿直，敢说敢言，从一个自小讨饭的人，竖起造反的大旗，一路猛打猛冲，无所畏惧，不达目的，誓不罢休。

要湘潭人高高在上，那只有长沙人做得到。湘潭人土，他们内衣外穿，摆明来土气。因为姿态极低，躺着比站着还高，所以他们站着，永远不存在倒。但想站到湘潭人头上，等于将自己放到火上。土气的湘潭人，最大的本领，就是将一切压在他们头上的人，统统地烤熟了吃。老子说："上善若水，水利万物而不争；处众人之所恶，故几于道。"说的正是湘潭性格。

土气的人让人害怕，让人敬畏，因为他们扎根土地，不虚飘，不浮华，不装神弄鬼，不打诳语，他们都有很执着的人生追求，他们一旦认定的事，哪怕难于上青天，他们也要用斧头伐木，做成一座通天塔，爬到青天最高层。

人性复杂，性格有时又十分奇妙：洋气的人，多是金玉其外，看得吃不得。最土气的人，却最浪漫，最富于想象力。他们想人所不敢想，做人所不敢做，慷慨大气，可上九天揽月，可下五洋捉鳖。像今天这太过于现代的社会，里面太过于时髦的人，最大的庸常，首先是想象力庸常。他们离土地越远，离云里雾里越近；离本真的人越远，离机器人也就越近。

也正是湘潭人这个土掉渣的执着，让湖南人有了一个性格：犟脾气，认定的事，九头牛也拉不回。湖南人霸蛮，文化人形容说：头撞南墙也不回。这句话说得生猛，却不文雅。更早是屈原的雅致说法：吾九死而不悔。

不回，也不悔。湖南骡子也就被叫出来了。（据说叫骡子的本意，骡是驴与马的杂交，而湖南人多是江西迁入，杂交现象频繁。）骡子一不怕苦，二不怕累，三不怕难，自然有许多优点。湖南人以此自况，心中享用如鱼饮水。然而且慢，两个都执着的湘潭骡子，不巧碰到一块，又发生争执了呢？……

真得跪地泣天：我的黄天老爷啊！一山不容二虎，除非一公一母。

湘潭人没有高兴太早，但也不能高兴多久。今天说一地人土气，仿佛已成不给面子的事。但任何一道面子，都是自己给的。所谓自强者胜，举凡地球村，任何一种性格，都是有好有坏。不存在绝对美妙性格，没有完美的人。土气湘潭人，逃不过自然法则。他们同样是大全大缺之人。

在我看来，与土气比较，时尚与摩登只是人间的一道花边。世界上许多事情，一旦时尚起来，摩登起来，就越飘越远，越飘越轻，越飘越找不着北，如风扶垂柳，十分无力。

多年来，每当我闻到生命中不能承受之轻的味道，我就想到快回湘潭生活上一段。

帅哥，请问湘潭
哪里有好看的衣服买？
株洲
我问的是在湘潭
哪里有不错的衣服？
我知道，你去株洲吧
但是我问的是
湘潭啊！
放弃这个想法吧
为什么啊？
因为湘潭土气

书生衡阳

> 衡阳人也倔强，但不会一头撞死在南墙。书生每到关键时刻，总会软下心来，被自己的道理感化。当一个人被书香感化，他就不是大闹天宫时的孙悟空，而是取经归来的孙大圣。

虽然老家在衡阳，但我并不太了解。衡阳在我脑海里的模样，就是一个翩翩书生的形象。而这只是作为衡阳人的一个直觉。

第一次读到书香气的衡阳，是“塞下秋来风景异，衡阳雁去无留意”。从此知道了“衡阳雁”。雁是个很文化的形象，鸿雁传书，有点飘逸感。我后来发现，这个感觉，如雁过之风，拂在每一个衡阳人的脸上，飘荡回旋在他们身上。

衡阳与邵阳隔壁。我了解邵阳，因为我的奶奶是邵阳人，我有许多邵阳亲戚。衡阳人也彪悍，做起事来，打起架来，让人感到民风不古。但拿不陌生的邵阳跟熟悉的衡阳比较，衡阳人没有那样彪悍。衡阳人在邵阳人面前装彪悍，等于一篮子鸡蛋不知天高地厚，要跟花岗岩石头去打架。鸡蛋壳虽然头皮也硬，但地球村的人都知道，那里面是银样蜡枪头，碰到石头就瘫痪了。

血性的湖南人，都有点冲动和莽撞，他们的交往方式，三句话不同堂，先打一架再说。但衡阳人的血性里，始终荡漾着一股书生意气，缺点那么凶悍、强劲。比如衡阳人会说“师夷长技以服夷”之类。但邵阳人“制夷”的手腕，衡阳人做不出来。以“制夷”的手来打比方，邵阳人像只辣手，衡阳人顶多算只狠手。

我有时想起我的老乡痛快地写诗：砍头不要紧，只要主义真；杀了夏明翰，自有后来人。这两句被选进小学课本的诗，鼓动过几亿中国人。但没人去想，这原来是十足的书生诗。整首诗里，你可以看到书生高远情怀，但你读不到力与蛮。最后一句，虽然给人希望，但也让人无奈。书生说话做事，多半是吓人的。用鲁迅的话说，我儿子18年后要打死他儿子，口头报复也算得报复之一种。当然对那些被吓大的人，这句书生造反的话，还是可以让他们提心吊胆几天。但对照读浏阳人谭嗣同的“我自横刀向天笑，去留肝胆两昆仑”，这种对比就异常强烈。衡阳人的书生气，远不是浏阳人的勇武。浏阳人的豪气、大气、猛气，义无反顾，决绝不回，衡阳人学不来，跟不像，当然也没有人学，所以用来作比。

所以放在省内，衡阳人越看越像个纯粹书生。湘潭人毛泽东写诗说：书生意气，挥斥方遒。这8个字画活了衡阳人。有血性的书生，手不能提三尺之剑，脚不能跨千里之马，只有凭借一腔热血，满肚子经书才华，在那里指点江山，来表达自己的雄心壮志。

从衡阳走出去的武人，也显得迥异于其他13个市。从小长在衡阳，我读高中时，听得衡阳有武馆。有段时间，我住在祁东大街，某个巷子里住着几个人，专门收钱教人打架。据说某人还编了一首歌，叫“湘南武馆练过武，神龙歌城嗨过舞；天下英雄皆人士，祁东崽儿就是虎。”最后一句是吹牛。10年前，常德汉寿有个叫万友武馆，广告打得满世界都是，人没几把刷子，也不敢向天下人摆擂台。文死谏，武死战，我还没听过家乡人向万友武馆叫板的，估计是不敢。衡阳人习武，顶多是用来健身，相当于今天男人借桶子腰做瑜伽，女人晃动柳腰做有氧体操。架把式好看倒是真的。

所以，当衡阳人跟天下人谈学问，谁都不作声了，衡阳人转行去炫耀武力，等于老虎在猴子面前夸口比爬树，天下人都笑了。我对这点感受切身，我的父亲也是习武之人，他出去闯荡江湖，人碰之必倒。但他许多时候，靠的也是技巧，不是蛮力。在武师面前比蛮力，等于到李连杰面前比拳脚，他拿不出手，也做不到。

书生高远，土气蛮猛。正是这种性格上的差异，让书生的衡阳，跟霸道而土气的湘潭，两地人的相处互补，非常契合。夏明翰是毛泽东最贴心的秘书。湘潭人毛泽东与十大元帅的关系，一直最融洽的正是衡阳人罗荣桓。毛泽东唯独在他去世后专门写了诗，留恋之情溢于眼角眉间：记得当年草上飞，红军队里每相违。长征不是难堪日，战锦方为大问题。斥鷃每闻欺大鸟，昆鸡长笑老鹰非。君今不幸离人世，国有疑难可问谁？毛泽东一生，说话很情绪，早年读书时，同学易永畦死了，他也说：后来有千日，谁与共平生？当然写诗有夸张，不能抠字。但罗荣桓可以看作再生的易永畦。男人之间的兄弟情谊，战友情怀，最后一句，深过千尺的桃花潭水。

湖南人都骡子脾气，倔强不屈，从不认输。这害苦了湖南人。我们看曾国藩跟左宗棠，那都是一等一的人物。内心里说，曾国藩最佩服左宗棠，当然不因那句“中国不可一日无湖南，湖南不可一日无左宗棠”。左宗棠死心塌地佩服的人，恐怕也只有曾国藩。看左宗棠送的挽联：知人之明，谋国之忠，自愧不如元辅；同心若金，攻错若石，相期无负平生。但到了平日嘴巴里，他们说出来的，全是心里的反话。他们以嘲笑对方为荣，以打击对手为乐。曾左意气，因为他们的骡子脾气，差不多可以收作成语。这是湖南人内斗的要命伤。

书生意气的衡阳，没有这个内伤。对比湘潭人，我们看到，他们霸道而土气，个个认死理，认为自己是对的，就要坚持到底。所以毛泽东跟彭德怀，他们都是认真、踏实、执着的人，没有谁不是一片好心，但仍一直摩摩擦擦，没有谁会让谁、服气谁。据说新中国成立后，彭德怀还直来直去，称他“老毛”，横竖转不过弯，改不了口。这也是地域性格造成的。

衡阳人也倔强，但不会一头撞死在南墙。不是说衡阳人比湘潭人聪明，主要还是性格没有那么坚硬。书生每到关键时刻，总会软下心来，被自己的道理感化。当一个人被书香感化，他就不是大闹天宫时的孙悟空，而是取经归来的孙大圣。

我们看到：衡阳有座山，山叫南岳山，衡阳有个庙，庙叫南岳庙。从前，山上有许多和尚，当然也住有道士，同时包括许多文化名人。他们来到山下，抬头望见72峰，群山连绵，巅连五岭，山高仙风大，庙深学问多。庙里的学问，经过仙风吹拂，像孔子说的君子之德。君子之德的风，吹着小老百姓头上的草，方向马上朝着一边倒。这就是文化的感召力。

有文化的衡阳书生，跟无论有无文化，但一定既土又猛、既智又勇的湘潭人，都容易做朋友。说到地域性格互补，相辅相成，今天我们看衡阳人、著名作家唐浩明对湘乡（双峰）人曾国藩青睐有加，称之为“异代知己”，相亲相爱得像一个人，同样正是这个原因。他们像两颗齿轮，可以最严丝密缝地咬合，最融洽地贴近。两人一个做事，一个写做事，一个打架，一个敲锣，是南方版的绝妙“二人转”。

衡阳人像书生，固然跟南岳山的香烟有千丝万缕的联系，但我想衡阳人的书生性格，跟王船山这位伟大人物有莫大关系。船山先生是位了不起的大人物，毛泽东年轻时代对他崇拜得不得了，他对毛泽东的影响也大得不得了。（有学者分析，王船山对青年毛泽东的影响，大致通过两条路。第一条是：“王船山—谭嗣同—杨昌济—毛泽东”；第二条是：“王船山—曾国藩—杨昌济—毛泽东。”）三十三岁以后，王船山就开始“栖伏林谷，随地托迹”，甚至变姓名为徭人以避世，刻苦研究，勤恳著述，垂四十年，始终未剃发。这是一个孤高耿介的人。王船山虽然也起义，反清复明，没有成功。为什么没成？一切因为书生。书生造反，10年不成。徐敬业反武则天，一纸檄文，让武则天不怒反笑，抚掌揣摩，爱之入骨，也就这个道理。王船山晚年读书，更加有点隐与飘逸。我看他的画像，脸上骨头消瘦，像青灯下熬的夜，眼睛深刻凹进，放到今天就得带玻璃底，怎么看都怎么像是书生。事实上，作为清初“三先生”（王船山、顾炎武、黄宗羲），他正是历史上中国知识分子中稀有的人物。

追溯更早，衡阳闻名天下，所在是石鼓书院。

石鼓书院始建于唐元和五年（公元810年），与岳麓书院同时驰名于外。时衡州名士李宽在石鼓山寻真观旁结庐读书。宋至道三年（公元997年），邑人李士真拓展其院，作为衡州学者讲学之所。景佑二年（公元1035年），朝廷赐额“石鼓书院”，与睢阳、白鹿洞、岳麓书院并称全国四大书院。经唐、宋、元、明、清各朝，书院屡经扩建修葺，韩愈、周敦颐、朱熹、张栻、范成大、辛弃疾、文天祥、徐霞客、王夫之等接踵至此，或讲学授徒，或赋诗作记，或题壁刻碑，或寻幽览胜。

我对石鼓书院殊无多少印象，只有高中期间，有几个人声称是石鼓诗社，到处去学校拉人。这大概就是书院的影响力。我对岳麓书院，熟悉程度高过家乡的书院，所以书生衡阳，更大程度上乃是因为，一切湖南人身上多有书生气，而衡阳更加明显。

从历史的衡阳人身上，看文人武人，官员平民，挑夫卖担，引车卖浆，如过江之鲫。书生形象虽然千差万别，但我以为，他们身上都有几个显然的共同处：翩然飘逸。

这个特性一直延续了下来。在长沙，衡阳人的新闻圈里有个老乡会，我曾参加过几次，之中不少做了电视台、电台、报刊杂志的头儿。跟衡阳老乡们在一起，那种气味，正是翩然飘逸的书生味；对应的衡阳人的激情与血性，也是夏明翰味。即使不见面，隔一堵墙听碰杯，都能让人闻出是衡阳味。

衡阳书生味演变而来，民间曾流传一句话，叫“衡阳人半边脸”。这句话版本流俗，我一直弄不太明白意思，猜想是衡阳人立场不坚定。书生天性中有软弱性，举起左手打右边的人，举起右手打左边的人，自己时刻站在中间。书生的好处是具备包容心、会生活，缺点是做大事没有心理素质。所以“火车好坐，衡阳难过”，根本是个伪命题。

我有一个衡阳老乡，一直在政府部门，是个对古代文化入迷的人，所以许多时间，都钻进了纸堆里去。某次我回到衡阳，他跟我谈起天来，噼里啪啦，一肚子埋怨的话，将家乡说成“脏乱差”的代名词。待到下午进了南岳，他又觉得衡阳天下第一，说自己要离开衡阳，这辈子都活不了。爱恨交织的衡阳，化作书生饭后闲聊，落成三两句斑驳文章。

就像岳麓山是天下湖南人的精神家园，南岳衡山是地球村里衡阳人的心灵家园。衡阳人只有从南岳走下来，才会将一腹牢骚，几缕愁肠，付诸袅袅香烟，对故园复感到如此热爱。

衡山是中国五大山，也是湖南的门面山，名气又盖过岳麓山。所以，我一直疑惑，衡阳没有成为湖南的省会。

衡山所以出名，不因任何其他，它根本就是一座文化山。论高度，衡山远不如郴州的莽山。2007年我到郴州，当地官员有点落寞，只好比较说：衡山的意义全在文化。中国历史，但凡都城、省会，首选之地，因为文化。洛阳、长安因定都而名，定都让它们更有文化。

书生衡阳的形象，更主要地是因为：衡山也是湖南人的文化发源地。

衡山七十二峰，岳麓山只是衡山的脚。但岳麓山却成了湖南的中心。衡阳处身湖南的中间，也是湖南的南大门，像湖南这颗脑袋上的鼻子，掌握着呼吸。它的重要性如同呼吸，一秒也不能停止。而且，湖南用一句话说，就是八百里南岳，八百里洞庭。洞庭湖产鱼，南岳田出米。鱼米之乡，鱼是菜，是配料；米是饭，是主食。按中国的文化传统，山是父亲，是刚强与主宰的，水是母亲，是温顺与跟从的。这一切无论从地利、人和，还是从文化、发展，都有理由让衡阳成为省会。

但衡阳到底没有成为省会，可能跟衡阳的书生意气太浓了点有关。当然省会的事情，跟历史封建建郡也有关，比如长沙早在秦时就已建郡，但这已不是本文要说的了。姑且一说，供闲考。

在湖南这块火辣的土地上，置身彪悍、勇猛、刚烈中，书生衡阳偏向灵秀。灵秀也算得上衡阳人的特质。“雁城”的名字，据说来自于“北雁南飞，至此歇翅停回”的传说。与毛泽东的“天高云淡，望断南飞雁”之句比较，不那么大气、果敢，依然是多情与灵秀。南岳给外人的印象，同样不是大气、雄浑，却也是“独秀”。秀，无论是内秀还是外秀，都是只有书生身上才会散发出来的独特气味。

书生固然不少缺点。比如除了“秀才造反造坏自家胳膊，只会拿本主义书天真地喊”之外，不是全无好处。要真发现书生衡阳的好处，我们不妨将湖南这颗脑袋再放眼细看。比较来说，衡阳不是湘西那么自然人性的道家气息，也不是长沙、湘潭那样火热、滚烫的儒家俗气，而是辍乎二者之间，巍巍然自成一风格气度：积极入世，超脱生活。

我在老家有许多朋友，他们都以读书著名，也全靠了这个本领而闯荡地球村。我以为，衡阳的书生气息，在湖南所有的文化中，包容性最好。印证的事实，南岳山上儒释道可以并存，大家同时开讲，彼此井水不犯河水。

推而言之，衡阳可以将14个城市的性格调和，而不至于反差过大。湖南人内部摩擦多，无端消耗许多精力，它需要一种性格统领。前面说了，书生软弱，所以包容。包容者，泰山不让土壤，江河不择细流，江海能为百谷王（往）。这也是书生与感觉尖锐、眼口心都不能容人的文人一个最根本的区别。

衡阳人书卷气
当遇到烦心的事情时……
=生命
他会用哲学的想法
去思考
最后，会心一笑，潇洒如仙

手掌常德

> 很快，街坊邻居就将湖北人搞成了陪衬：三个湖北佬，抵不上一个常德佬。这传说颇像《诗经》惯用的比兴手法，先言他物，以引起所咏之物。通俗地说，就像诸葛亮被三顾茅庐前刘备一路所闻。

我刚到长沙那几年，听得多的却是常德人。当然不是说：老长沙都孔融让梨，孟母三迁，纷纷去到美国、北京，弄得如今满城尽是常德人。但常德人占据了长沙人的天下，却是无论看街上人头，还是去政府办事握手，都是可以看到，或感觉得到的现实。

我某次无意间听到一帮子人吹牛，一人说湖北人厉害。坊间传说一句话：天上有只九头鸟，地上有个湖北佬。湖北人也一直将这句话当作名片，近年注册了漫天飞的九头鸟公司，弄得像当今人见面发名片一样，明片积累成了暗片，弄不好还成了“诈片”。

很快，街坊邻居就将湖北人搞成了陪衬。因为后面还有两句：三个湖北佬，抵不上一个常德佬。这传说颇像《诗经》惯用的比兴手法，先言他物，以引起所咏之物。通俗地说，就像诸葛亮被三顾茅庐前刘备一路所闻。

我头一次了解常德，是2003年《今日女报》的一次策划。那时我受命做一个“湖湘文化”系列报道，就是“文化通俗版”，想办法将几个人看得懂的文字，写成6700万人读上去像吃饭一样容易的报道。常德成了我去的第一站。当时社会纷纷在传闻“常德现象”。

被搞成现象可不得了。1999年中国有“余秋雨现象”，结果他就成了中学教材。

那次我听来两个词语。官方的说法，常德文化是“厚德载物”；民间的说法，常德文化是“追求完美”。走在湖南的大街小巷，常德人不需要闻，只要看一眼就能分辨。他们的外表，给人第一印象，都是十分稳健。玩笑地说，就是他们“都长着一张很主流意识的脸”。常德人很适合做官，也挺能做官，据说湖南省厅局以上的官员，常德人占了一半。哪怕只是空穴来风，这已足够吓人。我2003年在常德一个农村，当地人津津乐道地告诉我，他们光是某个村，处级干部就出了20多个。这说出来确实已经吓人。他们带我走到常德诗墙，跟沅江一起顺流，不知走了其几多里。在今天这个欲望火辣，文化一边稍息的时代，还能看到如此高雅的政府行为，我在心底里感到尊敬。

常德人许多在外闯荡，而他们一走出常德，又多是人物，一个不大的湖南，几乎就是放大的常德城。以中国之大，地球村之辽，四处都可碰到常德人忙碌的身影，我对此曾十分困惑不解。难道这个地方水土好，人一生出来智力就高过别人？

这话被跟我谈天的常德人自己否定了。他们自己认为，常德人如今搞得这么红火，靠的还是文化。因为每个常德人都在“追求完美”。

在我跟湖南人的交道中，常德人最迥然不同的一点，是他们几乎从不意气，或者说情绪化。他们的理性将情绪控制得服服帖帖。这一点在湖南人中几乎不可想象。如果我们跟邵阳人打交道，他们就很哥们义气，跟你好就是铁哥们，随时两肋插刀，脑袋可以借给你做板凳；如果一旦闹翻了，让他觉得伤了心，他会毅然决然弃你而去，或者以毁灭性代价，给你以致命打击。换了常德人，他们就不会这样表情。用他们自己的话说，这就是“追求完美”，换句话说叫“精明”。我身边一些朋友，有常德人跟邵阳人站一起，果真就有摩擦。邵阳人喊打喊杀，常德人说莫急莫生气，三下两下也就摸顺了。两地人处理同一事情的方式，反差实在太大，算得上湖南地域性格两个极端。

理性到不偏不倚，我感到常德人骨子里相信的还是“中庸之道”。

但当你跟常德人打交道，以为他们都是不温不火，那就错得比较彻底。常德人的血都是火热的，他们身上散发出来的都是一股劲道。这让他们不偏不倚地追求完美，却压根就不是中国传统说法上的中庸。

湖南有句俗语，叫“常德德山山有德”，善卷、城头山，像活着不动的道德老头。我感觉到的常德味道，确实有中国传统的道德文化。好像有一种不约而同的力，让这里的人都遵循一种规矩，特别看重个人的修为。每个人都在想着将自己最好的一面给到别人，所以我曾看到的常德城，也是湖南最干净、卫生、环保的城市。

湖南人最不讲规矩，也不按套路出牌，甚至不好好走路。所以即使长沙，贵以省会之尊，其热闹喧哗，乱跑乱串，也让人感到像农村集市：五一路修好那阵，长沙报纸都红着脖子，整天讨论“撞了是否可以白撞？”他们骨子里想要车让人。不是他们有多无情，实在将要穿路被撞的多；越乱越有人，不乱没有人。人性格就这样。常德人改变了湖南人的乱象。宋教仁创办中国国民党，醉心在中国搞成自由共和的“内阁责任制”，不是偶然，更不是灵光一闪，头脑发热。

跟常德人交往，他们身上总隐约散发出那么一点要让你畏的感觉。但他们是不难接近的，甚至是亲和的，所以这灵光一闪的感觉，也就是“寻常看不见，偶尔露峥嵘”。我在常德时，一女生跟我谈哲学，谈得神秘且又玄乎，我问起她，才知毕业于湘潭大学哲学系，工作6年，无时无刻不想哲学。这让我心里惶恐起来。我一直以为，地球村里，女子有两件事不能做，一是搞相声，二是谈哲学。但长沙女人何晶晶将我的以为打碎了，她冒天下之大不韪，干脆做起了笑星。这次常德女子又谈哲学，还那么深入。湖南女子打破常规，不按套路出牌，让人已不是怕，而是惧。

常德人确实是有点神秘的，或许道德文化本身就给人以神秘感。这种神秘，就像常德米粉的味道。米粉是随处可见的那种，唯一的不同就是汤。我曾跟常德某个诗人问起过，他告诉我说：常德米粉的汤，是用一种秘方做成的，有些特殊的味道，外面人模仿不了，也破解不了。

但一碗常德米粉，却可以窥斑见豹，看清常德人。常德米粉火爆，固然因为味道不错，但跟常德人的“亲帮亲，邻帮邻”意识太浓有关。据说当年他们一家粉店开到外地，只要站稳了脚，马上就拉来亲朋好友，跟着自己一起做，有钱大家赚，有财一起发。常德米粉在长沙遍地开花，几乎都是这样做起来的。

做米粉的常德人在我印象中不错。2000年初，我和几个人在长沙河西岳麓山下办一张大学生报，口袋办空了，没钱吃饭，便说先欠下做米粉生意的常德夫妻。他们除了我经常去吃，连哪里人，在哪工作都搞不清，就爽快地说：冇事，冇事。这对夫妻只租一间门面，门面上搭一层木板，被炒锅熏得又黑又暗，他们晚上就住在上面。我后来聊天，知道他们都是庄稼人，一个儿子刚上小学，老乡叫他们来，他们便将稻田租了出去，二话没说来到长沙。他们吃苦的精神，诚实的为人，善良的本色，在内心里打动了我。这也是我对民间常德人的深刻印象。

如果说湖南人做生意在全国有点落后，那么常德人会告诉你他们不会落后。这跟他们的帮派意识有关，而且他们已经将帮派意识上升到一种文化。就像安徽、山西的商帮一样。为什么常德人如此齐心，能够做到空前团结呢？又是一个常德的朋友跟我道出了秘密：沅江以前经常发大水，抗洪抢险是经常的事；洪水一来，如果不团结起来，反而各干各的，谁也救不了。正是这样在抗洪中团结，并且逐渐成了一种习惯，一种文化。常德人依靠团体，相互帮助，做成了许多别地人做不成的事情。

湖南人给外界的印象，从来都是好斗，独立意识强，合作意识差，俗语是：一个湖南人是条龙，三个湖南人是条虫。但常德人却改变了湖南人的这个性格宿命。常德人王东京，是中共中央党校经济学部主任，是教授、博导、享受国务院特殊津贴专家，他写过一本书，叫《中国的难题》，曾专门将湖南人的缺点挑出来，说了五个方面，其中就有反对好斗。他说：在中国人当中，湖南人以踔厉敢死、敢作敢为著称。打打杀杀，有你无我；在发展市场经济的今天，则更讲求宽容协调，合作共生。

在我的理解中，常德人跟湘潭人的气味有点相通。但他们相通之处最大的分别是：湘潭人是偏“土气”的，而常德人是偏“雅致”的。他们就像同母生的两兄弟，一个一直仍活在农村，但一个却从小就进了城。

但常德人做事的气魄，却让人不得不刮目相看。常德人魏文彬，起于青苹之末，将一个湖南卫视做得风生水起，在世界也造成声势，在湖南人影响力日渐式微的时代，也再一次让湖南人响起，让世界听到了湖南的声音。

一切伟大的人物，都只可能崛起于民间，一切伟大的性格，从来也都潜存在民间。所以，我看到更多的，是那些普通常德人。在他们身上，你随时可以感到一种合力，一股团结力，一注冲力。用四川话说，就是雄起。

2008年四川特大地震，我跟同事策划了一起湖南最大的行动：千名爱心志愿者用爱托起塌陷的汶川。在那段整个中国悲痛撕心与哀伤低回的日子，我的一个普通编辑小慧，一个来自常德的女孩子，在大家都忙得抽不过身来，她做完自己的工作，主动过来帮忙加班，一点也不事声张，一加就是好几天。这在80后一代中，我是第一次看到。她刚从湖南一所著名的大学新闻系毕业，在长沙自身未稳，但捐了一月工资。她最爱说的一句话：四川，雄起！仿佛是自家遭灾，让人感到巾帼英豪之气。那段时间，我几乎偏爱她。

当然，接触过的常德人多了，也碰到过些搞笑的。我有个常德老同事，在兄弟圈里混不开，哥们都嫌他太精。我一介书生，生活里算宽和的人，他碰到我，就来递烟，没事扯两句。有次他可能接了一家杂志，内心里颇为踌躇。一次偶然碰上，他大哥一样，拍拍我的肩膀，说：兄弟，我忙不过来，推荐你去做编辑，怎么样？我当然不是朱买臣，但心里有点烦，这事不好说，就给了他张名片，他抓紧看了，马上改口说：老兄，你那里可招人？何时我帮你打工去。我虽知他在圆场，但对这种偶尔贸然的高调，还是感到不爽。我感到他有点浮与飘。

逐渐地，我也发现常德人的阿喀琉斯脚踵：

常德人普遍出人头地，自然不错，但他们有时高兴起来，整体上开始出现自我欣赏的苗头。用句不客气的话，就是自恋。他们倾向于陶醉其中，有时让他们像热恋中的女子，智力出现让人惊讶的跌停。

常德尚德文化，讲人自我完善，这造就了不少“完人”，但他们的格局有限，气度不阔。他们身上，缺乏邵阳人的刚性，也欠缺娄底人的蛮。就是说：真正大气象的常德人，少之又少。好比说，山在那，他们多在珠峰半山腰之上，而稀有到达峰顶的人。我想：常德的大人物，是否成于完美，又毁于完美呢？湖南许多大人物都是大全大缺之人。这当然已是求全之毁，供性格研究者备参。

性格里的常德人，这时也就完全。照前面说的，如果长沙戏称为“嘴巴”，那么常德的形象，就是一只手掌。他们一切的智慧、道德、文化、团队精神、追求完美的心态，像水墨融合，画出一只手。这只手当然还不是翻云覆雨手，但却是一只勤快的手、智慧的手。中国古人形容一个人智慧，就说心灵手巧，常德人称得上心灵手巧。

写到这里，我脑海里再度飘飞过一群鸟，那是自豪的湖北九头鸟。但就在鸟的对面，迎头伸出一只手。手与鸟构成一幅对峙的画面。画面很直白地告诉我们：为什么湖北人怕常德人。鸟最怕的是人的手,因为一把就会被抓了脖子,这等于蛇被人抓了七寸。而且鸟虽有九头，但人手有十指。

似乎王尔德说过，一切比喻都是蹩脚的。所以这个关于手与鸟的比喻，当然也只是个玩笑的类比，供文化研究者一笑，笑后或许发现也有点道理。当然我也不是鼓吹湖北人跟常德人去打架。有这个想法的人，这未免小觑他们的判断力，又太高估了自己。但在今天依然进行的生活中，湖北人依然畏惧常德人，却是事实。

我亲耳听几个湖北的朋友说起，他们跟常德人开公司，同时做主任，搞了几年，最后还是让常德人做了总经理。湖北朋友至今仍没搞懂，那个常德人用的什么方法？他如今已患上了“常德人恐惧症”，一听到常德人就脑袋发麻，心里发怵。恨不能找个地方溜了，今生来世再不遭遇常德人。我们听得哈哈大笑。

这个故事告诉我们，人应以团结为尚，不要逞强使能，争胜好斗；人应该相信，举头三尺有神明。好斗的结果，会将自己玩得无路可逃。至于两地人为什么好斗？可能缘于他们太像。人以群分，这是古人的发现；今天研究心得，还得考虑加句：人以似我者分。

许多时候，我们总以为，传说多是虚妄，是道听途说的玩笑，直到一天，后来者居然一直没有人打破传说的预言。到那一天，一切都已覆水难收，才叫人追悔。

跟常德人做朋友，他们还是够朋友的。他们不会让你得到更多，但一定不会少。你得相信，常德人是大哥。他们一双勤劳、智慧的手，可以创造财富，也可以像皮影戏，变幻出魔术的动作，可以在关键时候，去帮你、扶你，如果你跟他很铁的话。所以你不能飞起来，去啄他的手。

如果说，在邵阳人前谈打架，等于在阎王面前探讨生死，那么，跟常德人比斗智，等于在诸葛亮跟前谈八阵图。孔子说：有朋自远方来，不亦乐乎？等于说：跟常德人做朋友，是件快乐的事。这是否喻示：跟常德人为敌，会将自己弄得丧气？不得而知。和谐社会，以和为贵，和而不同，只友不敌。事实证明将来，试图掌控常德的手掌，仍是个不见前途的事业。因为你得反看：身上还有什么好器官呢？

您好！有什么事情需要帮助吗？
这里确定是长沙市行政中心？
长沙市行政中心欢迎您
咨询处
是的，没有错！这里就是长沙市行政中心呀
哦！那我来对了！但是我还是有个问题
长沙市行政中心欢迎您
咨询处
您请问，我会尽量帮助您解答难题
为什么长沙行政中心这么多常德口音的公务员在办公，我原先以为走错地方了
长沙市行政中心欢迎您
咨询处
哦！常德籍的公务员比例大，所以常德话是主要使用语之一
常德人这么厉害
长沙市行政中心欢迎您
咨询处

打手邵阳

> 与人奋斗，其乐无穷，所以他们将打架当作人活于世的存在方式。打得伤筋断骨，根本就是小事一桩。正像歌手郑智化歌词的改编版：他说打架中这点痛，算什么，擦干泪，不要怕，至少我们还要打。

问：人最怕谁？答：阎王。问：怕阎王什么？答：他那双手。阎王大手一扇，等于在生死簿上打叉，人眨眼灰都没了。问：湖南人怕谁？答：邵阳人。问：为什么？答：在邵阳人前谈打架，等于在阎王跟前探讨生死。

写邵阳时，我脑海里首先浮现许多熟悉的身影。他们的一举一动，杀气腾腾，勾画出我从小到大的记忆，塑造成一个大致完整的形象。像从画中走出来的邵阳人，活灵活现，他们现在就站到了我面前。我想再走近，去看清他们的脸，但隔老远就被辣到目光的，却是邵阳人那双手。

我同时就想起常德人的手。用不着去比较，仅凭肉眼就可看到，在常德人绵里藏针的手掌对面，提着的一对，分明是邵阳人那双打手。

打手是个篮球术语，侵人犯规的意思。我发现“打手邵阳”，真正亮出了邵阳人的血性、勇猛、凶悍及侵略性。

无论是在湖南还是出了湖南，邵阳人是让人畏惧的一群。有句坊间俗语，说“外省人怕湖南人，湖南人怕邵阳人”，一语画出了邵阳人狠样。因为以前没人道破，所以我甚至想象，一百年后，这句话同“中国不可一日无湖南，湖南不可一日无左宗棠”一样，广为地球村人借用。

如果说邵阳人在湖南人中是最激进的一群，我想本省人听了不会作声，从外省进到过邵阳的人听了不会有意见。大约10年前，当有人在媒体唱衰湖南，还是邵阳人周兴旺最先血性喷涌地站出来，豪情万丈地向全世界宣言：湖南人凭什么？

周兴旺写文章，那叫激进有余，文采不足。可能在他看来，做文章就是打架。打架不是绘画，不是绣花，不能那么雅致，那么温良，那么从容不迫。从周兴旺一声大吼里，我们可以清晰地听到蔡锷的影子。

当年反帝倒袁，护法护国，蔡锷也是第一个站出来。靠着一代名妓小凤仙，连滚带爬逃出魔鬼的地网，以再难复加的激进，在云南摇旗呐喊，猛打猛冲。他一双手像涂了阎王爷的唾沫，所打之人眨眼之间化骨扬灰。是以他吃了豹子胆，以区区三千人，打退了对手十万人，终将袁世凯推进地狱，还扶上马，双手像催命判官，一程送袁大头上西天，从阎王爷那转狱见上帝。这事让安徽大知识分子陈独秀知道了，他激动得不得了，兴奋得不得了，赞叹声也不得了，专门找到蔡先生，将他写进《欢迎湖南人底精神》。“江浙人出钱，广东人喊口号，湖南人流血”，性格宿命故事，也就从那代人开始。

以蔡锷之血性、敢爱敢恨，其率性之真，让任何人都可能张口结舌。毛泽东早年写《湘江评论·发刊词》说：自“世界革命”的呼声大倡，“人类解放”的运动猛进，从前吾人所不置疑的问题，所不遽取的方法，多所畏缩的说话，如今都要一改旧观，不疑者疑，不取者取，多畏缩者不畏缩了。毛泽东之前，湖南人唯一说到做到，大约只有蔡锷。

据说蔡锷送袁世凯从阎王爷那转狱见上帝前，某次选举怒火攻心，便形于行动，顿时惊世骇俗：只见他大摇大摆，郑重其事，将袁世凯一手叉掉，用选票推举妓女小凤仙，来做中华民国的大总统。这样愤世嫉俗，等于告诉世人：老袁坐在大总统位置上吧，没有人知道你是一条狗！

结论是：跟邵阳人丢掉实的，专玩虚的，他们会懒得啰唆，一手将对头推进茫茫太空，让上帝与他在无边的空虚里永久对话。在需要英雄、呼唤英雄的时代，邵阳人当仁不让，成为顶天立地大英雄。

湖南人以善吃辣椒闻名于世。毛泽东说：不吃辣椒不革命。邵阳人看来，这话太温良。应该说：不革命吃辣椒，革命吃火药。抓一把辣椒说事，邵阳人与其他13个城市最大的分别，就是他们吃进的是点得燃火的朝天椒，不是辣出个汗也辣泪也辣，而是朝天椒全消化成了汽油，一点剧冲，烧红半边天。

往小里说，得罪一个邵阳人，等于拿自己的生命开玩笑。火热到滚烫的邵阳人，对待朋友比春天还温暖，处理敌人比冬天还冷酷。

2003年，我采访过一个被人诬陷为“强奸”的老师，这个老师其时四处联系媒体，我头一家报道这事，公道也算帮他讨回来了。但他当事情只是开始，继续上访、写信，最后申请到了国家赔偿。按理这事到此，也就可以作结。但老师继续上告，请求对诬陷人以刑事论处。

几年下来，老师花过的时间、金钱，足以让自己倾家荡产。但倾家荡产这时在他眼里根本就是小事。无数多困难摆到面前，许多人说那不可思议，早早知难而退，或者望风而逃，但邵阳人不。

如果说这个老师要讨回小公道需要付出长征的代价，我相信他眼睛都不眨一下，一秒内夺笔签字。如果要走五万里，他还是会牙根铿锵，满口答应。得罪了邵阳人，有什么办法让他们不“回报”？唯一的可能，也只有他在求公道的路上病死了。等于说：要得罪了邵阳人，他们觉得内心不平，随时将有毁灭性。是的，毁灭性的后果，两人必有其一。

孔子说：以德报德。在邵阳人看来，这固然是非常之对：假以脑袋报德，也未尝不可。但孔子又说：以直报怨。邵阳人对这句嗤之以鼻。都是哪里话呢？他们要以怨报怨。

出手沉重而痛快淋漓，邵阳人的骨子里是勇猛的、彪悍甚至凶悍的。无论世界多么混，有邵阳人存在，他们就能挖出真。无论世界多么乱，有邵阳人一站，乌鸦都不再作声。

我的奶奶是邵阳人，我小的时候，常听到一些发生在民间邵阳的武打故事。有杀人放火，有逃狱越货，如今想来依然那样让人心惊肉跳，但那里有许多刀光剑影，我到今天依然看不分明。

只记得老家与邵阳交界处，每天都有拦路收费，有农民背起锄头、耙头，端起鸟枪、炮火，在相互搏斗，打得热火朝天。与人斗，其乐无穷，所以他们将打架当作人活于世的存在方式。打得伤筋断骨，根本就是小事一桩。正像歌手郑智化歌词的改编版：他说打架中这点痛，算什么，擦干泪，不要怕，至少我们还要打。

一句话说：对邵阳人而言，生活就是打架，打架即是生活。初看之下心惊肉跳，司空见惯乐在其中。

后来我听到一个笑话，才知道不是我当年不明白，是邵阳人刀剑太快。笑话说，三个湖南人在米粉店吃饭，相互吹狠。一个说：我跟人三句话不对头，就要一拳打趴他！第二个说：这算个屁！我看人不顺眼，就一拳打得他脑袋开花！第三个说：鸟！老子进门懒得看，先打死一个人再吃！这第三个吹牛的正是邵阳人。民间的邵阳，双手双拳，武器精良，跟长沙嘴巴类比，乃都是对话交流工具。金庸的小说也武打，多是“不打不相识”，萍踪江湖，侠骨柔情，那太秀气。邵阳人是既铁骨丹心，也侠骨柔情，但总觉得金庸太娘们，他们要“不打死你不算认得”，这叫痛快淋漓。

如果说这多在民间，那么在文化精英层，给我印象至深的，正是从邵阳走出去的大经济学家何清涟。何清涟刀笔犀利，直指中国现代化的陷阱。她“眼里不容一粒沙沫”精神、“一个也不宽恕”精神、凛然一身正气的精神，即使以锋芒横世的鲁迅，也不过如此。邵阳人跟衡阳人的分别，以夏明翰的诗作比，邵阳人会觉得杀了夏明翰，事情不是完了，而是才刚刚开始。“刀刚举过头，夏明翰已跑；带上鸟枪炮，返杀他全家”。如此手法风快，对胆性稍小的人，无疑是“崩溃疗法”。

所以，邵阳人血性喷涌，火暴打杀，已经融进血脉，化作基因，成为一种精神。这种精神流传千年，又化作性格。性格跟读书多少，从来毫无联系。哪怕一个邵阳人18岁前拿到10个博士学位，这种文化的熏陶，也丝毫移动不了其来自骨髓的出手沉痛的性格。

我们终于明白：对邵阳人而言，这世界没有能不能做到的事，只有他们想与不想做的事。毛泽东说：世上无难事，只要肯登攀。邵阳人看来，事上就只有事。没必要将事细分，用难易来区分。

因此我们看到，邵东人做商业，也是风风火火，跑遍地球村。中国人有没见过邵东人的，但没有未用过邵东货的。

1999年，我在长沙碰到一邵东哥们，摊开一路袜子，当街大卖，5毛钱一双。那生意好得不得了，一天下来，少说也卖了1千多块。数钱到手发抖时，突然接到电话，老家人告诉他一个商业机密，某地“钱多，人傻，速来”。这哥们啪地挂了电话，马上高起喉咙喊：我这边还有一麻袋！你们谁要拿去，就100块钱！一专摆地摊的老头过去，还想讨价。邵东哥们说：找死啊？想要就拿去，老子没时间跟你瞎扯。老头又想要又害怕，摸出一张老人头，邵东哥们一把夺过，说：归你了！拍拍屁股，眨眼不见。老头承他旧业，慢条斯理，结果卖了5千多块，发了笔横财。

这看来像是笑话，却是真事。邵东人将真事弄得也像笑话，他们造的袜子，都是穿一个星期作废的。不作废也不行，一星期后，袜子已经缺前少后了。

一切缘自模仿。说邵阳人是高明的二等发明家，只要你发明一个东西，被邵阳人瞄上一眼，他们有本事造个完全山寨版出来。

除了不实用外，你看不出任何分别。说到这里，我们得庆幸，因为邵阳人至今不造两样，一是避孕套，二是印钞机。

邵阳人精神，或者说气魄，让他们有一个想法，马上就将变成现实。如果将他们做生意用一句口号来说就是：即使造假货，也要卖到全世界。口号像李白写诗，当然不是事实。像邵阳的药材，以货真价实闻名中国。不惜一切代价，全力做一件或许很小，但自己认为有意义的事，这是真正的“没有做不到，只有想不到”。

邵阳人的执着让人敬畏。他们凶悍，下手非常痛快，没有丝毫犹豫，这种精神，并由此而生长的性格，已颇有历史。中国人都知道，近代中国第一个睁眼看世界的大人物叫魏源。这位从邵阳走出去的狠角，也只有他敢说：师夷长技以制夷。制夷就是要制服外国人，要控制住外国人，以毁灭性代价去报复，让外国人尝到侵略中国的后果。楚虽三户，亡秦必楚，这是老话。今天要与时俱进，我看得考虑改成：邵阳一人，夷平世界。邵阳人风骨，是中国危难时刻的最后一道屏障。

为了直观易见，让我们看清邵阳人在湖南人中的性格分别，我设想这样一个场面：一群数以亿计的侵略中国的法西斯分子，如果可能，被同时悬挂在太平洋的高空。湘潭人来处理，最可能是先跟他们讲道理，分化他们，然后将他们救下来，争取法西斯分子中转变阵营的人，再借他们去攻击那些顽固不化的家伙，两相拼杀，最后幸存了几千万，被湘潭人带回去。衡阳人来处理，给每个法西斯分子发一本书，学儒学佛还是学道？那随便他们。能背下几页书，就分散打发他们都回去，劝他们从此好好做人，别再使坏。但换了邵阳人来处理，他们眼如鹰隼，眉如刀枪，脸放红光，一不做，二不休，三不问，四不看，搬来一把大刀，一刀下去，刀飞绳断，数以亿计的侵略者在惊天动地的尖叫声中，如陨石一样疾沉直下，彻底葬身海底，永世不得翻身。

这大致说明白了邵阳人的凌厉与凶悍。我几年前看到邵阳城，那形象就似一个蓬松着头发，准备带上枪炮去打人的模样，细看之下满城有着动感。以邵阳人的聪明才智，中国确实难有地方出其右。但为何邵阳市城漂亮还不如邵东县城？看来他们的才智多在打架上消耗光了。要管住一个真正的邵阳人，比管住一个省城，并不见得容易。在中国之内，他们最不可能低声下气，所以你不能奢望他们奴性，做你的跟屁虫。

邵阳人即使表达温情的一面，也是那样富于侵略性。

如果说，一切真正的性格文化，从来都只能星罗棋布于民间，那么，关于邵阳性格，我们从地底里、草根上，更容易感受得到。我曾到过邵阳做客，主人请吃饭喝酒，我略作推辞，想要离开，他们就“呼”的一下过来，用他们有力的双手，将我牢牢按在座位上，根本动弹不得。只有吃好了喝好了，他们内心里觉得对得住你，没有亏欠，就十分满意。在邵阳人看来，请客吃饭就是革命。既然革命，就不是绘画绣花，不能那么雅致，那么从容不迫。

我有许多亲戚都在邵阳。每到逢年、过节、做生日，必有许多邵阳人来，他们来则必打牌，打牌必吹牛，吹牛必喝酒，喝酒必烂醉，醉后必打架。因此我的奶奶，每到这个时候，都要张罗，多给家里腾出床铺，提前预订几个劳力，以在他们打得头破血流后有个抬去休息的地方。待到他们梦而复醒，一摸脑袋，倒霉！刚才肯定睡死了，掉到床下去了！一跃而起，穿屋横堂找老表：老表老表，继续打牌。吆喝再起，声音穿透10里开外。

我有两个姑妈后来也嫁到了邵阳。每次去邵阳做客，他们都很客气。即使家里空了，他们都会想办法借，拿最好的东西来招待你，即使举全家之力，他们也在所不惜，就为让你充分尝到做客人的被尊重和愉快。如果借脑袋当板凳，你觉得舒服，他们二话不说，已经蹲下。但如果你在某些事情上做砸了，弄过分了，得罪他们了，他们会一直记在心里，他们会在将来某个时候，将你的不是说出来；如果不是这样，那么糟糕的是，他们已怒形于色，再不理会你，心里跟着从此记你一笔账，找上门来公开宣布从此与你断绝交往。

如果这些都没发生，那么我更不能祝福你。我会老实提醒你：当心某时忽然被一双手打断腿。

发现一只苍蝇，我要消灭它
苍蝇！看我降龙十八掌上拍！
发扬邵阳执着精神。
胜利就在前方！
小样，我还没拍你就死了，也太不经吓了。

文人永州

> 《红楼梦》里说：男人是用泥做的，女人是用水做的。我想问曹雪芹：永州用什么做的？柳宗元用一双忧郁的眼神告诉我：永州是用眼泪做的。

《红楼梦》里说：男人是用泥做的，女人是用水做的。我想问曹雪芹：永州用什么做的？柳宗元用一双忧郁的眼神告诉我：永州是用眼泪做的。

说到永州，我脑海里自然浮现出柳宗元。峨冠博带的柳宗元形象，让我总不自觉地发现，永州人的气质，越看越像一个文人。如果说这是“因人而城”，很干脆，这算民间版的“倾城之恋”。

同属于湘南地区，同衡阳形象类比，永州在某些地方气味接近。但正如书生与文人最大的分别，在于他们虽然都有文化，但做书生是为了学问，当文人是为了感情。

进一步说：书生求的是科学，文人爱的是美学；科学理性，美学感性。因为一切的文人作品，首先都得要感染别人，这要求文人首先有一种情绪。永州在湖南的土地上，情绪刚好一直丰沛如雨。

为了证实永州人的情绪，我翻阅了一些资料，知道永州所以又叫零陵，得名于舜葬九疑。《史记·五帝本纪》载：舜“南巡狩，崩于苍梧之野，葬于江南九疑，是为零陵”。这里所说的零陵，实际上就是舜陵，或者说舜陵是别称。

这里我们读出的是悠久，文化越久就越让人景仰。如果到此为止，永州既可以是书生，也可以是文人。称“文人永州”，源于娥皇、女英千里寻夫的动人故事。

舜帝南巡死于九疑后，舜的两个妃子娥皇和女英，千里迢迢从中原来到九疑，想要找到舜帝的陵墓。她们一路寻找，一路伤心落泪，直到泪尽泣血。泪血洒到竹子上，留下泪斑，使竹子成为泪竹（斑竹）。作家余秋雨在《文化苦旅》里用到过这一典故，只是搞错了舜妃身份。伟人毛泽东写诗说：“斑竹一枝千滴泪，红霞万朵百重衣”，用的也是这一典故。

但故事结局忧伤。娥皇、女英最终没有找到舜帝的陵墓，在返回中原途中，双双投水自尽于洞庭湖。为了纪念娥皇、女英的多情，人们将舜陵改称为零陵。

零陵的意思，到这里就明白了，是“为舜帝陵墓涕零如雨”。用毛泽东的话说：永州人对着舜帝陵墓，泪飞顿作倾盆雨。

我惊讶于永州的哭泣。总结后发现，从中国有第一个诗人屈原以来，大文人都必得经过哭。屈原算是哭得最伤心、最绝望、也最哀婉的一个，他被鬼谷子的学生张仪害惨了，到处是小人，艾萧太盛椒兰少，受不住啦，懒得啰唆，一跃冲向万里涛。长沙的贾谊，则仅因为梁王骑马摔死了，他跟着难过得死了，让毛泽东替他万分惋惜。到了柳宗元，他虽不及苏轼，但也比起前人豁达，所以被贬到永州，虽然常被异蛇吓到，但不像后来的林黛玉。他可以擦干眼泪，写山水自然的《小石潭记》，将泪水转化成潭水，滋养一方土地。

但从有了柳宗元的一声大哭，永州人一度被深埋的娥皇和女英泪腺，又被激发活了。所以在我看来，永州人的基因是忧伤的，而忧伤是文人的标签。当一种忧伤沉淀了五千年，忧伤本身已成文化，深入进这块土地。

延续永州这一忧伤文化性格基因的，也正是中国历史一批伟大的文人，有元结，其中包括柳宗元。被贬官到永州，他们的情绪，用白居易的话说，就是“江州司马青衫湿”。

哭是一种伟大的声音。中国无数伟大的人物，几乎全是靠哭出来的。岳阳的屈原、长沙的贾谊，都是哭得伟大的见证。但如果哭成为一种文化基因，并且成了主要的性格，在现实生活中，面对风云变幻，他就不大可能去横刀立马，或驾风乘云。我们拿邵阳人的样子一对照，很容易就感受到强烈反差。

无他，哭从历史以来，都是女人的声音。西施沉湖，那要哭，长恨歌起，贵妃得哭，杜十娘肝肠寸断，百宝箱丢进河，也要哭。再远看写《有所思》的汉朝女，她火气大，要将负心汉化骨扬灰，也在哭。最远则在《诗经》里，氓之嗤嗤，抱布贸丝，成了负心汉，害得女子总结教训：士之耽兮，犹可说也，女之耽兮，不可说也。忍不住哭。这么多哭，没有男人哭。

是以：永州无论看得多么阳刚，在湖南这块土地上，气质都是偏女性。真正的阳刚男人，心碎到极处，仅两种可能：一是怒，词人岳飞那样，要踏破贺兰山阙。一是笑，诗人谭嗣同那样，我自横刀向天笑。男人的愤怒与男人的大笑，都是让敌人发抖的东西。也是让读者或被同化，或感到心里发毛的东西。但纯阳纯刚的文人少会做文学，他们就像梁实秋跟鲁迅谈“永久不变的人性”，只可能想见，但没有人看得见，或许大概有罢。女性的文学，区别在让人看得心里发软。

印证文人永州的描画，是在我接触过的永州人中，整体感觉都是温和的，他们的激情、血性，哪怕是怒发冲冠，要踏破贺兰山阙，从根本上不是邵阳人的力度。

我见过激情血性的永州人，是1996年在深圳期间。那时我高中毕业，打工到宝安一家工地，一个从道县来的老哥，带了他一帮兄弟，承包了一段三级公路。老哥手下有几个四川民工，他们有时冲突就骂娘，好起来时就一起喝酒。偌大一块工地，他们扯一块布铺上，坐在那里，10多个人一团，大块吃肉，大碗喝酒。

道县人吃饭时礼节好像有点多，即使席地而坐，也让人感到有文化。他们跟四川人摩擦多。有一天几个四川佬不打招呼拿了湖南人工具，不说借条，借声都没有。害得道县几个人四下找，腿也跑麻了，眼也找花了。等四川人将铲子还过来，道县人已经气不打一处了。

四川人跟湖南人开玩笑，口头禅是：鸟毛。对极亲密的人，这是亲昵，对稍微陌生的人，这是轻蔑。道县人听了，口里笑笑，也回敬他们：鸟毛。

小摩擦不断，但终究一天也没打起来。父亲曾告诉我，四川人都很怕死，嘴巴上硬，你跟他真要干，他们逃得比兔子还快。

他在海南时，40多个湖南人跟100多个四川人为地盘的事，吵了起来。父亲手一挥，对拿起铲子的老乡们挥手：兄弟们，给我上！四川人马上怕了，为头的说：湖南兄弟，我们都是出来求财的，不是出来打架的，就退步了。

我对此不甚了了。后来听易中天说，四川人是“耙耳朵”，什么意思呢？外硬内软。四川是个出才子的地方，李白、杜甫、诸葛亮，他们的基因里喜欢比文，不好动武。这很美好很和谐。我后来想，如果道县老哥是邵阳人，那几个四川人遇人不淑，活该倒霉，身上会被搞得多几块补巴。

我想起文人的特点，之一是知书达礼。永州人够朋友，他们待人接物，都很有礼。借三句古人的话来概括：刘禹锡《送周鲁儒序》说，永州人“往往清慧而文”；宋《方舆览胜》说，永州“民知教化”；清李逢时在《东安县志序》中说，东安“民雍容而好礼”。这在湖南十分难得，毕竟在古代属蛮荒地。

我猜想，知书达礼与永州深厚的文化积淀有关。偏阴柔的气质，来源于才子佳人，文人墨客。永州的文化地，随便一数有：九疑山舜帝陵、柳子庙、阳明山、舜皇山、浯溪碑林、江华瑶城。

我2007年到过柳子庙，进去时感到被边缘化的柳子，在此地积淀有太深的文气；更早则是高中时，那时组织文学社团，去过浯溪碑林，青葱时光，好学求解，至今记忆深刻。体会是，一个生于斯又长于斯的人，即使是一个平常人，从小耳濡目染，也要沾染几分文气，何况这块土地，有不少伟大文人的后代，他们留下基因，蔓延开来，四面八方，仿佛远处高楼渺茫的歌声，余音袅袅，虽历朝代，不绝如缕。

2007年，因为采访去到永州，时任永州市委书记向我们推介的第一句话：永州是一本书。他甚至建议，我们的专题报道，就以这句话做题。这是永州官方对当地历史文化底蕴的观点。可见他们对文化的自我认同感很强，并以此感到自豪，在对地方特色的保护、开发上，自觉不自觉会往这方面靠。

权威专家的最新研究成果表明：永州是世界稻作农业之源、中国陶瓷工业之源、中华文明道德之源。舜的开明治国、任人唯贤，柳宗元深刻的惜民爱民思想，周敦颐朴素的唯物主义思想和“出污泥而不染”的高风亮节，“女书”的神秘莫测和瑶文化的千姿百态,以及道县玉蟾岩文物的出土,都给永州打下了文人的烙印。而这种文人的气质，经岁月水花的淘洗，已经光华洁亮；经时光火炉的锻炼，也已经炉火纯青。

如果可以给文人永州用笔标点几下，让人可以更醒目地看到，我以为四副表情足矣：舜帝忧伤，柳宗元抑郁，周敦颐清高，女书神秘。所以如果去画永州，给人看时已像蒙娜丽莎的微笑。对应表情的四种基因，沉淀在永州世俗与民间的文化里，流淌在每一个永州人的血脉里。永州如果说与湘西味道有点接近，那么最大的分别，在永州是一种纯粹的文学气，而湘西是鬼魅味。在我看来，四种基因，是永州区别中国任何其他城市的独特气质。

所以人从外面来到这里，被浓郁的文气感染，首先想到的不是打架，而是缠缓地抒情。毛泽东说自己于诗文是“偏于豪放，不废婉约”，他到了阳刚之地，便会说：横空出世，莽昆仑，阅尽人间春色。而一到永州，完全被文气感染，文人的情绪被激发，便没了豪情壮志。凄婉绵长的一句“斑竹一枝千滴泪，红霞万朵百重衣”，是柳永气味。是“枕上堆来愁何状？江海翻波浪”。对照他回乡时写下的“喜看稻菽千重浪，遍地英雄下夕烟”，我们会发现，湘潭是一种几乎完全有别于永州的土气、豪气、霸气、英雄气。

文人墨客适合去到永州。周敦颐当年在月岩山中悟出《太极图说》，“花有清香月有阴”的氛境里，它总会有某个细节，某个不经意的地方，悄然打动你的内心。任你高强猛汉，来到这里，已无意铁脚琵琶，唱大江东去；自觉哼出的，却是古道西风瘦马，小桥流水人家。

又一个春天早晨来了！
虽然依旧寒冷，但已经有了暖意！
极好极好
哎呀！迎春花发芽了！
趁着现在的好心情，
我要静静的体会生命的律动
春天萌动的生命，
我感动的哭了！

灵魂湘西

> 走在泸溪的深山丛林，天上有白晃晃的阳光，前面有空旷干涸的田野。人走风动，风吹影动。头上有斑驳树荫、四周是幽深鸟鸣。像脑海瞬间闪过一道光，灵光一掠，恍然间看到一个很新奇很陌生的世界。……人的一生，如果去了西藏，回来时内心空朦，世界渺小；这时再去湘西，人生观在某时发生改变。

当湖南的地图看上去像个人，我就想到湘西是这个人的魂。

以前曾翻过一本小说，说人死了后会轻掉21克。更为奇妙的是，这21克正是灵魂的质量。我对这个说法颇感神秘，不是说要借科学讽今，骂今天许多人行尸走肉，不要脸到多没灵魂。我的母亲是坚信人有灵魂的，所以看上去像在迷信。灵魂既看不见，也摸它不着，甚至也无法感应到；不能迷信，那么就只有相信。人到了湘西，许多事情只能靠相信。

我最早听说湘西，是读小学时那部叫《乌龙山剿匪记》的电影。记得片尾曲有一句词："也有老母亲，也有心上人；也有生死情，也有离别恨。"一部打打杀杀、恩怨情仇的电影，被拍得情天义海，荡气回肠。后来就读到沈从文的小说，看到黄永玉的画。最近还听人在说《血色湘西》。

真正踏上湘西的土地，是2003年。那次采访，走遍湘西山水人家。我因此也写了一个系列日记，收录进了《逼近灵魂》一书。或许因为已过于熟悉，或者还是依然陌生，所以今天写到湘西，我试图将视线调到一个合适的位置，却发现眼前浮现的湘西，依然那么云蒸雾罩，飘忽迷离；迷而信之，仿佛屈原的山鬼，魂去归兮，归去来兮。

湘西给人的感应，始终如灵魂一样，若即若离，飘荡不居。我曾听来的典故，有“湘西十八怪”。如果说这还不足为怪，那么有人会给你讲起神秘莫测的赶尸：夜半，荒郊，山路。一个人手执小阴锣，摇着一个摄魂铃，领着群身披宽大黑布的尸体。尸体头上戴个高筒毡帽，额上压着张黄纸符，纸符垂到了脸上，四周黑咕隆咚，尸体阴森，人古怪潜行。

湘西赶尸是否确有？曾陪同我行走湘西土地的朋友，是泸溪县民政局长，爱好摄影，研究《易经》，给我讲了许多活的故事，我听得汗毛倒竖，他讲得哈哈大笑。死人走路讲完，结果还是谁也没有亲见。

即使人说有亲见，也是某人告诉某人，“他曾亲见”。一宽衣大袍的老者，左手持红绳铜铃，右手挥三角杏黄令旗，铃……朋友讲到这里，我们正走在泸溪的深山丛林，天上有白晃晃的阳光，前面有空旷干涸的田野。人走风动，风吹影动。头上有斑驳树荫、四周是幽深鸟鸣。置身这样的氛围，我体验到一种截然不同的味道，像脑海瞬间闪过一道光，灵光一掠，恍然间看到一个很新奇很陌生的世界。

人的一生，如果去了西藏，回来时内心空朦，世界渺小；这时再去湘西，人生观在某时发生改变。

我隐约闻到了一股类似云南的味道。湘西人是好语怪、力、乱、神的。他们的想象也非有可比。我后来看黄永玉的画，就感觉到了其中的赶尸味道。没有湘西那种独特的生活，黄永玉的画再奇思怪想，会像一个失去灵魂的人。

人的灵魂味道，也就是人的味道。楚文化史家张正明说，秦人和宋人崇巫，多妖邪气；越人和濮人崇巫，多鬼魅气；楚人崇巫，却是多人情味。楚人对付神灵的办法，只有娱和飨，加上卜和筮。易中天先生看来，这是人类“前科学”阶段。

从画中神秘走出，又仿佛重回画中去，现实与精魂逐渐模糊起来，生与死混沌一体，此亦即彼，彼亦即此，有庄生梦蝶的幻觉。从生命最本原中走来，天赋自然的人性，在山，在水，在江，在空中，在无所不在，在湘西人。到了生活之中，他们便都是有情有义的汉子。

只要你是一个真诚的人，你跟湘西人很容易就做成朋友。

满身洋溢着山野气息，我印象中的湘西人颇为豪爽。他们喜欢喝酒，跟你一碰杯就是三碗。他们也都孔武有力，因之有崇武风尚。早年湘西旱军悍勇善战，曾是曾国藩湘军的中坚脊梁。2003年时，我在泸溪县城，就看到好几条宣扬武术的横幅。

湘西人好打架，缘于人的自然天性，但作为群体到社会中来，这一天性是造成土匪盛行的一个原因。历史进入民国时期，湘西匪害更烈，众多匪首利用湘西险要的山川形势，割据一方，称王称霸，风高放火，月黑杀人。但湘西人几乎没有乱打架，生死情，离别恨，盗亦有道。

司马迁说：西楚一带，其俗剽轻，易发怒。说的正是湘西人。湘西人率真，容易激动。但将他们看成莽莽撞撞的骄男悍女，那又失之千里。楚人的性格，像他们的生活，多姿多彩。他们不仅有筚路蓝缕的苦志，有刻意创新的巧慧，有发扬蹈厉的豪气，有谄神媚鬼的痴心，他们还有顾曲知音的才情。

湖南人的血里，一半是英雄，一半是强盗。这种最英雄好汉也最乌龟王八蛋的性格，就是作家莫言笔下的“红高粱”味道。但说湖南里最英雄最强盗，却正是湘西人。如果说无鬼魅湘西人不能作画写文，那么，无土匪则从根本上没有了湘西。今天可以借来穿透历史的古迹，除了南方长城，就是黄丝桥古城。绕古城墙边行走，可以听到呐喊，仿佛闻见厮杀。铁骑突出，刀枪齐鸣。阳光洒落，天空安详。历史与未来时光交错。

2003年，凤凰县一位女士陪我们踏上黄丝桥，匆匆踏过清亮泛油的石块，我隐约闻到血与火的味道。黄丝桥是国内至今保存最好的一座城堡，古城始建于唐垂拱三年（公元687年），古为屯兵之所，历代统治者为了防止西部苗民生衅，将此当作前哨阵地。据说伏波将军马援及威震西藏的福康安均命丧于此，而苗民们也被迫深入大山，人口剧减。1794年，这里爆发了历史上最大的苗民起义，历史学家称这次起义是清朝中落之战，从此清朝走向衰落。英雄与强盗血液流淌一身的湘西人，他们天赋自然的人性，不加修饰地用行动表达，让人总感到那样可爱。

英雄与强盗血液，流淌在柔弱的文人身上，也让沈从文有了湘西风骨。沈从文的潇洒，彻底改变了中国文人积弱不振：一个战士，不是死在沙场，就是回到故乡。这话说得虎虎有生气。这样真正的大文人，自苏东坡后，中国历史上从来就没有过。我们见过的所谓文人，不是迂腐可笑，就是寻章摘句，柔靡溺人，风吹即化。湘西文人风骨，比过慷慨多气的建安风骨，还因为它的内里，滋养着湘西魂魄。它让我们感到很亲很近。

很亲很近是因为，我们读沈从文的一些小说，会发现这里远离主流价值，自有一种纯朴的、自发的生活形式。城市的智慧，都市的文明，被几块方巾隔离开来。初去乍到，给人几分世外桃源感。

最能代表湘西生活灵魂的故事，是改编自沈从文的电影《丈夫》。年轻女子老七，为了维持生计，求情上城做妓女，丈夫留在家中，耕田种地，安分过日子。丈夫上城见到老七，却被嫖客一句“今晚上不要接客，我要来”拒之门外。看似荒唐的故事，没有跌宕起伏，没有波涛汹涌，没有强烈冲突。甚至，你看不到实质的反抗。丈夫送妻子做妓女，妻子赚钱来养家，仿佛就是一种生活，一个家庭形式，一次人生选择。

丈夫最后或许无法容忍，携老七回到了老家。这一举动与其说是反抗，不如说是另一个选择。通读故事的每个细节，我们看不到反抗，因为这里没有屈从：既无“不以暴力抗恶”，也没有依靠暴力惩恶扬善。这里甚至看不到主流价值观的道德，因为他们本原的生活，自有一套道德，或许可以称之“生活道德”。民风纯朴，人心古朴，上至巡官老爷、水保恶霸，下至普通商人、兵士，他们身上，始终也都洋溢着原始而古朴的礼。他们是按礼在生活。

古人说，礼失求诸野。在中国偌大的土地上，湘西人有他们自然生存的方式。他们见素抱朴，自由逍遥。因为古老，因为原始，所以接近自然人性，所以愈难为外来的文明所污染。他们无论怎么坏，怎么恶，都只是个人化、小团体化地表达人性的坏、人性的恶，而不是智性的坏，智性的恶。湘西用山水作屏障，让民俗传递文化的火苗，保存湖南最后一块人性之魂。

是以，代代而下，他们有了情天义海的文化传承。这是一种精魂的外化。自然野性与情天义海，融合成湘西人独具特色的情味：火辣。宋祖英一首《辣妹子》如果算庄重的情歌，那么在民歌里，我们可以看到湘西女子火辣真实的野性：天上起云云起花，包谷林里种豆荚；豆荚缠坏包谷树，娇妹缠坏后生家。这样敢爱敢恨，最易发生两件事：除了私奔，是一夜情。

今天的湘西人，跟过去又有了什么不同？2008年，我的朋友，湘西作家姚筱琼一部长篇《罪名成立》，里面有个女子，名叫江蓠贞。江蓠是古代一种香草，贞即是贞洁。一个失去了贞洁的女性，在现实中被人先是玩弄，再是抛弃，然后报复。作者将她形容为“贞洁的香草”，耐人寻味。里面有个撼人心魂的镜头：失贞女子江蓠贞，仰身一跃，跳进酉水河。这句描写让我印象深刻，大概就是画出了湘西人的血性、刚烈与正义。一个被骗去贞操的女子，因为艾滋病感染，给整个村庄造成恐慌，湘西遗世独立的文明，遭遇生存还是毁灭的发问，湘西人本性选择美好，所以女主人公选择毁灭。一曲山水动容的悲歌，将情义唱响，幽灵一样久久回荡。

如果说情天义海在《罪名成立》里还只是表达湘西人性的尊严，2008年，当小小的龙清泉一举而夺下世界冠军，我们看到：质朴的湘西人，身上荡漾一股英雄气、率真气。

情义里的湘西，人不分男女，都激荡有一种原始野性的英雄魂魄。

但从画中走出来，到过现实生活中，又回归艺术的湘西人，在我眼中真正动人心弦的，正是它那自然、人性的生活。它是一个恒久的人间碑刻，写满那些永远不变的文字。如果说，凤凰古城以历史的气味，让我们闻到湘西的鬼魅与神秘，那么酡江在我看来，就是一条自然而流的生活小溪。湘西的山、水，总让人感觉到一种自然而然，他们并不在意外面的世界，始终保持着自己的节奏。这个形象，就是凤凰古城与酡江在时间与空间里自然的流淌，是沈从文笔下的翠翠的日子。翠翠每天跟爷爷摇着渡船，帮人过渡，生活就是生活，生活就是日子，就是纯朴、干净，你来我往，就是每一个盛满欢笑与忧伤的记忆。

湘西人重灵性，好自由，讲个性，追求无拘无束的自由散漫生活。湘西人的生命存在，就是为了追求一种无拘无束的神仙般的自由生活，他们的逍遥，是一种自由散漫。有这样一首民谣：“家住川湖界，豆腐当小菜，烤着木炭火，除了神仙就是我。”湘西人对物质并不过多追求，我几乎跑遍了凤凰及4县乡村，那里有我见过最落后的湖南，而且超出人想象的能力。但湘西拥有地球村最多的百岁老人。我采访过数十的百岁老人，他们一生坎坷无数，却无一不有玩性。

沈从文的《七个野人与最后一个迎春节》，湘西苗人原先不知有官、有政府、有法律、有税，只知道耕种渔猎、纵酒任性，官府的统治，改变了他们的生活。老猎人带领六个徒弟，阻挡不成，于是迁进深山岩洞，以野人自居，躲避“归化”。这种苟且的生活，依然无法维持，终于因纵酒“犯规”，全体被杀了头。

灵性、自由、个性、自然，为了追求，可以杀头，这就是湘西人的生活之魂。

在欲望的城市里，理性的都市人将自己玩到玩不下去的时候，总会想起湘西，来到湘西。他们在这里找到自己，也能够重新拾起灵魂。

感受湘西的灵魂是需要感应的人灵魂具备层次与质量的。一个历经世事的人，在颠簸的一生中看透太多人间荒谬，他才可能在这里找到一个返璞归真的家园。看上去甚至有点落后，甚至有点为人嘲笑的湘西，它始终那样不紧不慢，大智若愚。

湘西的灵魂有老子“道”的味道。我想起孔子一生，在追求世俗的成功，被碰得头破血流时幡然悔悟，他说：“天何言哉，四时行焉，百物生焉。”这么伟大的人，也发现自己没什么了不起。等于说：湘西大境界，人生小舞台，这里散发的自然气息，能让人回到真实，发现自我，看见今生来世。

对作家、画家而言，灵魂是一件浪漫的事；对兵士而言，“诚既勇兮又以武，终刚强兮不可凌；身既死兮神以灵，子魂魄兮为鬼雄”；对每一个普通人而言，灵魂绝不是一个可有可无的东西。虽然今天许多人的内心，都早已游荡成孤魂野鬼。

诗人海德格尔说：“诗意地栖居”。诗人兰波又说：“生活在别处”。当一个人想诗意地栖居，又或者想生活在别处时，他/她灵魂里那21克，已挣脱世俗卑琐，正向湘西飘来。

我熟知国内各地的美女，
你知道哪个地方的
美女最厉害？
不知道！你说，我学习下
湘西的美女最厉害！
因为她会写
我们男人看不懂的女书！
哦！这样是最可怕的事
不，这还不算是湘西
最厉害的！
啊！那什么最厉害？
她们会下蛊。中了蛊以后
男人就会被女人任意摆布！
下蛊！！
好可怕

蛮人娄底

> “鸟人”是被动的，消极的，是得过且过的，是打得赢试打，打不赢立逃，是随时准备自己钻进棺材的人；“蛮人”是积极的，主动的，是殚精竭虑，打得赢要打，打不赢也要打，是总想算计着赢得最后胜利的人。

一人打仗，屡败屡战，屡战屡败。问：这是什么人？答：鸟人。一人打仗，屡战屡败，屡败屡战。问：这是什么人？答：蛮人。

许多人以为，娄底人曾国藩，一口家乡话向皇帝汇报：“屡战屡败，屡败屡战”，这在玩弄文字游戏。这样以为的人，自己一定算个混蛋。内心预备了什么，就只能看到内心被这8个字折射回来的那个什么。

“鸟人”与“蛮人”之分，就是次序的差别。但正是这个次序，从根本上映照出来的心态，是完全而彻底相反的两种：“鸟人”是被动的，消极的，是得过且过的，是打得赢试打，打不赢立逃，是随时准备自己钻进棺材的人；“蛮人”是积极的，主动的，是殚精竭虑，打得赢要打，打不赢也要打，是总想算计着赢得最后胜利的人。

是的！打得赢要打，打不赢也要打！非如此不足以成就“蛮人”。

人的智力，90以上，脱离弱智。140以上，算是天才。但人类中99.9%的人，智商都在90—140之间。这部分人，都是凡人。

与地球村人同为凡人的湖南人，为什么在曾国藩之后，崛起于陇亩，称雄于地球村？绝对不是湖南人智力超群，比外地人智商平均高多少点，但一定是湖南人都“屡战屡败，屡败屡战”。

“屡战屡败，屡败屡战”，说白了，也就仅仅一种态度。每次都失败了，但马上又整装待发，信心满怀。用中国古话说，这叫“打不死的程咬金”。用地球村的话说，这就是海明威的“老人与海”精神。说得好听，这叫坚强与韧劲。难听的话，就是牛皮糖，死缠烂打。两种理解，一个意思。

在湖南人眼里，这个世界没有失败，只有暂时没有成功。万事万物，从来如此。所以，地球村里即使60亿人同时反对，湖南人一个也要坚持。任你吓唬，就是咬断牙，顶断脊梁，也要将事情做成。哪怕坚持到最后自己成灰，这股灰也要抓紧扶摇羊角，趁势将事情搞成。

是以：两百年来，无论是惊天动地的大事，还是平凡人间的小事，湖南人还真没有哪件没做成。要问成事的秘诀，也就八个字：屡战屡败，屡败屡战。如果再次提炼，也就两个字：霸蛮。

是以，要问湖南人精神，先得寻宗问祖，找到第一个发明了“霸蛮”的人。

所以说：到湖南必道娄底，道娄底必说双峰，说双峰必看曾国藩，看曾国藩必提蛮子。

往事越百年，国藩西天，趋驰娄底今又是，换了人间。

写到今天娄底，我感到点点陌生。曾国藩的娄底、民间的娄底，客观的娄底，如镜头一样，交错叠映。

于是让脑海里先浮现一些朋友。那些来自娄底的朋友，他们一颦一笑，慢慢融合，勾勒成一张“娄底脸”。但这仍是张难以定义的脸。于是我抬头再瞄一眼那山那人，先写了“蛮人”字样，贴到这幅图画下，供自己描摹时，不至过于走样。

脑海里掠过的娄底人，我第一个见到的是蔡和森。在岳麓书院，蔡和森同毛泽东的合影，像被复制过一样，嵌在我的脑海。我曾看过那张照片许久，我感觉他们的气质有所分别。对照看来，毛泽东是个行动家，蔡和森是个思想家。就是说：蔡和森更像一个书生。

所以娄底在我的印象中有点衡阳气质。这大约跟我认识的娄底人有关。我有两个娄底朋友，他们早年都考在人大，一个国际经济硕士，一个国内经济博士。他们春节从北京到我家玩，聊天时我感到他们都很厉害，是特别智慧的那种。我问起他们高考，并不是很用功，随意就得了六百多分，他们说自己在当地也就中等水平。

湖南人读书厉害，中国人早知道；娄底人读书厉害，我后来才知道。湖南人会养猪会读书，难道最先说的是娄底人？我想这块土地是有灵气。记得我读小学时，作家韩少功发起“寻根文学”。就是寻民族祖先之根，所以我一直以为古人智慧于现代人，就像诸子百家之后的理论，少有原创，多为发挥。古人生活辛苦，条件艰苦，他们野蛮，所以聪明。所以我将娄底人的智慧，归类为“蛮人”。

湖南人好辣，无辣不成湘。但在我看来，娄底没有邵阳的凶辣，也没有湘西那样火辣。那么娄底到底是什么辣？

我到达娄底的第一个地方是双峰。也是第一次领教双峰的辣椒酱。置身娄底天地，感到湘潭一样的土气。我所看到的辣椒加工厂，都是特别简陋。双峰人随便搭个棚子，就能生产，像生命力顽强的游击队员。这种原始的加工味道，让我印象往蛮人脸上又靠近一点。

当然还因为那味道确实辣。虽然不是凶辣，不是火辣，但称得上“厚辣”。辣的快感能持久。你要说双峰辣椒酱可能不太辣，那都是卖给外地人吃的。人家是怕你辣呢！本地人吃的辣椒酱有多辣？外地人没必要用鼻涕眼泪做化学实验。我说个真实故事：有个娄底朋友，2004年我们一起去海南，他随身带缸辣椒酱。我勉强咽下海南的甜而无味，他让甜菜在辣酱里先洗澡，夹一口，忙吐了：不辣，不辣！原来海南的辣椒也是甜的。看他吃菜，方知什么叫“无辣害苦人”。要一顿不吃辣椒，还不如让他绝食，或者干脆杀了他。他要的辣是口味特重，吃得汗如雨下，气喘如牛，像刚从战场归来。看他胖墩墩的身体，憨憨地左右同揩，你会体会一种娄底人的味道。

人就是他所吃的东西，这当然是个比喻。但人的性格，其实就是他吃食的方式、爱好。因为口味特重，所以性格粗重。我感觉到的娄底，是类似湘潭的土气，后来想出一条原因，据说韶山跟娄底共一条山脉。我想这是否接通了他们的性格？但娄底人细看之下，不是湘潭人那么“土”，所以也没有那么土。因此，娄底人火辣的性格，有时激进得接近邵阳人。但邵阳性格跟娄底比较，又有点“飘”与“过”。所以，娄底的蛮人，味道介于“土”

与“飘”之间。

让我最终决定用蛮人来描画娄底，还是因为脑子里始终巍坐着一个人物，那就是前面说过的，地球人都知道的曾国藩。

曾国藩是个什么人物？他是近代湖南人的第一块牌子。毛泽东在青年时代说：“愚于近人，独服曾文正公”，算得上最高褒奖。但曾国藩是个什么形象？我曾专门写过一篇短文，归纳为：封建官僚。封建者，保守也，怕死也，清规戒律多，人间乐趣少也；官僚形象者，高贵也，世故也，听于天命多，不敢反抗也。

湖南人的性格里，都有一股霸蛮而凌厉的狠劲，顺藤摸瓜找源头，恐怕还因为曾国藩那句话：屡战屡败，屡败屡战。

为了“屡败屡战”，曾国藩横下一条心：打落牙和血吞。这句话几乎激励过所有后来的湖南伟人。

当左宗棠抬着棺材去收复新疆，当谭嗣同横刀向天笑，肝胆两昆仑，当陈天华在东京大森海湾愤然投海，以死报国，当毛泽东引用老子，说出“民不畏死，奈何以死惧之”，当朱镕基愤然决断，准备一百口棺材，九十九口给贪官，一口留给自己。——我想起伟大的曾国藩，心中翻涌激越。

湖南人最大的本钱，就是不怕。这当然因为穷。穷人不怕命短，失去的只是锁链，得到的是一个地球。问题是：当湖南人富起来了，未必就怕了吗？

就像邵阳人的凶悍已成为基因，无论多少个博士学位，也无法改变其性格中的凌厉。湖南人不怕死，已经成为一个基因链条，锁定在湖南人的性格密码箱里。

但作为湖南人就不应忘记：湖南人天不怕地不怕的精神，是曾老先生最先提炼出来的。曾国藩自己本来一介书生，别说带军队，就是被个农民打了，也是秀才遇到兵。好在他不怕，即使怕了，也硬着头皮装不怕。所以我们看到：他鼓励自己，同时也鼓励别人，不要怕死，但他自己呢，还是有点怕死。跟太平军打仗，战败后先后3次自杀，一头跳进水里。据说第一次跳进湘潭段的湘江，差点真淹死了。第二次跳进长沙靖港，第三次跳进江西九江，都被部下从水里找了上来。他最后赢了太平军。他跳水近似作秀，不得已而为之，他的不怕死精神，却是不掺水分的。

湖南人的特质是敢为天下先，这正是锐利的湘军精神。所谓无往不胜，所向披靡。自从娄底出了个曾国藩，对一切湖南人来说，天下大事，皆成于蛮。无蛮不能问鼎天下，统管地球村。

作为湘军创始人的曾国藩，他隐在双峰县井字镇荷叶塘的一个豪门地主家庭，发明了这样一种霸蛮的精神。从根本上影响了湖南人，进而改变了湖南乃至世界的命运。曾国藩之前，湖南人会读书会养猪。曾国藩之后，湖南人会打仗会教书。今天湖南人能吃辣椒会出书。这些让湖南人安身立命的本事，都是从娄底发源，曾老先生集地域性格大成，让它从一个小山村里流传开来，功不可没。

当然了，正是有“无湘不成军”，同时就有“无湖南人不成衙门”。娄底人，包括临近的邵阳人，都是可以构建一个铁的藩篱，来禁锢天下人的高手。他们爱憎分明，很容易上纲上线，给人以沉痛打击，这从根子上，又拖住了湖南发展，让湖南官方与民间的矛盾激化。

衙门除了几个官老爷，怕是谁都不想去的鬼门关。这一好一坏，又形成了湖南人性格的两个极端：或者极端保守，或者极端开放。所以，人们只强调湖南人敢为天下先，却掩盖了湖南事实为天下后。湖南在许多方面所以后于天下，跟湖南人这一性格有直接关联。

最智慧的湖南人早发现到。毛泽东1917年写《湘江评论·发刊词》，对这一点进行过猛烈的批判："闭锁一个洞庭湖，将他们轻轻挡住。他们的部落思想又很厉害，实行湖南饭湖南人吃的主义，教育实业界不能多容纳异材。他们的脑子贫弱而又腐败，有增益改良的必要，没人提倡。"

晚年的毛泽东更加发现这个缺点，他修改了一下青年时的判断，说：曾国藩是地主阶级中厉害的角色。地主阶级对穷人是鬼门关。言外之意，曾国藩是农民的鬼门关。毛泽东是讲人人平等的，衙门等级的门槛，让他心里添堵。

当然不能说，湖南人的性格缺陷，都要怪罪曾国藩，同时又去怨恨娄底。娄底出了个曾国藩，曾国藩创造了湖湘文化，这个湖湘文化，到底也是蛮人文化。毛泽东说：文明其精神，野蛮其体魄。就是说，人的身体可以是蛮人，但人的精神气，要做个文明人。这在很大程度上，丰富完善了曾国藩。

最后要提一下的是娄底话。我曾说湘乡话难懂超过"日语"，娄底话难懂看来又超过了湘乡话。一口地道的娄底话，对外地人无疑天书。有个笑话，某人在自我介绍时说："我是娄底人，娄底的娄，娄底的底。"结果人家连这句都没听懂。

我坚持相信，方言最能直观地告诉别人当地人的精神气质，越接近文明的土地，方言就越是好懂。比如四川，方言跟普通话差不多，所以盛产才子佳人。湖南方言都不太好懂，所以多产英雄美女。才子佳人是文明人，英雄美女更接近动物性。我曾听过不少娄底人话，总结观点：这世上最惨痛的事，乃是听娄底美女玉口绣心吐乡音。那种落差，疑似银河到凡间。

今天及将来，已经不大可能是英雄美女的时代，但一定是才子佳人的时代。太平世界，动不动喊打喊杀，霸王硬上弓，警察会叫你提前从公司下班，改去警局“上班”。如果你又去贩卖假证，也会被扫黄打非一顿搞了。想到这里，我就为前面两个人大毕业的娄底朋友高兴，在我的脑海里，他们就是娄底的才子佳人。我又想起蔡和森，觉得原来他老早就是娄底一个大才子。

湖南人性格都矛盾。不矛盾不是湖南人。真正成就湖南人的，正是那些既相互打架，又握手言和的性格。明白了这些，你会恍然大悟地说：从曾国藩书生带兵，到老粗出人物，娄底人骨子里，原来是文明的蛮人！

辣
我们娄底人爱辣椒
辣
这么一大锅辣椒当饭吃！
辣
贵州人不怕辣，
四川人辣不怕，
湖南人怕不辣！
辣
我们蛮得辣不怕，
越辣越不怕！

商人郴州

> 大约是隔壁邻居，郴州人起床后、睡觉前，看到的都是广东人忙生意的背影，于是“闻广东人起舞”。模仿是最好的学习，山寨文化这样起家的。

我们重情，商人重利。所以中国人印象里，商人形象一直不怎么样。而据说看人，最可靠是第一印象。像谈恋爱的事，爱情家只需三秒。白居易告诉我们，商人重利轻别离。是说，商人爱钱，但对情爱之事，兴趣渺茫。

我在郴州跑马观花，也只有一次印象。所以开头摆上类比，相当于在商人面前吹爱情，在时尚家面前谈考古。我虽敬谢不敏，但跑郴州远多于三秒，不是全没自信。我想再多了解，又怕多看糊涂。于是大起胆子，说郴州在湖南这块人头攒动、英雄如雨、美女如云，才子如水、佳人如梦的土地，看上去像“另类的商人”。

文人重情，商人重利。因为与永州隔得太近，所以说出商人郴州，容易借文人类比，进而再次联想到白居易。为了消灭误会，我首先要说：郴州人都是情天义海、义薄云天的湖南人。可见的记忆，是我去“铸乡”嘉禾，当地有人就送把菜刀，如此爽快直接，颇有点水浒梁山，我们足以相信：“郴人重利重别离”。

我对郴州印象，跟脚下第一站有关。那是宜章与广东的交界。我淹没在人流中，走大街小巷，看蓝天绿树，闻岭南海风，都是浓浓的广东味道。

广东是个出大人物的地方。钱钟书说近代中国有三个半人，湖南人算一个，两广人算一个。广东人洪秀全不怎么样，但康有为、梁启超、孙中山，都很了不起。我的印象里，广东人尚自由、平等，那种感觉，像周星驰喜剧。

自由、平等，是商人品格，所以广东人除了会生活，做生意也里手，个个会赚钱。大约是隔壁邻居，郴州人起床后、睡觉前，看到的都是广东人忙生意的背影，于是“闻广东人起舞”。模仿是最好的学习，山寨文化这样起家的。我说郴州人看上去有点像山寨版广东人，是说他们从广东人身上，模仿出不少赚钱本领。

2007年，我在郴州一个农村，前面是座高山。当地人告诉我，那叫骑田岭。我当时没在意，但随后听人说，那就是五岭之一。我顿时想起毛泽东的诗：五岭逶迤腾细浪；天连五岭银锄落。都是很大气，很革命，很遥远。现在却就在眼前。那种感觉，就像少年时代翻历史书，高中毕业路过虎门，看到林则徐像。

正是在骑田岭的革命布景里，我看到“十里不同音”的农民们在收割蔬菜。他们说，再过两小时，这些蔬菜就进了香港菜市场。我听后被惊了一回。原来还可以这样做农民！但这还不算灵活的，当时会赚钱的农民，收了从北方来的牛、猪，稍微养几天，然后卖出去，可以赚一笔钱。这就是中国正时兴的“流通经济”，纯粹靠转手赚钱，而且规模做得像公司。这种生意头脑，中国许多城市的生意人估计都还没缓过神来。我想起听郴州人自己说“郴州是广东的后花园”，这时怎么看郴州都像广东的“仓库”了。

广东人有钱，一般是背着麻袋去银行存钱；广东人会生活，果子狸吃生的，猴头吃得活；广东人爱开玩笑，但打扮却糟糕，个个像乞丐，有些还像被抓到的乞丐。大概正是因为会赚钱，会生活，像乞丐，同时又崇拜一些什么仙、风水、迷信，烧香拜佛，阿弥陀佛，所以广东曾一度被称为文化沙漠。如果这个说法成立，那么也可以说，郴州在湖南不算有文化了：

郴州有山。莽山据说近两千米，被誉为“湖南的西双版纳”，但湖南人许多都还不知道莽山。但中国没有人不知道衡山。衡山名在南岳文化，莽山没文化。

郴州有蛇。宜章的莽山烙铁头蛇，奇毒无比。但中国人只要读过初中，没有一个不知道“永州之野产异蛇，黑质而白章”。异蛇名在文化，烙铁头没文化。

郴州有“天下第十八福地”苏仙岭、“世界洞穴奇观”万华岩、蓄水82亿立方米的“南国洞庭”东江湖、“中国生态旅游第一漂”东江漂流。游玩之所，多是地因人名，人为地名。遗憾没有人像柳子一样，能托起这座城市的内涵，因之，也没有形成一种地域性格。

我很奇怪郴州的形象，翻来覆去，最后仍只能写成商人。

翻开历史谁都看得见，郴州并非没文化。宋朝时，诗人秦少游被贬，孤居旅驿，作《踏沙行·郴州旅舍》，留下千古名句：“郴江幸自绕郴山，为谁流下潇湘去？”苏东坡读了，激赏之：秦观完蛋了，谁也救不了他！（“少游已矣，虽万人何赎！”）记得当年中文系那个瘦瘦的男宋词教授念完这句，竟然感动得自己差点跳楼。可见郴江、郴山之“霜林醉，离人泪”。

我思来想去，结论是跟广东邻接的缘故。地理有时决定一切。虽然梁启超考察欧洲，发现“外国人所以杀皇帝事多，是因为皇宫太矮”的原因说差了，但郴州跟着广东成为商人，我自以为是说中了。孔子说，德不孤，必有邻。郴州有广东这个好邻居。

郴州虽得地利，却少有天时。大自然在湖南大概算最恶劣的：古有“马到郴州死，船到郴州止，人到郴州打摆子”。2008年冰灾，郴州也最严重。一遇刮海风，郴州多遇洪。作为广东与湖南的过渡带，两种气候冲突，确实为难了郴州人。老天爷常跟郴州过不去，逼得郴州人要多赚钱。加之人少山多，商人狡猾，又地下矿多；矿主精明，学得像广东人，又成了钱多书少的暴发户。

也许被广东同化太多，郴州有主动靠的说法。民间曾流传一个笑话，有人出点子：怎么一步把郴州的经济搞上去？最好把郴州划入广东。广东省听了哈哈大笑：热烈欢迎郴州前来加盟。广东经济高于湖南，便笑话湖南人：处在楚地，过去“唯楚有才”，现在“四面楚歌”。果真这样，郴州每天都能听到粤人楚歌，像80后每天都听的《离歌》，心里是否有点忧伤？当然还没有“秦观第二”来唱：郴江幸自绕郴山，为谁流下广东去？

郴人重别离，又很重土，粤人楚歌无动湖南心；不过，郴人找工作，要么留在本省，要么往广东跑。

我对郴州人最深是商人印象，因了他们的炼银产业。我曾说“长沙人都有空瓶子喝出酒的本领”，那是半个玩笑。郴州人是确有“空地盘炼出银子来”的本领。

我在永兴转悠过不少工厂，他们告诉我，郴州本地不但没银矿，连含银的垃圾都没有。他们从外面买垃圾回来，加工出金子跟银子。听上去像神话，要么是笑话，但去过永兴的人，都知道是真话。

永兴人炼银，原来有个老故事。2007年，我听得永兴县长说：明末清初，某永兴人去广东打工，替人家背银矿石，每天要路过一座房子，后来他发现一个秘密，就跟房子主人说，地板被踩坏啦！我每个月免费给你换新地板？主人正愁闷要花钱换新的呢，满口答应。换的次数多了，主人狐疑，有问题，不换了。暗自跟踪，发现打工仔背着旧地板，围起来烧了，将灰放进水里。一番鼓捣，居然回收出银子来！主人不准换时，打工仔已赚足了第一桶金。凭这笔本钱，继续去帮其他主人免费换新，再雇人帮忙换，小事滚成大事。再逐渐他们花本钱到外省购买含银垃圾，自己搞流水作业线，一条龙，成产业了。空瓶子喝酒的故事，还真被他们做出来了。如今永兴叫“中国银都”了。

这个故事像《读者》风格。但《读者》故事多为杜撰，读上去像真的，事实不靠谱；这个故事是真的，听上去却不大靠谱。是湖南人会明白，永兴人用的是湖南人方法：不离不弃。不离不弃是秀气话，化用一下，是“不抛弃，不放弃”。

三百年后，听说永兴已经很阔。前段时间放新闻，他们已造了一座纯银大房，称“中国第一银楼”，话似银河落九天。

但古代的永兴人创业确实是很苦的。

无中生有的永兴人，用银楼作笔，那闪闪的银光，无疑告诉我们，他们是精明的、机灵的，他们的嗅觉，让老鼠也相形见绌，这些正是商人的天性。

生意人善捏造，商人会创造。商人但要将一个偶然的嗅觉，做成当地上百万人用来吃饭的大产业，没有湖南人的霸蛮、吃苦，也只能是痴人说梦。写到这里，事实印证，郴州人在湖南，是“另类的商人”。

中国人印象里，商人形象一直不怎么样；湖南人印象里，郴州的土地有点糟糕。中国的商业，历来躲躲闪闪，因为头上有个套子，是官府的“重农抑商”。今天的郴州人，试图转做商人，他们头上还有套子，乃是官人。如何挣开手脚，放心大胆干上一场？这是明天郴州人要做的事。

文章就这么写完了？似乎没完没了。我们不能忘掉，这里曾有被人讥笑的“全国优秀腐败集体”。这个腐败的性格，基因沉淀，几乎成为特色官场文化，但愿不要遗传。那么，如果还可以啰唆一句，根据前面“在商人面前谈爱情”套路，我祝福今天官场多是非的郴州：老百姓多做生意多赚钱，做公仆的少当硕鼠多犁田。

亲爱的，周六有空陪我逛街吗？
亲爱的，sorry我有业务啊
那周日有空吗？
亲爱的，周日我约好了见客户
亲爱的，
你越来越不像湖南人，
像广东人了！
?
哈哈，你说对了，
我是湖南的“广东人”
!

直人株洲

> 邵阳、株洲两地性格之分，正在一猛直与耿直。神农当年冒死尝遍百草，就是不怕死，敢冒险，是“我不下地狱，谁下地狱？”没有耿直的内心，就是骗别人死在前，自己尝百草味在后。神农内心正直，神农先尝做得到。

今天的湖南，正在“弯道超车”，为什么不“直道超车”？想来太难。超车靠人，所以：就是“弯人超车”与“直人超车”这么个区别。

什么叫“弯人”、“直人”？网友答：驼背的叫弯人，不驼背的叫直人。那么，我之所写株洲，就找个不驼背的人做模特儿，照着画。

坦白地说，要准确地看清株洲，对我们来说，实在太难。

就是说：要生动传神地画全它，是一个不可能完成的事。

当一个人同时拥有许多面孔，美妙的说法叫“千变女郎”，文雅而艺术的称呼，我们容易想起中国京剧的“变脸”。

株洲像是个唱京剧的人，他随手一抹，你又看见一副新脸。

如果文字能给人以画面，我们写下“中华”、“民族”、“始祖”，脑海里同时就浮起山东。湖南本是一块比山东年轻的土地，但株洲却让它们比肩而坐。中国人小学生都知道燧人钻木取火，神农尝遍百草。而神农就在株洲炎陵县鹿原陂。

一个遥远的传说，神农刚生下来时，身体是全透明的，五脏六腑全都看得见，吃进东西也能看见。于是被叫作“水晶肚”。远古洪荒年代，什么能吃，什么不能吃，谁心里都没谱。但不能饿肚子，只好乱吃，这更加不靠谱。是以生病的、丧命的，那是经常的。用今天的话说，神农是看在眼里，急在心里，他决心以身试食，尝遍百草。于是两肋各挂一个书包。好吃的放在左袋，回去后介绍别人吃；不好吃的就放在右袋，作药用；不能吃的就提醒人家：注意别吃。

传说如果有点离奇，那么历史就靠谱：炎帝神农氏在株洲开始种五谷，以为民食；制作耒耜，以利耕耘；遍尝百草，以医民恙；治麻为布，以御民寒；陶冶器物，以储民用；削桐为琴，以怡民情；首辟市场，以利民生；剡木为矢，以安民居。

古老的神农，像一页翻开的历史。如果那时就有报纸、网站，政府肯定会组织记者开新闻发布会，统一标题是：“牺牲小我，成就大我——关于号召大家学习神农同志先进事迹的专题报告”。南方某报也会掺进来，头版做标题：“神农原来有个‘水晶肚’！——尝遍百草，千毒不侵，万古奇事，今始揭秘”。全世界的媒体像报道今天袁隆平一样，官方民间高度一致，同时说他是个好人。可见地球村的普世价值观，也还是有。神农要死也不要死在战场，要死也在自然科学的路上。古老的神农，就是现代版的袁隆平。

我又发现株洲像是一个文人，长袂飘飘，衣襟带舞。从神农那页往后翻，我们竟然看到许多熟悉的身影：杜甫留恋湘东美景，携家眷栖居于此，在生命最后两年，老病孤舟，两次溯湘江而南，留诗十多首；唐代奇女子、王小波笔下名姬红拂，她的墓葬就在株洲境内的醴陵西山；宋代名将岳飞率军途经茶陵时以枪尖挑禾蔸写的“光泉”二字，赫然镌刻在高陇石壁上；宋代大儒朱熹两次到株洲讲学，“朱亭”因他而名；明代大旅行家徐霞客为茶陵云阳山、灵岩寺、麻叶洞留下一篇篇日记，记下了株洲的名山胜水；明代大学士、立朝五十年的李东阳，以他为代表的“茶陵诗派”，将故乡“茶陵”的名字，永远镌刻进中国文学史。

学过中国古代文学史的朋友不会陌生，这茶陵派是跟台阁体对着干搞出来的。明朝正德年间，诗歌流派不多，台阁体独占花魁。所谓台阁体，相当于《诗经》的雅颂体，就是将焚书坑儒写成“秦王与400多名知识分子在首都热烈举行盛大篝火晚会”类，个中文字，涂脂抹粉，费尽心机。茶陵人李东阳愤然站了出来，坚决抗议，强烈反对。提出诗学汉唐，强调法度声调，一把清掉台阁体的单缓冗沓。

李东阳看来是个舍得一身剐，敢把皇帝拉下马的人。是他看不顺眼，一手将台阁体给洗没了。湖南人胆魄，株洲人不错。我们看李东阳，不喜欢啰里八唆。

将株洲看作一个武人，同样几番风起云涌，几分英雄气长。三国时孙权定都建业，设县建宁，正在今天株洲。“吾将醉兮发狂吟，立功名兮慰平生！”周瑜羽扇纶巾，指点江山，看乱石崩云，观惊涛拍岸，谈笑间，强虏灰飞烟灭。但周瑜之不幸，在“既生瑜，何生亮？！”据《三国演义》的描述，群英会蒋干中计、周瑜设苦肉计，都被诸葛亮识破，此后屋漏更遭连夜雨，被诸葛亮三气，周瑜只得仰天长叹，吐血数升。

用一句形象的说法：周瑜跟诸葛亮对垒，他懒得啰唆，放马笔直冲过去，诸葛亮不紧不慢，牵着马鼻子，将周瑜带绕了几圈，将绳子一扯，一代英雄就翻身落马，烟飞魂散。

当然《三国演义》不靠谱，周瑜活了36岁，是自己病死的，《三国志》有记载。但罗贯中凭什么将周瑜写成这样？恐怕株洲人本身多是这样。这是文学典型的虚构法。虚构比真事要真实。有网友告诉我，株洲现在有周瑜的后代，他们有本详细的族谱，摆明还有性格遗传。

我甚至觉得：将株洲画成一个上海同类的现代都市人，也不至于错到哪里去。当年我的一些生活在湘潭的同学，每到放假、开学，他们最热爱的事，是去株洲买衣服、裤子之类。他们不喜欢湘潭服装的土气，而株洲城被火车拖出来后，其时工业发达已闻名在外，从湘潭去一趟等于到过上海。

当许多张脸从眼前闪过，我确定说株洲直人，是因为我印象里的一些株洲人。孔子说以人载道。具体鲜活而生动的株洲人，他们给人的直觉，有时比理性追问更接近本来，因此我打算用他们作线条。

曾教我文学理论的老师是株洲人。我这里不是要说他的课讲得如何好。让我回忆的是他在教书之前，曾在政府部门。他是一个爽直到无法容忍官场任何的阿谀奉承、溜须拍马、低声下气的人。他常跟我们说起陶渊明“不为五斗米折腰”。他有着发乎情、止乎礼的激情、豪气，他信奉屈原，董道而不豫。

也有曾让我难堪的株洲人。一次政府“规定动作”的采访，株洲某县宣传干事负责联络。我写好后在网络上发表了，她看后带了3个同事，找我核实一个数据。她很不客气地当着众多人说：你有一个百分数写高了。我当即翻采访笔记，又电话核实当事人，又找他们提供的材料。结果是他们材料本身写高了。干事从头至尾都很较真，板着脸特严肃，给人感觉是来找麻烦。用官场的说法，叫不会做人。

我曾亲历株洲某部长“不会做人”，是一次接待。北京来了官员，按套路是要全体出动，安排一个车队，在高速出口亲自迎接。但部长考虑从简，只派去一个科长。结果排场、气派不够，北京官员气得七窍生烟。那晚酒席更没排场，北京官员是可忍，孰不可忍！于是导演了一场高智商的打哑谜穿小鞋活动。官场整人有套路无新意，湖南大作家王跃文10年前在《国画》里写尽了，重复历史已经无聊。这个部长没成契诃夫笔下的“一个小公务员之死”，但他自己扛着压力，说一不二，珍惜纳税人的钱，决不昧着良心阿谀讨好，给许多人留下极深的印象。

民间的株洲，类似笑话的真事，是人尽皆知的尹健庭。他在株洲二中做语文教研组组长时，看到学生上课打瞌睡，语出惊人：读书是为了挣大钱娶美女！

一句话像原子弹，将许多人雷倒了。周恩来总理说“为了中华之崛起而读书”，我读小学时，老师也一直教导这句话。尹老师将“中华之崛起”换成“大钱与美女”。他的背挺得很直：一个老农民的追求就是老婆孩子热炕头啊！你说为了社会主义做巨大贡献，他讲不了，讲了也是空的，你怎么为社会主义做巨大贡献？这话直得可爱。

最终让我确定说株洲直人，还是因为李立三。

喜欢读毛泽东成长史的人都知道，毛泽东在长沙求学时，嘤其鸣矣，求其友声。响应二十八画生，李立三贸然前往。这个事实被电视剧《恰同学少年》掐掉了。但知晓事实的人都知道，历史有个颇有戏剧性的镜头：李立三见了毛泽东，一句话也没说，一声不响地走了。见面时李立三想了些什么？这已是个永恒的历史谜语。但我猜测，还是各自性格不同。同为年轻气盛，见面李立三感到气味不对。

李立三是个激进的人，同时也是个爽直的人。毛泽东有着同样的激进、倔强、刚强、果断，但他同时是曲折的、迂回的，是为了目标可以妥协求全的。这是两种截然不同，甚至完全相反的人。只要站到一起，他们会本能地感到气味不对。两种地域性格孰好孰坏？我无力评论。但李立三是个恨不能一个早上就实现共产主义，将摩托车油门当飞机踩的人。他的思维就是笔直一条。他为此付出了不轻的代价，但“我本善良”，也是正直成就了他。新中国成立后，他先后担任中共中央委员、中央人民政府委员、中共中央工委书记、中华全国总工会常务副主席、劳动部部长。他的心地从来澄净如洗。

写到这里，本文蜻蜓点水，面面俱到，也像变脸，有点让人炫目。这与株洲人“五湖四海”，历史变迁，有着莫大关系。我不能刻舟求剑，只能随物赋形，顺它而变。但中国有句古话，叫万变不离其宗。既说古老，兼说现代，还说文武双全，我想只有“直”

贯穿始终。由是，它是株洲人的宗。像《论语》，想到哪，说到哪，横七竖八，毫无章法。但孔子说了：吾道一以贯之。

因之，一以贯之的株洲，唯一“直”而贯：正直、率直、直言、秉直、直道。

湖南人莽撞，不怕死，敢冒险，血性喷涌。这一说又让人想起邵阳人。邵阳、株洲两地性格之分，正在一猛直与耿直。神农当年冒死尝遍百草，就是不怕死，敢冒险，是“我不下地狱，谁下地狱？”没有耿直的内心，就是骗别人死在前，自己尝百草味在后。神农内心正直，神农先尝做得到。

写到这里，多少已让人纳闷：湖南人跟人打交道，多相信“人不骗我，我不骗人；人若骗我，我必骗人。”这可以理解为理直气壮，也可以被骂作睚眦必报。湖南人整体上是精明的一群，但很容易堕成狡猾。如果智慧止步于狡猾，这样的湖南人不可能成就大业。但株洲人挺起腰杆，去掉驼背，胸有丘壑，人若骗我，也不骗人。用网友“雨落成泽”的话说：株洲很有包容性。

包容是“直”的对立面，粗看又矛盾。湖南人都矛盾，不矛盾不是湖南人，到这里显然：株洲人同娄底人一样，是矛盾的湖南人。从神农有了透明“水晶肚”，这里的人就总有点让人“囧”。“囧”是近年最流行的一个可爱词，株洲人用行动书写了几千年，没人总结。

大全与小缺，大爱与小恨，大是与小非，大成与小错，就这样被一根“直”串起来。

假如可以给株洲确定一句口口相传的话，这里化用古人，创新一句：天不生仲尼，万古如长夜；天既生神农，今天有株洲；株洲千载下，唯直不忘矣。

哎！烦啊！
怎么了？
兄弟！
几千个雅思英语单词真难背！
读书好没意思！
你这想法不对，
我背单词就等于挣钱。
求教！
背一个单词，激励自己挣得一美分！
今天我已经挣得好几百美金了

美人益阳

> 如果益阳市也可以打广告，我建议，可以考虑在地球村挂上：到张家界看山，去洞庭湖看水，来桃花江看美人。美女配英雄，佳人对才子。在益阳山水的图画里，同时都被勾勒成：美人。

如果益阳市也可以打广告，我建议，可以考虑在地球村挂上：到张家界看山，去洞庭湖看水，来桃花江看美人。依然是《诗经》托物起兴：看山看水不如看人。

如果人说，叫“美人益阳”毫无新意，那么先请你睁大眼睛，看看这美人堆除了女子，里面是不是也活跃不少男人。

中国文字容易让人望文生义，比如“美人”一出口，我们脑海里就有个人：巧笑倩兮，美目盼兮，素以为绚兮，如清水芙蓉，娉婷而来。“美人”常被看成美人儿，貌似楚国的虞姬，所以文字有时让人误会。益阳不只是虞姬，因为项羽也算得美男，而他们同时都是人。美女配英雄，佳人对才子。在益阳山水的图画里，同时都被勾勒成：美人。

但我也只是遥远地看着。用苏轼的话说，最多是“望益阳兮天一方”。因为从未到过益阳，就像作家李敖谈旅游，拿着图画去想象。难道凭想象比亲临其境后能写得更好？没有调查也要发言，没吃过梨子也说味，没见过人也画像，这事做得就夸张了！相当于长沙人空瓶子喝出酒来，魔术师刘谦才有这个本领。

我刚来长沙那年，还真有一个益阳人来了。他顶着颗黑黑糙糙的脑袋，蒙头找上《中国经营报》的记者，大谈自己某个发明。我看记者老打哈欠，估摸话题有点糊。益阳放进中国的地图，等于淹没在群小鸡中；让益阳鹤立鸡群，脱颖而出的，居然是一首《桃花江是美人窝》。益阳老哥托邓丽君的媒，记者眼睛一下就复活了。谈着谈着，像情人那样投机。我看得莫名其妙。更其妙莫名的是，记者居然唱了起来：我听得人家说，桃花江是美人窝，桃花千万朵呀，比不上美人多。

看来什么美都不如女人美，她可以像钱币、艺术一样，自由平等地沟通一切。

这是我头一次听到《桃花江是美人窝》。我懊恼地发现，他们用邓丽君作线，划出一条代沟。但今天我既然知道了《桃花江是美人窝》，80后们又或许更加陌生了。冯唐易老，红颜难老；红颜渐老，前世今生。

前世中国，从来少产美女。历史挺过五千年，才栽雪山灵芝一样，养出四个公认美女：西施、王昭君、貂蝉、杨玉环。好在桃花江开了，她有点俏皮，将藏美女的金屋拉开，窝里美女盛开像漫山遍野的映山红。

说到这里，我们终于可以用“美女、美雄，佳人、才子”来标点益阳。

稍微拨开映山红的掩映，一个鹤立鸡群的英雄，就鲜活地浮现眼前，他叫胡林翼。

作为清王朝中兴的四大名臣之一，“曾、左、彭、胡”名如春雷。胡林翼英雄如何？那叫才气过人：文能从政安民，巧治一方；武能带兵打仗，清除匪患。一个趣味的小故事，青年毛泽东对他崇拜得不得了，听到胡林翼号胡润芝，毛泽东赶紧改成毛润芝（后改毛润之）；对手蒋介石也抓紧崇拜他，把曾国藩、胡林翼编的《曾胡兵法》，作为黄埔军校必读教材，还当传家宝贝一样，签名题词赠给学生。

但再走近一点我们发现，胡林翼气味上跟曾国藩不同，或者完全相反。曾国藩个人形象，我说是“封建官僚”。你看他，每天拿着烟斗，阴着脸，低着头，黑黑封封，严严实实。胡林翼形象就清爽得多，青春得多，阳光得多，所以也风流得多。

谭伯牛在《天下残局：断章取义说晚清》一书，饶有趣味地给我们讲了个胡林翼嫖娼的美妙故事：

二十五岁那年，林翼便考中进士，旋又点了翰林，少年科第，风光无限。翰林院事情少，老婆不在身边，北京城郊结合部亦不乏大量销魂场所，依照时下流行的说法，胡林翼往那边“潇洒走一回”也是很正常的事情。不过，《大清律》规定：凡官吏宿娼者杖六十；且免不了要接受降级甚至革职的处分。官员嫖娼，玩的就是心跳。

那一日，胡林翼和同事周寿昌“流连夜店”时，便被风化纠察队（坊卒）逮个正着。寿昌耳尖，一听门外大声呵斥，立即跑到厨房换了套佣工装扮，蒙混过关。林翼酣迷，待到醒觉后慌忙爬入床下，纠察队员已破门而入将他纠将出来。随后便是身份辨认。林翼矢口否认自己是翰林。纠察队则见其服饰华贵，怎么也不信，乃侵犯人权，刑讯逼供。那一夜，林翼坚守翰林的尊严，苦苦支撑，受尽羞辱，总算保持了颜面，事态不致扩大到通知单位的地步。次日，胡便与周绝交。本想“同嫖共赌”，不承想最后惨不忍睹。

今天流行说，谁够铁哥们？“一起扛过枪，嫖过娼，分过赃”。看来胡林翼哥们不铁，扛枪分赃，干净利索，同嫖不爽，遇人不淑。假设他跟邵阳人蔡锷同时，一道去找小凤仙，听得凤美女几声清唱，再对接几下秋波，心神飘荡，魂游天山，笑渐不闻声渐悄，多情没有无情恼，比宋江、燕青约会李师师之浪漫不逊春色。

人说文人“十年一觉扬州梦”，井水前头有粉丝，烟花巷里出文章；看来武人弯弓射大雕之前，风流能如胡林翼，也沾几分文采，英雄不让成吉思汗，风骚更比唐宗宋祖。曾国藩比起胡林翼，自然端庄贤达，总让人感觉是个无趣的主：庄之有余，美之不足，望之生畏。

美人窝里胡林翼，看来英雄递进，称得上“美雄”。

比美女、美雄更高一个档次的，就是佳人才子。在我的了解中，佳人有写《丰收》的叶紫，当代女作家叶梦；才子有写《山乡巨变》的周立波，当代中国工程院院士黄伯云。他们鹤立益阳水土，抒写美人神韵。

益阳地处洞庭湖丘陵平原，山水之灵气兼而有之：有山的诚实，有水的温柔。芊芊茅草，悠悠渔船，静静流水，种种情怀。用山吃水，富土宝地，气候水分，适宜农作物生长，温饱不存在问题，积淀了益阳人不穷刁野蛮的性格。

“水之北，谓阳；益水之北，名曰益阳。”益阳之名，合山水阴阳之理。水给了益阳灵性，益阳开始脱离湖南山地性格，朝着湖南水边渐变。他们没有娄底蛮，不似邵阳冲，也不及岳阳柔。两者取其中，就是“和”：既有山区之嶙峋美，又有湖区之妩媚美。——一切美的事物，内心里都是柔的。所以，益阳人不会好斗。像胡林翼身在行伍，治国平天下，也不忘沉醉温柔乡。这也是一种精神气。

如果说，乡间俗语也能告诉我们一地人的精神气，益阳话也介于山地水边的特色。叶梦在《乡音的尴尬》讲了个笑话：湖北某名牌大学有位中文系教授是益阳人，他在给学生讲授《红楼梦》的时候，讲到某章某节：“宝玉看见黛玉，心里一急，几巴都港不出了。”不料此言既出，即引起哄堂大笑。原来学生们完全误解了老师的话，益阳话把嘴巴说成“几巴”，把讲说成“港”，因为这个“几巴”才发生了这样一场尴尬。

2007年做报道，当行程进到益阳，同事写赫山竹，我才知道，那里有张艺谋《十面埋伏》里一样的竹海：竿挺拔秀丽、叶潇洒多姿、形千奇百态，四季常青，姿态优美，独具韵味，情趣盎然。

我在想：作为一种从内到外的性格，概括“美女、英雄，佳人、才子”是否可以借一根修竹？即：益阳人美如竹。

我看画也是个画盲。但我知道，松、竹、梅被誉为“岁寒三友”，而梅、兰、竹、菊被称为“四君子”。苏东坡文章写得比我好，画画更不知强到哪里去。看着“竹美人”，他就醉了，文绉绉地说：“宁可食无肉，不可居无竹。无肉使人瘦，无竹令人俗。人瘦尚可肥，俗士不可医。”

写到这里，我自然想到永州。文人永州，益阳雅士。之间最大的分别，永州激荡一种飘零的情绪，益阳更接近，或者说倾向于纯粹的审美。无竹令人俗，俗气就是流氓。唯文人雅士，远离流氓阿飞，终岁闻丝竹声。

山清水秀的益阳里，我想象那里人有几多安逸、又有几多潇洒。他们闲适，有点孤独，有点无所适从。他们徜徉在安静的一隅，处在一个被遗忘的角落。

我终于惊奇地发现：正是丝竹之声，让今天的益阳门前冷落。美人大雅，让人高山仰止，景行行止。除了“竹美人”，益阳不像株洲，一抹一副脸。

如果说：到张家界看山，去洞庭湖看水，来桃花江看美女。一字之改，世界目光，又像探光灯一样，唰唰射来。要搞明白，这是一个消费主义与物质主义的时代，一切都要省略过程，文化只是名义，消费需要通俗，需要庸俗，需要赤裸裸。美女文化是“有了快感你就喊”，丝竹文化是“恨不生同时，日日与君好”。

如果再过细琢磨一下，美女文化是俗痞，丝竹青楼顶多雅痞。你看：日日与君好，就像汉乐府里那个村姑，急不可耐了，劝男子快脱裤子。说得虽然通脱，但不失文雅含蓄。李敖研究一个“且”字，洋洋数千言，结果发现，那就是象形的祖先性器官。这话像屠夫做了教授。君生我未生，我生君已老。放到“日日”前，是脱离粗俗淫秽的雅艺术。

然而如今，大众文化的一枝独秀，又仅仅是美女文化。克林顿发明了“读图时代”，明天可能有人来益阳发明“看女时代”。早有民间笑话，打情骂俏、插科打诨，说“美人窝”益阳，就是“女阴男阳”，在“女阴”的天地里，男人得“益”。这已有点近似恶搞。恶搞正是今天时代风格。性格益阳，美人娇俏，盈步时代里，背影有点落拓。

说到益阳美女，我印象里是：湘女多情，性情忠直，性格倔强，行事火辣，敏感高傲，美丽、腼腆、纯朴，眼里容不得半粒沙。

2007年，我跟朋友办张周刊，一个刚大学毕业的益阳女生来做记者，最忙时节，碰巧她爷爷过世，她横竖要一个丧假，霸蛮回家。等得她上来，耽搁了版面，同事有攀比，偶有话不入耳，她脸色通红，主动提出辞职，连工资都不要。我劝她考虑影响，毕竟新闻圈就这么大，离开得有个说法，免得换工作时人家胡乱猜疑。她昂然地说：人可以不吃饭，但不可以没尊严！

她这样处理同事关系，外人只能目瞪口呆。她有自己的方式，这不是“可笑的尊严”。有些人总担心人家，说某某性格，怎么在社会活下去。但每个人都是靠自己活下去，试图好心改变别人，总显得有些自作多情。益阳美女自有她的活法。

“美女、美雄，佳人、才子”，一张张鲜活的脸孔，再度融合成一个美人。美人自古都有尊严，那是一种传统的尊严。但今天美人益阳幸之不幸是：他们生在一个美女不要尊严的时代，他们生活在一个劣币驱逐良币的时代。

处身这个时代，回望遥远的苏轼，体会他“望美人兮天一方”时，为什么心境是“渺渺兮予怀”呢？我猜想今天上了点年纪的人，又几个不是望益阳渺渺兮予怀？作为70年代中期生人，我也只有在记忆里极力翻寻，才能依稀咂摸出那种似曾相识的“巧笑倩兮，美目盼兮”式的遥远的纯审美的邓丽君式传统的纯真：

“我每天都到呀桃花林里头坐，来来往往我都看见过，那身材瘦点儿的，偏偏瘦的那么好，全是伶伶俐俐笑笑吵吵，娉婷荡漾，多美多娇。那个肥点儿的，肥的多么称多么匀，多么短巧多么软，女儿要瘦的娇，你就要肥的巧，女儿要肥的巧，你就要瘦的娇。”

在一个快餐文化时代，需要慢交细品的益阳性格，门前冷落鞍马稀是一个宿命。蛮不及山地人，智不比水边人，此时的益阳，要说性格的最大特色，也就是没有特色。所以就某个人，人见皆知益阳人，但作为一个整体，他们容易失去自己，在某种程度上，附庸于他城。

益阳人的这个倾向，同样在方言上露了出来。作家叶梦说，益阳人以为自己的话很土。益阳人一到长沙，往往改腔换调。长沙人取笑益阳话，首先便是笑益阳人的茶、蛇、爬不分。益阳话中的这三个字都读旯（la）。手里拿着一碗茶，看见地上一条蛇在那里爬。用益阳话说便是：“手里拿打一碗旯，看见地朗一条旯在恶哩旯。”

有益阳朋友告诉我：在城市的定位、发展上，益阳也自觉不自觉地围着长沙转，在外人看来，它就成了长沙一条漂亮的尾巴。

看来缺乏狠劲的性格，却同时容易失去自我。

知道了这些，我们会嘘唏感慨：自古红颜多命浅，难得才人有深情；惟英雄之零落兮，恐美人之迟暮！

益阳山美水美人更美！

但是，千万别问他们“手里拿着一碗茶，
看见地上一条蛇在那里爬”。

手里拿打一碗晃，……

……看见地朗一条晃在恶哩晃”

蛮商怀化

> 原来湖南人早有商业遗传：古商城源于春秋、始建于唐代、鼎盛于明清，是我国唯一保存完好的明清古商城，有个形象的说法，洪江是《清明上河图》的活版本。

写完“灵魂湘西”，我以为也写完了怀化。但今天商业时代，怀化包裹在商人怀中，几声呐喊，胸前却露出一石。那不是贾宝玉挂的宝石，而是在他生前的化石。

读过初中的人都知道：明朝时，中国有资本主义萌芽。这颗小芽成长结的果，却落在一个叫洪江的地方，五百年后，洪江演化成了活化石。当知道“中国第一古商城”洪江就在怀化，怀化名正言顺成了“中国第一商地”。

我最早对怀化的印象，却来自麻阳。那个教古汉语的老师课堂怕枯燥，就跟我们来幽默，一口气戏诵“麻阳十八怪”：“三个蚊子一盘菜，斗笠当锅盖，短裤穿扯长裤外，妈妈喊奶奶，鸡蛋串起卖，猪比狗跑得还要快，老婆子爬树比猴子快。”后面还有好多稀奇古怪，如今都不记得。但这些前所未闻，也给了我怀化第一印象：这是块有点古老的土地。

要翻麻阳历史，还真相当悠久：往事越两千年，此地已被叫“蛮夷之地，春秋楚国之境”。我终于给古老找到一个说法，是“我蛮夷也”的“蛮”。印证这一说法的，是“怀化”本名由来。怀化历史由来悠久，远在新石器时代，就有先民繁衍，遗址遍及全市各县，远古为禹贡九州之荆州地。直到春秋末期，楚国向南开发湖南地区并开始征服今贵州一带，才开始建立统治。战国时楚设黔中郡，怀化属楚黔中郡。怀化之名，最早见于宋代，取“怀柔归化”之意。不是中国难管的地方，宋朝的皇帝老儿用得着胸口时刻吊着这个紧箍咒来念叨？

于是我偷懒一回，从“蛮夷之地”和“活化石商城”里各提一字，将怀化冠以“蛮商”，以免画走了眼。

显然又来了比较。如果照偷懒的做法，“蛮人娄底”与“商人郴州”加起来，难道也等于怀化？

在我看来，怀化跟娄底两个的模样最大不同，在于怀化的样子偏湘西味，纯朴里有天地自然，感觉上像王跃文的小说《漫天芦花》（1999年我第一次读到，至今印象深刻）。郴州跟粤商学来的现代味，就更加不是怀化古老的蛮夷味。是以，“蛮商怀化”，特立独行，独一无二。

地球村的人看到这里，可能都要纳闷：蛮人都是情天义海之人，商人却是平和妥协的人，这两种性格，怎么能同时地集于一身？

是的，怀化人骨子里同娄底一样，是性格粗重的人。即使没去过芷江，但没有中国人不知道：芷江有座小日本受降的纪念坊。原坊建于1947年2月。1945年8月，何应钦在这里举行了震惊中外的日本投降典礼，确定了日本投降各项具体条款，受降签字时间、地点，完成了接收日军投降全部实质性工作。如今室内陈列的桌、椅、沙发等均属原物。这座纪念坊，可是用中国人的血肉堆成的。

看到纪念坊，你不由自主地想起革命。邵阳人讲请客吃饭也是革命，怀化人说革命不是请客吃饭。打仗杀日本鬼子，没有一双重拳不行，没有两把斧子不行。怀化人双手握拳，提三尺之斧，俨然楚蛮遗风。湖南人性格都比较粗重，怀化人性格又直接，跟株洲人有得一比。

这样一种形象，怎么着也让人联想不上商人。说“烟花三月下扬州”，我们在脑海里看到的是文人；说“前月浮梁买茶去”，我们眼前走过一个江浙商人。商人形象都是温婉的，是和气的。但怀化却打破了这个固定的模式，让“我以我血荐轩辕”的血性之人，也做成了中国最先的资本商业，这真是旷世奇迹。

最近有新闻翻开了历史，说：洪江早年是滇、黔、桂、湘、蜀五省地区的物资集散地，享有“小南京”、“西南大都会”之美誉。洪江古商城由来已久，只是“藏在深闺人未识”。站到历史的码头看，洪江是本了解中国资本主义萌芽的形象教科书，一座集政治、军事、经济、宗教、文化史料大全的活性博物馆。

这一发现，还真足以让地球村的人震惊。因为湖南人不会做商业，湖南人这么认为，中国人也一直这么说。

3年前，围绕“湖南人会不会做商业？”发生过一次趣事。那时，湖南大作家、怀化人王跃文先生在博客里写《尚需时日话湘商》，引起轩然大波，湖南人不以为然。恰好伍继延老兄正在创立“湘商”，我们在一起谈到这篇文章，伍继延说：湖南人怎么可能缺乏商业基因呢？这不是历史事实。他逐一例举，其中说到洪江。我之前跟王跃文老师打过交道，知人论世，猜测他的写作初衷，是对湖南人热爱打仗厌倦，特别地用了这个激将法，盼望湖南人少打架，多做实业、实事。

但辩论之后，却加深了我的印象，原来湖南人早有商业遗传：古商城源于春秋、始建于唐代、鼎盛于明清，是我国唯一保存完好的明清古商城，有个形象的说法，洪江是《清明上河图》的活版本。

但洪江古商城到底因什么原因而长存的呢？这引起我的联想。查阅资料，我了解到，明末清初时期，洪江古商城就已经出现新型的资本主义生产关系萌芽，商人通过榨取雇工的剩余价值来积累原始财富。这与明末苏州、杭州等织布业发达地区出现的资本主义萌芽是一样的原因。

洪江本是弹丸之地，但汇聚了直通洞庭入长江的沅水、巫水和舞水，这几条支流先后流入沅江，至此江面变宽，水势浩大，宛若一股洪流。得天独厚的水运，洪江古商城从湘黔边境的大墟场，逐渐过渡成湘西南重要的驿站和繁华的商埠。

这也让我们明白，撑起洪江商业的棚顶，根子在于地利。

为什么洪江古商城能保存500多年，至今仍能使用？怀化人曾湘洪一语道破秘密：洪江地处险要，历代为兵家所争夺，是各省军阀的发祥地、财源地、镇守地，军事力量使洪江古商城得到了较好的保护，也让洪江商业得到了从容的发展。

这可以理解为越危险处越安全。不是洪江人天然能商会道，而是地利与共同的需求，成全了它的持久。

这是一种奇特的商业，相当于战争经济。或者说，根子上是依赖战争。战争能够成就经济，这在今天地球村里依然屡见不鲜。

稍一想象，500年洪江，能闻金戈铁马之声，能见刀枪齐鸣之阵。

看历经沧桑，几堵古城旧墙，洪江已经失去往日繁华。进一步说：就地利而言，洪江早年勃兴，靠的是水路。这算得上一种“稀缺交通”。经济学理论早就告诉我们，经济现象存在的前提之一，是资源稀缺。但随着路拉通了，线铺上了，交通、通讯同时发达了，交通资源泛滥了，地利的作用也就丧失，洪江无可避免，逐渐淡落。

无论战争，或者商业，真正上得了大成境界，地利天时之外，无一不需要人和。当然商业有起有伏，盛衰乃是常事。至少它的成功，给湖南人带来自信。

总体说来，洪江得益于地利，又兴于人气，但人和失算。因为过分依赖军事，又仰仗武力——说得更直接，就是“蛮”——就有点自生自灭的味道，多少显得缺点商业智慧。从这个意义上说，湖南人缺乏商业的准备，或者说兴趣，王跃文先生的观点，核心也正落在这一点上。当然，准备与兴趣，跟人的天赋，还是有些不同。

但地球村的人都知道，文化的湖南人最不缺乏的是智慧。湖南人有问鼎天下的智慧，而商业向来被视为天下末流。时代转圜，当商业被赋予至高的地位，以湖南人的智慧，未必不能问鼎天下商业。但这需要几代人积累，不可计日程功。

洪江古商城是座古城，怀化却是个年轻城市。中国在喊民族复兴，重回我大唐雄风。在这个时代布景里，洪江古商城重振繁华，也是怀化的必经之路。

湖南人一项伟大的能力，就是复兴。20世纪初，中国一盘散沙，乱得不成样子。毛泽东写诗说：名世于今五百年，诸公碌碌皆余子。他结束了中国的纷乱，果然让中国回到了清平世界。名世今又六十年，作为湘商文化创始人，岳阳湘阴人伍继延给“湘商”寻根溯源，他在博客里说，2009年5月，他发起“2009湘商寻祖”，认定洪江是湘商起源地之一。历史喑哑的锣声里，今天大锤又已高举。这对怀化一座城市的性格，乃至性格赋予的命运，都将产生不可估量的影响。

我当这是湖湘性格的内部对接，是山地与水边性格的交融（详见《眼睛岳阳》）。追忆往昔，我不禁感慨：500年以降，蛮商怀化，蛮已遥远，商字依然。个中况味，恍若一首唐诗：去年今日此门中，人面桃花相映红；人面不知何处去，桃花依旧笑春风。

湖湘内部性格整装待发，湖湘文化酝酿第三次雷动。明天的怀化，“商”字前面挂哪个字？这让人几分憧憬，几分期待。

中国有个地方：
内裤外穿的
不一定是超人
NO
"我出去一下，在家要乖啊！"
中国有个地方：
"奶奶"不是奶奶，
而是妈妈
奶奶！你去干嘛！
娭毑，等下给你煮茶叶蛋吃，好不！
中国有个地方：
鸡蛋绑起来卖！
这个地方就是：湖南怀化

眉毛张家界

> 站在阳刚的对面，阴柔的张家界仙风道骨，小、灵、秀、奇。它有四奇：奇声、奇月、奇影、奇光。张家界的仙气，跟南岳一样缭绕，让湖南人性格，多了几分轻松、通透、洒脱。

因为写完了湘西，也等于写好张家界；既然将它又列出来，得多看一眼，那么望山。人间四月天，刚好看到红网里有天门山。春阳日暖，但见山上烟雾缭绕，神秘莫测，看后的感觉，用李白式的浪漫说：啊呀呀！不得了啊，山真高啊！天门高万丈，仰手可摘星！不敢高声嚷，恐惊天上人！

从中国古代的神话故事读起，一直看到湖南卫视播的《鬼吹灯》，一篇篇读罢看完头飞雪，我们会有个惊讶的发现：原来在中国人心里，高山与神秘从来是一对夫妻！就像金庸武侠，凡是武功盖世之人，必然住在什么神秘“桃花岛”。神话小说《西游记》里，凡是山高水长，白云缭绕处，必得有神仙。张家界不出吴承恩的所料，果然山有大仙。所以最开始的直觉，想写下“孙悟空张家界”，来写活湖南人的猴性。只怕这标题太吓人，让一篇深刻的地域性格图景，反被误以为游戏。所以藏在里面，让人看后回想一下，张家界人的性格里，是不是有几分英雄的猴气、仙气？

而这个性格，最恰当地画出来，简单一笔，最好却是人的眉毛。单看名字，张家界也像眉毛一样小气：一户姓张人家划的一叶柳眉似界线。

所以去看清张家界，我们从一笔眉毛说起。眉毛从生长出来那天起，丛丛密密，貌似森林，不是用来遮风挡雨，而是为了让人看起来漂亮。所以对照来看：岳阳是湖南的眼睛，中国日夜沉浮其中（乾坤日夜浮）；张家界是湖南的美眉，游客都争着来看。岳阳跟张家界放到一块，湖南有眼有眉，就有了神采——眼睛传神，眉毛传采。所以说，今天若有中国人不知道张家界，多少自己有点不好意思。

是以，眉毛像张家界一样具备极佳的观赏价值，所以它总是要像张家界的山一样秀气，才可能妆成个人见人爱的美女：要小、要巧、要秀，要如柳叶，要看起来像张家界。

但把张家界看得有仙风，就得类比上个远色英雄。他不像猪八戒，见美女就喊姐姐，端茶、送水、下跪、求吻，俗得不行。孙悟空不。他身多猴气，英雄气、仙气，毫毛多过眉毛。因为孙悟空的毫毛像张家界的山随时千变万化，所以张家界同孙悟空的眉毛一样让人变幻莫知。朝晖夕阴，风去云来，气象万千，乃张家界之大观。

我好奇于张家界名字，居然来源于张良。据说早先叫青岩山，那时也没有张姓人家。刘邦平定天下后，滥杀功臣。张良想起“狡兔死，走狗烹；飞鸟尽，良弓藏；敌国破，谋臣亡"，汗从心来，便效法范蠡，隐匿江湖。

入江淮，乃刘氏腹地；至留县封国，不能久安；秦岭、巴山，虎豹成群，不是养生延年之处；西北方，匈奴骚扰……思来想去，只有到南方。到了屈原被放地，想起："沅有芷兮澧有兰，思公子兮未敢言"，"广开兮天门！纷吾乘兮玄云"，想象那里必有人间仙境，多养生乐趣，于是循足上了天门山，从此隐居下来，修行学道，并留下了一脉张氏子孙，赐名"张家界"。

我幡然悟到：像屈原决定了湖南人性格基调，张良决定了张家界人的性格方向。

张良是个什么性格的人呢？首先得看他长得什么样的人。司马迁同我们一样，当年抱很大希望，以为是英俊帅哥，是魁梧伟人。但见到张良画像，大失所望。原来状貌"如妇人好女"。在他的想象中，张良用大铁锥刺秦王，一定是个魁梧的人。司马迁生活在汉武帝时期，年代距汉初不远，能见张良画像，应当是可信的。简短5个字，就让我们看明白，张良体格不似樊哙、也不及周勃。

强健的体格，方有强健的性格；飘逸的体格，当然有着飘逸的性格。

这五个字，让我恍然大悟：张家界的气质，正是这"妇人好女"。

湘西人刚烈，有匪气，张家界人不是凤凰气味；岳阳人天然是一种胸怀、气魄，张家界又偏山地味道；与土气的湘潭比较，厚重气味，更是风马牛不相及。跟娄底的粗重品格比较，张家界是完全反着来的。如果说稍微有点接近，就是邵阳。但邵阳人的阳刚、彪悍、血性、凶狠，跟张家界也不是一回事。原因就是：

张家界性格，是“妇人好女”。

看跟邵阳人味道接近的张家界人贺龙。

贺龙两把菜刀闹革命，在桃源、慈利、石门传为美谈。1918年1月，湖南护法军迎头痛击由川陕入鄂的北洋军阀，一举占领岳州。就在湘西民军分途进军时，贺龙凭3条枪，邀集了18个同生死共患难的朋友，从石门涉过澧水，自动参加民军的援鄂作战。不久，贺龙成了湘西援鄂一路军下属的游击司令。

贺龙依靠这3条枪拉起队伍，在将近两个月时间，发展到100多人，70多条枪。对这段经历，后来他在履历表中写道：“1917年底，曾用两把菜刀，发展到百余队伍，任援鄂军第一路总司令所属之游击司令。”

贺龙以两把菜刀闹革命，不可谓不凶狠。但只要他往十大元帅的彭德怀面前一站，两种截然不同的性格，凭肉眼都能看出来了。彭德怀土气得刚直霸道，贺龙是偏灵秀的元帅，有点蔡锷味道。灵秀正是“妇人好女”。

即使以武术家闻名于世的张家界人杜心武，他的性格根子里还是张良的“仙风道骨”。

杜心武有两个外号：因为他身材瘦削，被称为侠骨；在日本留学时，曾经飞腿打败相扑，又被称为神腿。侠骨神腿，给人的感觉，不是力拔山兮气盖世的形象。

据说他平时寡言少语，唯谈及禅学武功，则踔而奋发，娓娓不倦；一心甘于淡泊恬静，故弃官归隐山林，与世无争，除了揣摩技艺道学外，就是遨游于山川湖水之间。晚年因习道心切，返家乡慈利县，结庐为观，入羽士之流，自名“斗米观居士”。

有史料说，上世纪30年代初，他开始收徒传艺，弟子甚众，多怀绝技。名徒有万籁声、郭凤歧、陶良鹤、李丽久、胡亚夫等。其绝技内圈手有两种练法，一种为由高往低练，越练架子越低，由高徒万籁声流传下来的；另一种不为人知的练法，由低向高练，越练架子越高，这一支的传人是一名不知姓名的女子。

所以，我借中国古代专代女人的眉毛来画张家界，根本的原因，是张家界在湖南中最特别的地方，总体湖南性格根本上是阳的：邵阳、衡阳、岳阳、益阳，人因地而阳。你看即使水边岳阳，气魄之大也“洞庭波涌连天雪”，而唯有张家界性格是阴的。湖南山地的性格，概括起来，就是阳刚。水边的性格，两个字形容，就是阴柔。张家界阴柔之外，还有“阴刚”，意思是以柔克刚。跟张家界气味最接近的，我看是已跑到广西去了的桂林。

站在阳刚的对面，阴柔的张家界仙风道骨，小、灵、秀、奇。

小、灵、秀、奇被张家界人发挥，逐渐就成了他们的旅游特色。张家界说，它有四奇：奇声、奇月、奇影、奇光。

如果说，阳刚的湖南人光明正大，阴柔的湖南人更多沉溺奇技淫巧。湖南人有策略，也正寄于此。这一性格特质，说得好听叫“文韬武略”，骂得难听叫“阴谋阳谋”。

但也正像岳阳柔之以天地大气魄，张家界柔之以生命自然。这就是她的湘西气味。

一阳一阴，像似男女。关于男女性格，孔子说：养生者不足以当大事，唯送死者足以当大事。这貌似夸男人，但没有女人生孩子，男人拿谁抬去埋葬？

所以，张家界构成了湖南人性格中的不可或缺的另一极：阴柔。

神秘、阴柔，天门山是张家界这个性格的外化，也是它的一个载体。而天门山又在有意识地牵引，将张家界性格朝着这两个方向，越走越深，越走越远。

被当地人奉为神山、圣山，美誉的由来，在当地人代代相传的传说故事中可以找到源头。在整个湘西流传最广、影响最大的两个传说，是“天门翻水”和“天门转向”之谜。

“天门翻水”，是天门洞右侧绝壁之顶，会在旱季晴天忽泻洪水,而出水之处并无任何水源,本地人都多次目睹过这一奇特现象。说法更为神秘，则出现翻水的年份，总与重大历史事件、较大自然灾害，年份严丝吻合。“天门转向”在张家界也家喻户晓，当地人都肯定地认为，天门洞的方向近几十年来在悄悄转动，以前在市内几处，能清楚看见天门洞，现在却因方向不对，见山不见洞。人一致说：只有天门洞从北向西北方向发生了转动，才会如此。

神奇传说广泛流传，科学难有解释，天门山更显玄奇。张家界性格，朝着这个方向，飘得更远。

更为离奇的，是传说“鬼谷修易”。鬼谷子是谁？就是合纵连横家苏秦、张仪的老师。人家打天下搬18种刀枪，他们用三寸长舌头，还真打下来了。苏秦就做了六国宰相。鬼谷子老家伙，在历史书里也形如鬼火，寻常看不见，偶尔露峥嵘，一张脸最多让你看到眉毛。据说他在天门山绝壁上的鬼谷洞内隐居，研习易经，传授鬼谷神功，就是今天的大庸硬气功。鬼谷子登峰造极的阴柔功，无疑沉淀在张家界人的性格基因里。

真正的英雄、伟人，从来都是半雌半雄，因为人生天地之间，不能总是去埋葬别人。而这正是邵阳人性格中要命的缺陷。纯刚纯强的人，是无法活下去的，所以事实上也不存在。湖南无数的伟人，看上去都不可能是霸蛮、凶横、满脸杀气，但一定让人感到亲切、温暖。老子说伟人最高境界是：太上，下不知有。最好的统治者，他虽然存在，老百姓感觉不到。这是无为而治，是顺其自然。这正是张家界的“妇人好女”品格。张家界摆到我们面前的，是一个境界。人一到得境界，再去看时，就有点仙无缥缈。

湖南人霸得蛮，张家界“耐得烦”。男人性情粗糙，但要成大事，必得要耐性。张家界男人都有耐心，这点跟常德相像。

同时地，张家界的仙气，跟南岳一样缭绕，让湖南人性格，多了几分轻松、通透、洒脱。湖南人性格整体粗重，乃至十分沉重，所以做起事来，出手老犯“高射炮打麻雀”。张家界眉叶轻轻，有仙、禅、悟，轻松几句话，盈盈一眉，四两拨起千斤，就将黑沉的性格，融进温暖与飘逸的颜色。

如果不信，一个横眉冷对的人，一个怒火冲天的人，每天都尝试来朗诵下面这段诗：天门山上天门洞，天门洞横天门坎；人间天上由坎隔，若往仙界跨坎过；一生无忧幸福多，犹如神仙乐呵呵。语言改变思维，思维方式，可以改变性格。

从“蛮人娄底”看到“眉毛张家界”，两种极端反差的形象，再次让我们看见：湖南人性格都矛盾，不矛盾不是湖南人，无矛盾不能成就湖南人。

近代以来，湖南人纵横天下，什么也凭借不了：老天不垂青，皇帝没正眼，祖宗没遗产。什么也没得凭借，也就只有性格。将湖南人剥光了，最后赤裸只剩性格。零落成泥辗作尘，只有湘魂如故。唯有或火辣似铁水，或温柔如春水，五光十色、独具魅力的性格，影子一样效忠于天下湖南人，让湖南人得以纵横驰骋，称雄地球村。

老馆！
好漂亮的戒指啊！
是啊！好漂亮啊！
但是好贵，老馆，
你等下，我欣赏下就走！
没的事，你慢慢欣赏，
我等你
好漂亮！好漂亮！……
老馆，你再坚持下！
我还没满足
嗯，没事。我等你，
不过这次再次超记录了！

眼睛岳阳

一个闭锁的洞庭湖，将他们轻轻挡住，湖南人因此奉行“湖南饭湖南人吃主义”。打破这种闭塞、狭隘眼光的，也是洞庭湖。湖南人荡起一叶扁舟，从这里划开一条水路，迈脚进京赶考，从此血脉广袤连中原。

在中国的文学里，眼睛是专门描写女性的。画得最写意，所以最传神，莫过于“一顾倾人城，再顾倾人国”。敏锐的人预感到，我炯炯有神地来描画岳阳，等于要专一从她的目光里发现奥秘。这也预示，我们在这里开始告别邵阳彪悍、湘潭土霸、娄底力蛮，进入到一个新奇而神秘的地方。

所以：就像“嘴巴长沙”并不确实在湖南这颗脑袋的嘴边，“眼睛岳阳”怎么也不大可能真正镶在湖南眼角。但在我脑海里漂浮的岳阳：碧波荡漾，柔情似水；明眸灵动，佳期如梦。一波一动。除了眼睛，已没有更确切的形容。

湖南这块土地，用两个字拎起来，无非是“山水”：山是八百里南岳，水是八百里洞庭。山地的人与水边的人，完全不同，或截然相反。因为他们生存环境，生活方式完全不同。所以当我们眼前现出岳阳，湖南的另面正在被荡开。

山地人与水边人的分别，湖南坊间有句话，说得十分传神：穷山恶水出刁民，洞庭湖的麻雀见多识广。刁民好斗，麻雀机灵。这两种人的感觉，我们从可作代表的两个人的房子取名上也可体会：娄底曾国藩故居叫“富厚堂”，岳阳左宗棠故居叫“柳庄”。无论从名字还是去实地看，富厚堂都像一个山野的地主豪宅，厚重典雅；柳庄名副其实像一个乡绅的居所，飘逸休闲。

山与水有思想深度的分家，要算孔子老人家那句著名的话：仁者乐山，智者乐水。一句将许多发现全打了包。仁者是稳重的人，是道德家，像父亲；智者是飘逸的人，是时尚家，像母亲。山是不变、也怕变的，千年前是这个样子，万年后还是老样子；水是怕稳、也惧稳的，所谓流水不腐，前一秒这样子，下一秒已不知什么样子——或者已变作水汽。将山踏到脚下容易，要抓住水，等于用竹篮打，难度高过长沙人空瓶子喝出酒。

所以，湖南千六百里山水，是血与火的缠绵：靠山者多蛮，近水者多黠。力与智，你上我下，你左我右，你先我后，你进我退——水与山全是反着来的。

中国人喜欢用水形容女子，发明一个词语叫“似水柔情”，是“未到江南先一笑，岳阳楼上对君山”。曹植写《洛神赋》，称有女“明眸善睐”。傅毅作《舞赋》，看女子“目流睇而横波”。说得通俗，世间凡好女子，都要眼睛转得快。聪明两字分开看，就是耳聪目明。眼睛眨巴不停，等于告诉别人，这女子很智慧。

当聪明等于眼睛眨得快，心思跟着眼睛，像私奔一样跑。有首歌说：女孩的心思你别猜，你猜来猜去就会把她爱，她为什么悄悄流眼泪？她为什么突然乐开怀？这说的是善变。

与善变对应，水是脆弱的，就像文化。文化从娘肚子里出来，名字就叫作脆弱。但似水的文化，能给人以眼界与胸怀，就像只有女性能给人以生命。支撑起人类社会大厦的支柱，同样是且只能是脆弱。老子早在两千年前就发现了。

所以，将湖南分而二之，我们看见岳阳。有趣味的岳阳，与南岳山地，反其道而行之。水边人的性格，有一种包容。包容是文化，是一种脆弱，正是这种脆弱的文化，给人以莫大的气魄。

湖南人的霸蛮里，都藏有一个胸怀；湖南人的骨子里，都涵有一种气魄。而到了洞庭湖畔，蛮而勇的惊天之力，被开阔、柔性而脆弱的水激荡，如波涛连绵，海天一色，深远悠长；不绝如缕，如万里长空为忠魂舞；又或如大地风雷，怒气直冲霄汉，离天三尺三；再又似荡胸生层云，决眦入归鸟。这种奇观，如大风起兮，鲲鹏展翅，气象宏大，意境开阔。这种胸怀与气魄，便能包容天下。用岳阳一句现成的话，叫："洞庭天下水，岳阳天下楼"。

岳阳湘阴人左宗棠最先说出"身无半亩，心忧天下"，绝非偶然。湖南人以天下为己任，也是近代以来的事，而这句话带给窝里斗湖南人的震撼，不异于晴天霹雳。青年毛泽东被雷倒，他瞬间回过神来，学来左宗棠，又进一步，发明一句话：身无分文，心忧天下。有了这一说法，"粪土当年万户侯"，就是顺理成章。

毛泽东同时将这种忧患意识也发挥到了极致。他在《民众的大联合》里说：天下者湖南人的天下，国家者湖南人的国家；我们不说谁说？我们不做谁做？这就是责任与担当的源头，经过逐渐的积淀，成为天下湖南人性格。湖南人胸藏的，从来不是国家，不是世界，不只地球，而是宇宙。用毛泽东的话说：小小寰宇，要将宇宙看稊米。他的内心，思考的从来没有琐事，不是地球事，而是宇宙人生事。所以毛泽东的哲学深邃，思考深刻，普通哲学家远不能达到其十分之一。

在湖南的土地上，山地人的性格，都是邵阳风格，是至刚至强的男人。但正是古人所说，挠挠者易折。一个纯粹霸蛮的大男人，无义则乱，为个人眼皮底下那点鸡毛小事，斗得死去活来，这样狭隘如鸡口的胸怀，不但让人厌恶，而且也永远不可能做出任何有意义的事来。湖南人所以能问鼎天下，在于性格的山水交融，已经十分完备。所有极端矛盾的性格，看似水火不容，却总能在某个具体的湖南人身上统一。发生这个奇迹，在至刚至强的男人性格另面，有洞庭的脆弱与柔性。

将山地人性格刚强生硬的一面柔化，洞庭湖给湖南人最重要的好处，是开阔了胸怀，拓开了视野，注入了气魄。

当湖南人眼睛从山头移开，世界原来如此广漠无涯。

眼睛岳阳是以她的柔弱、敏感、多情、智性，完善了湖南人。

性格中的山水交融，需要有伟大而天赋的人，以极高的悟性，将天赋自然打通入心。这是湖南人提升层次的不二之门。真正能通达的天赋之才，就能够站到宇宙人生最高境界，成就内圣外王的人格。

放眼岳阳，左顾右看，我们发现：如果“白银盘里一青螺”，画出的还只是纯美的君山岛；唐代诗人孟浩然一句“气蒸云梦泽，波撼岳阳城”，则通过诗人敏感的灵魂，开始感悟到洞庭气魄；至于自中国有历史以来最伟大的政治家毛泽东，他以诗人的感性，一句“把酒酹滔滔，心潮逐浪高”，将孟浩然气魄已融化进入心，化作随物赋形的智慧。

毛泽东的天赋，在于他将纯美与气魄融成一体。今人评王唯，说他“诗中有画，画中有诗”，毛泽东一句“洞庭波涌连天雪”，将洞庭纯美描写逼真，气魄张扬到尽头，诗画也妙合一体。因此他的诗歌创造，其境界、水平，也达到了前人所不能及的高度。

柔弱、敏感、多情、智性，这些性格与山地的霸气、刚强、生硬融合，对个人性格完善所产生的奇迹，我们可以读他晚年的《观潮》：千里波涛滚滚来，雪花飞向钓鱼台。人山纷赞阵容阔，铁马从容杀敌回。这首七绝虽在写钱塘江，但将山地人的勇猛、好斗、胆识与水边人的柔弱、包容、智性完美融合，到达一个巅峰高度，就是从容、冷静、临深不乱，举重若轻。这是南岳与洞庭结婚，是山水无间交融；山为壮躯水作眼，山做骨肉水化魂。

如果说，岳阳以眼睛一样的女性品格，完善了湖南人性格，那么，千百年来，岳阳这双敏感的眼睛，一直是湖南开眼看中国的一扇窗户。

古代的湖南，三面环山，一面临水，土地封闭，是个四塞之国。用毛泽东的话说，一个闭锁的洞庭湖，将他们轻轻挡住，湖南人因此奉行“湖南饭湖南人吃主义”。打破这种闭塞、狭隘眼光的，也是洞庭湖。湖南人荡起一叶扁舟，从这里划开一条水路，迈脚进京赶考，从此血脉广袤连中原。

岳阳成功渡过湖南，是以“破天荒”的方式。唐宣宗大中四年（公元850年），湖南考生零星，但一个叫刘蜕的人，突然中了进士。在中国如云进士中，他成了湖南第一人。这一举成功，让整个湖南为之沸腾。在他之前，被洞庭湖轻轻挡住，湖南书生从来没有能踏上京城一步。魏国公崔弦镇守荆南，得知后写信示贺，赠他70万“破天荒”钱。这也是成语“破天荒”的由来。（宋代孙光宪《北梦琐言》第四卷原话是：“唐荆州衣冠薮泽，每岁解送举人，多不成名，号曰天荒解。刘蜕舍人以荆解及第，号为“破天荒”。）

“破天荒”后，湖南与中原的联系日益密切。湖南人头一回发现，原来读书还可以做官。这直接刺激了他们，整个湖南，书声朗朗，也开始于那时。

灵动的岳阳，眼波如水，放眼望开，随湖而去，发现“外面的世界很精彩”。与外界融合，同时就生出了湖南人兼收并蓄的性格。就是说，南北比较起来，岳阳人没有山地人的自我中心。但纯粹的岳阳性格，当然缺点也明显：没有山地人的胆；做起事来，更易浮躁、飘忽；点子奇多，但止于小技。一个麻雀，至为形象。

几年前，我跟老家岳阳的小师妹李伏媛谈起湖湘文化，我说曾左毛刘，正到兴头上，她淡淡一句：到底有没有湖湘文化啊？反证时说到中原文化，两千多年，源远流长。我一下子噎了。她二十出头就进了北师大历史系，攻读硕士，毕业就进了岳麓书社，专业的历史学，我肯定没她通。但湖湘文化还是有的，要不那么多专家学者，研究岂不都打了水漂？我就反思：她为什么对湖湘文化如此淡漠？一方面她个性不喜欢打打杀杀，但历史专业人士眼里，她的地域、时间穿透感，肯定跟我不一样。纵横几万里，上下几千年，一切都显得渺小，在眼界开阔，胸襟博大的人看来，确实境界大不一样。

因为性柔而有了胸怀，因为灵动而有了眼光，所以范仲淹慕名来写。据可信野史记载，庆历六年，好友滕子京送来岳阳楼图，告诉他该楼重新修葺，将历代赞扬诗赋，刻石附立，求一篇“岳阳楼记”。九月十四日夜，秋风送爽，月光明媚。范仲淹把岳阳楼图张挂起来，对图凝神构思。他早年随继父在澧州安乡(今湖南省安乡县)读书，到过岳阳一带，凝图遐思，悟得岳阳景色之妙，全在洞庭湖。寂然凝虑，思接千载；悄然动容，视通万里。他灵感顿发，视野辽阔，境界超脱，一句“先天下之忧而忧，后天下之乐而乐”，看见了中国官场的前世来生。

写到这里，再回到左宗棠的“身无半亩，心忧天下”，我会想：这不正是范仲淹“先天下之忧而忧”吗？如此说来，岳阳换个视角，我会将她画成“胸”。她性柔似母亲，用胸脯哺育了湖南；她胸怀开阔如海，让湖南人性格有了包容、胸襟。

但胸的抽象画，或者说印象画，轻轻一点，又成了眼睛。胸脯就是眼睛，在中国早有传说。中学生都知道，《山海经·海外西经》里说：“刑天与帝至此争神，帝断其首，葬之常羊之山，乃以乳为目，以脐为口，操干戚以舞。”以乳为目，这大约算是岳阳“画胸点睛”的智慧。当一双眼睛为湖南守候千年，今天的时代，它仍在寻求担当。

岳阳我虽去得不多，但在外若遇上来自岳阳的朋友，分辨时也只要看他们的眼睛。岳阳人的眼睛，有着水的柔性与灵动：孙悟空是千里眼，岳阳人有“万里见”。他们的眼里，闪耀着智慧，飞扬着气魄。中国第一任外交官郭嵩焘，以他岳阳湘阴人特有的书生远见，第一个走出国门，让国人看到西方先进的政治制度。

写到这里，自然想起岳阳湘阴朋友伍继延老兄。2007年10月，我应邀去了他的家乡湘阴，见左宗棠故居，话湘商文化。作为“湘商文化”创始人，他以“洞庭波涌连天雪”的气魄，酝酿当代湖湘文化在世界的春潮雷动。他说：湖南自曾国藩的湘军、毛泽东的湘政之后，文化已经走向衰落。他要团结天下湖南人，再度创造大超越，实现湖湘文化的第三次复兴。他要我谈点对湘商或岳阳的想法。那次回程途中，脑海激荡洞庭、湘江波涛，四句话自然而然冒了出来：

“东江边上柳庄风，山云水间化入萌。远浦奔向天下去，南北潇湘一脉腾。文庙左看文园事，一样书香漫麓恒。他年求索今朝迹，天涯比邻尽伍朋。”

今天写着洞庭湖，眼前水波激荡，心中载沉载浮。看苍茫大地，“浩浩汤汤，横无际涯”，非有“万里见”，不能看到“孤帆远影碧空尽”，不能明白“水是眼波横，山是眉峰聚”的高妙。

湖南从这里出发，趟开脚步，荡开波涛，御风鼓帆；放眼地球村，天下智慧如鹜鸟，正乘水而来。

老师今天天气不错，
洞庭湖很大很好看。
我去外面看看！
注意安全
这洞庭湖太大啦，
不知道哪朵云彩会落雨。
赶紧发微博告诉我的朋友，
这洞庭湖太神奇啦。

网友热议“湖南十四城市脸谱”

网眼看“嘴巴长沙”

画眼：长沙人对外发明一个“策”：就是有话好好策，没话找话策；有人好好策，没人找人策。这是比空瓶子也能喝出烈酒来更难更高的本领。北京像是中国这只雄鸡的嘴巴，长沙正是湖南这颗人脑的嘴巴。我猜测：鸡的嘴巴是用来吃米的，所以中国人跟外国人打交道，就是多赚外汇多吃米，用长沙话说，就是有很多米米；但人的嘴巴多是只用来说话的，所以长沙人就不顾产米，总是话多，而且说后就忘，到最后自己也不知道到底说了什么，嘴巴像架专做无用功的发动机。

◆ **我支持**

网友“**青翠依旧**”：长沙是好热闹啊，不管怎样不会让你觉得闷的城市，还有长沙的小吃真的好好吃啊。

★ **我另看**

网友“3point1415926”：长沙是个好地方，是个安静的城市，又有深度。我很喜欢这个城市。我是个长沙人，也是见证长沙发展的人，长沙这个城市变化很大。

网眼看湘潭

画眼：偌大一个湘潭城，其实是农村的放大版。城市的高楼，也正是农村平房的叠加版；湘潭城的道路，恰好是农村土路的拓宽版；生活在里面的湘潭人，是刚换上了市民服的农民。

◇ **我反对**

网友“皓月chenhaocmd”：我是湘潭人，在长沙呆过。湘潭人是有点土气，但是我觉得湘潭人还是有点雅趣。只不过他们认为的“高雅”与金钱和身份无关——这在外人看来就是有点土了。

网友“zjjiejie”：我是地地道道的湘潭伢子，现在在北京读书。听你讲起湘潭这么差，我也出来讲两句。

湘潭土气，你的意识可能是走出去。到处听到一些人看上去乡里的一样，甚至口里有时候不时冒出一点痞话。但我希望你能看到：不是所有的城市，都能像上海，香港，深圳那么地时尚（我都去过，确实湘潭没法比！）但一个城市有他的发展时期，希望能用期待的眼光来看湘潭。

再说，我在北京这边读书。北京话说是中国首都，但我觉得一样也不怎么样，许多年轻人说话总是“我X你妈的”。

还有就是槟榔，我很喜欢嚼。在这边读书，我都要我妈给寄过。我想湖南人会认为槟榔是个好东西！

网友“nonodd”：湘潭人报到，平心而论，就我去过的湖南其他城市来看，比湘潭土得多的城市实在不少，不知道作者对这个特点是怎么抓出来的？还有对湘潭女孩子的评价也有些奇异，每次回去我都惊异街上怎么又出来那么多小美女，您说的那种普遍外貌特点使我怀疑您当时都在湘潭哪一带活动呢？

◆ **我支持**

网友“pajinzhou”：我是湘潭人，楼主讲湘潭人土，我倒不认为是贬低湘潭人。湘潭人土，才更能代表湖南人本色。我现在在外地，一说自己是湖南人，人家就很佩服，你们湖南出人才！再说自己是湘潭人，人家更是佩服得五体投地。也算是借了前辈乡人的光。

楼主讲湘潭妹子砣砣，我也接受。但是楼主讲湘潭妹子上小下大，我看哪个湘潭人都不会同意。堂客们发福的有些可能是这样，年轻妹子我没见哪个是上小下大的，都是蛮精致苗条滴。

★ **我另看**

网友“老皇帝爹”：关于湘潭，有与楼主不一致的看法：

湘潭自古经商，在湖南很有名气，因此，湘潭商人的欺诈品行由此而生。先不说过去，仅“改革开放”以来，湘潭大小骗剧层出不穷。记得当年雷启华骗案，一个湘潭人骗了广州中山市，接下来湘潭布商骗布全国，一个养鹿，使得多少农户倾家荡产？

湘潭人要励精图治，整肃民风，我作为一个湘潭人羞于外出，外界对湘潭人的印象不好，源于湘潭商人的品德。这种奸商形象玷污了整个湘潭形象。而好像湘潭商人似乎并不为耻，反以为荣。

网眼看衡阳

画眼：置身彪悍、勇猛、刚烈中，书生衡阳偏向灵秀。灵秀也算得上衡阳人的特质。“雁城”的名字，据说来自于“北雁南飞，至此歇翅停回”的传说。与毛泽东的“天高云淡，望断南飞雁”之句比较，不那么大气、果敢，依然是多情与灵秀。南岳给外人的印象，同样不是大气、雄浑，却也是“独秀”。秀，无论是内秀还是外秀，都是只有书生身上才会散发出来的独特气味。

◇ **我反对**

网友“忘记爱情”：本人地道衡阳人，先求学湘潭，再求学广州，现觅食广州某媒体。仔细拜读过楼主鸿文，很受教益，感谢楼主好文。

对于楼主关于衡阳人的评价，以及对衡阳一城性格的把握，不敢苟同。衡阳人已经沾染了邵阳的霸气，湘西的匪气，长沙的脚气，株洲的老气，湘潭的土气，反而将属于自己的灵气和书生气，丢得七零八落了。

网友“搞理论的”：土生土长的湖南人。在常德，衡阳，长沙都长住过，现在也是半个湘潭人，感觉除了衡阳，写的基本上比较真实。衡阳给我的感觉完全不像楼主说的那么回事。

◆ **我支持**

网友“梦禅”：怪不得我出外二十年，了解我的人都说我书生意气，原来因为我是衡阳人，骨子里带来的啊！

★ **我另看**

网友“找马甲的马甲”：不错不错，记号一下。对衡阳的评价比较好呀，作为一个老家是衡阳下面县的人，感觉很欣慰。不过也有点怀疑，但我自己也没在衡阳市怎么呆过，不好评论。

倒是以前经常听说“火车好坐，衡阳难过”，让我不太敢以自己的老家自豪。不过，我觉得湖南相对有点历史传承的可能就是长沙、衡阳、常德三家了，岳阳也还可以吧，但是不太了解，湘潭下面的县历史上也是出了一些人物的。

衡阳在80到90年代没落得太厉害了，进入新世纪后好像开始发力追赶了。

网眼看常德

画眼：俗语是：一个湖南人是条龙，三个湖南人是条虫。但常德人却改变了湖南人的这个性格宿命。如果照前面说的，长沙可以戏称为“嘴巴”，那么常德的形象，就是一只手掌。这只手当然还不是翻云覆雨手，但却是一只勤快的手。中国古人形容一个的智慧，就说心灵手巧，常德人称得上心灵手巧。

◆ 我支持

常德澧县一中校长赵绪清2010年8月30日于全校开学典礼上发言：湖南人的性格特征，一向以“吃得苦，耐得烦，不怕死，霸得蛮”著称。因此，近代以来湖南出了许多叱咤风云的人物。曾国藩屡败屡战“打落牙齿和血吞”；左宗棠古稀之年带着一副棺材远征大西北；谭嗣同维新变法“我自横刀向天笑，去留肝胆两昆仑”；毛泽东面对风雨飘摇的旧中国大声疾呼“问苍茫大地，谁主沉浮”；胡耀邦拨乱反正痛陈“我不下油锅谁下油锅”；朱镕基准备一百口棺材，九十九口留给贪官，一口留给自己。在这些杰出的湖南人身上，浸润着鲜明的湖湘文化特质。

因为有了这种特质，有人把中国的湖南人与英国的爱尔兰人、德国的普鲁士人并称为世界上最倔强的三大种群。杨度曾经写过《湖南歌》：“中国如今是希腊，湖南当作斯巴达。中国将为德意志，湖南当作普鲁士。诸君诸君慎如此，莫言事急空流涕。若道中华国果亡，除非湖南人尽死。”今天人们提到湖南人，脑海里可能立刻蹦出三个字："蛮"、"倔"、"辣"，这是对湖南人踔厉敢死、勇于担当、领袖群伦的人格特征的现代版写照。

然而，湖南人大气磅礴的人格特质，到了常德人、澧县人这里却有一些变化。

作家徐志频有一本书，活画湖南十四个地市人的性格脸谱。讲到常德，有许多称道，也不乏一针见血的批评：常德人智慧、道德、文化、团队精神、追求完美的心态，造就了不少"完人"，但他们的格局有限，气度不阔。他们身上，缺乏邵阳人的刚性，也欠缺娄底人的蛮。就是说：真正大气象的常德人，少之又少。作家进一步追问：常德的大人物，是否成于完美，又毁于完美呢?

不能说作家的观点完全正确，但至少在缺少大气这一点上是击中了常德人的软肋。常德人如此，澧县人也是如此。我们民间历来有一个说法：澧县有三斗六升芝麻官。其中的含义，澧县小人物很多，大人物稀少，折射出澧县人人格特征中缺少大气。

但愿缺少大气不要成为澧县人的宿命，因此我们要补上"塑造大气的人格"这一课。

◇ 我反对

无网友反对。

网眼看邵阳

画眼：邵阳人的执着让人敬畏。他们凶悍，下手非常痛快，没有丝毫犹豫，却已颇有历史。从邵阳走出去的近代中国第一个睁眼看世界的大人物魏源，也只有他敢说：师夷长技以制夷。制夷就是要制服外国人，要控制住外国人，以毁灭性代价去报复，让外国人尝到侵略中国的后果。楚虽三户，亡秦必楚，这是老话。今天要与时俱进，我看得考虑改成：邵阳一人，夷平世界。

◆ **我支持**

网友“动静至道”：还不错，对湖南文化还是有相当的研究。我是邵阳人，大体上不错，偶尔有点夸张了。“铁打的宝庆”不是吹出来的，那是用鲜血堆出来的。

网友“qxhyx”：我在外面经常以作为一个湖南人为傲，感情上重义气、指挥上有才气、骨子里有霸气、精神上有傲气，我觉得这几样“气”是构成了典型的湖南人的性格。作为湖南人的邵阳人，楼主分析得很好，邵阳人在外面给人的印象就是彪悍、勇猛、舍命。但邵阳人的这些都是为情义而发，邵阳人通常都是直来直去，行就行，不行就拉倒，冇得第三种选择！

★ **我另看**

网友“沧浪之水是我”：邵阳打手？汗！说得夸张了点！不过当年学习乡土地理的时候，课本写到当年“五四运动”火烧赵家楼点起第一把火的就是邵阳人匡互生啊！不过，邵阳也出了贺绿汀这样的著名的作曲家啊？

网友“itissimple”：徐先生，写写新化人吧，个人觉得，新化人才是整个湖南的霸道、侠义精神发源地，新化古属宝庆，但在邵阳人骨子里认为：新化人才是惹不起的。武汉的汉正街，大约一半人都是新化人。湖南的两个悲剧式英雄人物：罗盛教，陈天华都出自新化。

网眼看永州

画眼：零陵的意思，到这里就明白了，是“为舜帝陵墓涕零如雨”。用毛泽东的话说：永州人对着舜帝陵墓，泪飞顿作倾盆雨。所以在我看来，永州人的基因是忧伤的，而忧伤是文人的标签。当一种忧伤沉淀了五千年，忧伤本身已成文化，深入进这块土地。

◆ **我支持**

网友“陆安桐”：昨夜匆忙，未来得及细品徐先生的“文人永州”，灌水式地占据了这偌大的沙发，今日复见，思之汗颜。

虽处邻城，对于永州却不甚了解，印象很深的属柳公的《小石潭记》，读她的时候还只有不到十岁，作品时常在一个少年的脑海里刻画着永州坚毅、秀美的地域人文气息。长大后去过很多次永州，对于这是一座有文化的城市的认识再度加深。

据我掌握的资料，现任永州市委书记黄天赐先生是个很重视永州文化品位建设的地方官员，处于“楚尾粤头”的永州，正逐渐凸显其独有的文化魅力。

细读徐先生的“文人永州”，感觉永州的文人形象跃然纸上，安桐才疏，其中有很多资料竟是我闻所未闻的，很感谢徐先生。

网友“anitazhou”：我是地道的永州人，觉得楼主也很有才。楼主对咱们永州的评价也中肯。自小学乡土地理历史中我就感觉，我们永州是个有灵气，有文化气息的一个城市，但是永州相对来说还是比较落后的。

◇ **我反对**

网友“njdfzqg”：楼主对永州人可过誉了呀。永州可不像楼主印象中的那般文弱呀。永州人好喝酒，更好客，雍容有礼可不谓过。但永州人强悍，有点类似于邵阳人。清朝时的席宝田，民国时的唐生智，都是以秀才而从军，于血雨腥风中成名，性格是豪爽而凶悍，知书达礼而又有点心狠手辣！

★ **我另看**

网友“西门嘛都吹”：评价的很客观，文笔也很棒。不过回帖的小部分湖南人别曲解了意思才好，并不是为某个城市吹嘘，所以大可不必一副全天下只有湖南人最大之势，心平气和坐听娓娓道来。

网友“午夜飞行feifei”：我是湘潭的，男友是永州的，在永州读了三年书，在长沙呆了两三年。

感觉湘潭人土，至少我就是那种会注意形象但不爱追求时尚的人。随遇而安，但认死理、不怕输。

永州人好客，喜欢交朋友，但说话直，湘潭人是不爱管闲事，保住自己最重要，永州人就是爱管闲事那种了（没贬义，长沙人会策，套近乎，但没真性情，翻脸不和你多说话的。）

网眼看湘西

画眼：有人说，湖南人的血里，一半是英雄，一半是强盗，这说的大约正是湘西人。英雄与强盗血液流淌一身的湘西人，他们总显得那样可爱。如果说凤凰古城以历史的气味，让我们闻到湘西的鬼魅与神秘，那么酡江在我看来，就是一条自然而流的生活小溪。湘西的山、水，总让人感觉到一种自然而然，他们并不在意外面的世界，始终保持着自己的节奏。

◆ **我支持**

网友“ericyeung_sz”：湘西，魂主精神，那么，徐先生的灵魂之说，已是堪慰湘西这块土地的了。

网友“fish2046”：之前一直揣测徐先生会不会把岳阳写成湖南的灵魂。譬如从大处说，云梦泽广纳三湘四水，小处说，一条汨罗江承载屈原、杜甫魂，更不用提范仲淹的千古名句。

但看罢徐先生写湘西，湘西有“道”，自然、野性，足以担当湖南人的魂魄。

◇ **我反对**

无网友反对。

网眼看娄底

画眼：正是有“无湘不成军”，同时就有“无湖南人不成衙门”。娄底人，包括临近的邵阳人，都是可以构建一个铁的藩篱，来禁锢天下人的高手。他们爱憎分明，很容易上纲上线，给人以沉痛打击，这从根子上，又拖住了湖南发展，让湖南官方与民间的矛盾激化。

◆ **我支持**

网友“西无苑”：娄底人重血性，这当然可以说是一种文明的野蛮。与陶行知先生同样名闻天下的娄底教育家罗辀重所倡的“血性”，实在是对娄底人的写照。不血性，陈天华如何会以30岁的花样年华自蹈大海以吁国人？血性当然也是一种韧性，在韧忍中爆发，更显其力道与精神。曾国藩可谓其代表。至于作为娄底儿媳妇的秋瑾女士，为一代侠女，从封建家庭中出走，可谓是血性精神的代表。

徐兄对娄底把握基本上还是准确的，但行文过于散漫，读来犹不能尽其意啊！

还有一点，对于娄底的现在，徐兄文章里说的太少。娄底现在或许正在流失那种固有的血性。在新化人与邵东人主政的混乱岁月中，娄底的发展实在很慢。而近来，虽说面子上光鲜多了，但政绩工程害人不浅。现在娄底，除了煤，除了有色金属这些死物，剩下的就是那些由暴富的新贵们腰包中躁动的金钱支撑的一个绘声绘色的场所了。

当然，就是一个本土人士，也未必能瞧个明白。毕竟，湘中这片土地，太怪，太散，太乱，是其他自古已有的地区的边角拼凑而成的。

◇ **我反对**

无网友反对。

网眼看郴州

画眼：自由、平等，是商人品格，所以广东人除了会生活，做生意也里手，个个会赚钱。大约是隔壁邻居，郴州人起床后、睡觉前，看到的都是广东人忙生意的背影，于是"闻广东人起舞"。模仿是最好的学习，山寨文化这样起家的。我说郴州人看上去有点像山寨版广东人，是说他们从广东人身上，模仿出不少赚钱本领。

◆ **我支持**

网友"地心火烧了脚"："商人郴州"一气看过，由于有之前的铺垫，读起来格外顺畅。

从古到今，由南到北，娓娓道来，自然贴近。永兴那段尤其精彩，如飞来神笔，一点中的。

读完我如郴州的脸谱，如许沉重，眼神迷茫。

我们天天喝东江湖水的，深知那水的清冽和湖光山色的秀美，还有无数的风景之地，那应该是郴州人民的希望。希望楼主在出书时，提及下东江湖和郴州众多的原始次森林景色。

网友“青翠依旧”：用商人定位郴州，还算OK。

毕竟那地方实在是人文杂糅环境尴尬，没有一致的特性，飘忽，所以大家都总结不出来一致性。

古时候商人地位亦是比较尴尬的，不上不下不左不右，达不到士族大夫的高贵，亦没有农民大众的清苦。

所以用商人来形容郴州吧，还是比较低调型的商人。

不过内容好像没有切中要害，太散了……没办法，郴州就是“散”。

◇ 我反对

网友“热湖”：郴州是商人，看标题给人一种重商不重情的感觉！虽然有些郴州人靠大部分人的信息不够灵通做些暴利交易，但其实郴州是只蜜蜂，或许很多人别无他路只好倒卖些商品过日子，不管是平民老百姓还是有点资本的商人，都是勤勤恳恳地努力生活着。

★ 我另看

网友“死了都要叫红尘”：郴州的签个到。矿资源多、贪官多、美女多、消费畸形，不过人居环境还不错。

网眼看株洲

画眼：湖南人跟人打交道，多相信“人不骗我，我不骗人；人若骗我，我必骗人。”这可以理解为理直气壮，也可以被骂作睚眦必报。湖南人整体上是精明的一群，所以很容易堕成狡猾。但株洲人胸有丘壑，人若骗我，也不骗人，很有包容性。

◆ 我支持

网友“冬天母猪汤”：我家在株洲，每次回家都对家乡人的特色有一些鲜明的印象。株洲人很热情。你去商店那些小姐阿姨都会很热情而礼貌地招呼你：先生要买点什么？ 株洲人一般都能说会道，换句话说表达能力强。直率又热烈，也并不粗鲁。陌生人容易唠起家常。痛的时候会喊痛，高兴的时候会大笑大跳。总之，家乡人跟我到过的他省别国一些地方比较，就是热情，生动，而且也不乏理性。

★ 我另看

网友“雨落成泽”：本人不是地道的株洲人，在株洲待了四五年，印象最深的不是其被称为“火车拖来的城市”，而是这个城市本身蕴藏的机会，却被当地人轻易地无意识地放弃了。

交通应该是株洲最大的资本，带动了相关的产业，比如服装，火车站周边几十个服装批发市场，绝大多数是外地人在做生意，据说温州人就有3万，合泰那边的大大小小的作坊，也鲜见本地人。

说到“本地人”，株洲纯粹的土著估计非常少，移民城市名不虚传，感觉湖南几个大城市，株洲的包容性最好，不会有任何的被歧视的感觉，都是“移民”过来的，谁瞧不起谁啊。

株洲的城市建设带有明显的长官色彩，中心广场，一届政府有一届政府的修法，10年内，至少修了3次了，现在的样子总算比前几年那“开裂的祖坟”好看多了。

网眼看益阳

画眼：如果益阳市也可以打广告，我建议，可以考虑在地球村挂上：到张家界看山，去洞庭湖看水，来桃花江看美人。美女配英雄，佳人对才子。在益阳山水的图画里，同时都被勾勒成：美人。我们可以用“美女、美雄，佳人、才子”来标点益阳。他们都有着传统的尊严。

◆ 我支持

网友“是白非黑”：用美女概括益阳，大概有些无奈，或者是肤浅、贫薄的委婉说法罢。单就美人而言，益阳女孩姿色中平，桃江美女依然少见——以有限的见闻，相比常德女孩的美质，我觉得不止差了些。当然，“高山有好水，平地有好花”，湖南女孩的整体水平、综合素质，我觉得都是很高的。

★ 我另看

网友“Pakiu”：作为土生土长的益阳人，感觉写的不够深刻！

桃花江出美人，那可能是因为桃江山多，水好，没有工业，没有受过污染。不过现在不行了，桃江县里资江段就多了好多电站，马继塘、修山，还有正在修的白竹州。詹溪也正要修核电站。好像还要练锑矿，自我感觉资江水一年不如一年了：以前很多鱼，水很清澈，现在差多了，估计没人再用资江里的水烧茶做饭了。

益阳人之所以默默无闻，是因为最近几十年很穷，也正是益阳人生性默默无闻，所以益阳才穷，其实穷就穷点，不要为了发展经济而把祖祖辈辈留下来的好山好水给糟蹋了，内地经济的发展必然是以环境为代价，真的很悲哀！广东就是很好的例子。

网友“年轻满嗲”：看来益阳真的很难写，但是首先要感谢把益阳写得那么美好。

真的没想到会是“美人益阳”，就像前面提到的那样，我也认为只有生活在那个城市的人们才最了解那个城市，但我想起码我也还可以看到外地人到底是怎样评价益阳人，怎样评价益阳这个城市。说实话，逐字逐句看完四遍后，我还是云里雾里。

身为一个土生土长的益阳人，对作者的这篇文章却很少有认同感。也许可以说是我对益阳的历史不太了解，但是我觉得历史终究是历史，也只能是历史，说一个城市的脸谱，要谈历史，但更重要的是面向现在。

再者“美人”的头衔，感觉还是太表面了，虽然有说到内心的美，但是还不够丰富。也觉得作者所提到的几位益阳老乡都只是个例，不够典型。

或许有人觉得“桃花江美人窝”的美誉也是个例，“只是某个人在一个特定的时间，在一个特定的地方，看到一个特定的人，写的一首特定的歌曲罢了”，但是不可否认，桃花江MM皮肤都是很好的，起码平均水平要比其他地方好，也许是那里的水特别养人吧。皮肤好，气色好，精神面貌好，人当然也就显得漂亮多了。

关于益阳美人，我只举个例子。在益阳的步行街上，你很少看到那种奇装异服黄头卷发的人，打扮穿着都比较中规中矩，但是又不会给人很土的感觉，穿的很得体，又有自己的风格。曾经一同学在衡阳逛街时看到很多装扮另类的年轻人飘来飘去，对我感慨："如果他们在益阳的话，估计后面有一群四五十岁的大妈在后面指指点点吧，他们在益阳绝对是所有人的焦点。"

网眼看怀化

画眼：往事越两千年，此地已被叫"蛮夷之地，春秋楚国之境"。我终于给古老找到一个说法，是"我蛮夷也"的"蛮"。印证这一说法的，是"怀化"本名由来。此名最早见于宋代，取"怀柔归化"之意。不是中国难管的地方，宋朝的皇帝老儿用得着胸口时刻吊着这个紧箍咒来念叨？于是我偷懒一回，从"蛮夷之地"和"活化石商城"里各提一字，将怀化贯以"蛮商"，以免画走了眼。

◆ 我支持

网友"陆安桐"：读罢《蛮商怀化》，很认同于徐先生对于洪江古商城的表述。2007年仲夏，湖南省宣和新华社湖南分社联合举办的怀化采风活动中，本人有幸见识了洪江古商城的"庐山真面目"。作为湖南人明清时期商业活动的活化石，洪江古商城的确充满了湘商的历史人文气息。

历史的车轱辘滚到今天，经济已经成为了最大的政治，湖南人要学会做生意，这几乎是没有选择的。文章最后留下的命题我亦常有思考，明天的怀化，明天的湖南，商字前面应该冠以什么？

湖湘性格在和平发展时代的扬帆出海，才是我们这一代人最该关注的。

★ **我另看**

网友“帆帆在番邦”：我应该算是洪江人吧，虽然我出生在怀化，长大在怀化，可是从我爷爷的那一辈开始就已经在洪江这个曾经繁华的城市生活，经商。听我父亲说，洪江原来真的就是“小南京”，在那条最最繁华的老街（gai）上有各个地方的会馆，各种营生，到江边不过10步远。我爷爷那时候在那条老街上有一座很大的染布作坊，据说我爷爷家的厂房加老宅就占了纵伸半条街，横跨三条巷，每天晾在外面的布铺天盖地有半里地。后来公私合营的时候全部交了公。

听我父亲说，我家的银圆当时交出去的时候都是一箩筐一箩筐的。嘿嘿，可惜这样的景象我是没看见，只在我父亲记忆的画作里曾经见过（他画画的）。从我记事开始洪江老街就已经被拆除了，变成了现在的新街。今年听说又要重建老街，恢复中国第一古商城原貌。我真的希望这一天真的可以到来，能亲眼看一看我的祖辈生活的地方究竟是什么模样。

网眼看岳阳

画眼：千百年来，岳阳这双敏感的眼睛，一直是湖南开眼看中国的一扇窗户。古代的湖南，是一个四塞之国，是一块闭塞的土地，用毛泽东的话说，一个闭锁的洞庭湖，将他们轻轻挡住，湖南人因此奉行“湖南饭湖南人吃主义”。打破这种闭塞、狭隘眼光的，也是洞庭湖。灵动的岳阳，眼波如水，放眼逡巡，随湖而去，发现“外面的世界很精彩”。

◆ **我支持**

网友“浔阳江畔寻梦客”：看到岳阳，忽然想起那个春日的君山漫步，小诗一首：梦中一点千丝绕，眼底柔情百媚生。我寄春心随杨柳，绿波浪里蝶影真。

网友“chamg”：山岳平川阳光美——岳阳；君临天下湘水甜——临湘；中华国土容颜新——华容；三湘大地阴阳盛——湘阴；水汨河清罗事多——汨罗；高平域貌江湖广——平江。

◇ **我反对**

网友“TREWQ456”：岳阳如此，不认同，几点表述：

1. 君山茶，湘竹泪；

2. 鱼米之乡；

3. 皮包公司；

4. 麻将馆；

5. 引用内参话：“外商打成内伤，好走变成走好”；

6. 语言杂，思想先；

7. 文化优，环境好，经济行，思想劣。

★ **我另看**

网友“yuyuzhong”：不知道自己属于哪里人，在左宗棠故乡湘阴，离岳阳很远，离长沙却又很近，没有长沙的浮躁，也没有岳阳的历史文化悠久，一个在湘江边的城市，一个被定位于长沙的后花园的小城，留给世人的只有“远浦归帆”的潇湘八景之一，以及左宗棠、郭嵩焘等历史名人，近代史上还有很多国民党将军也是从这个小城出去的。

夕阳西下的时候，远处的船从洞庭归来，一路经过乌龙塔，等待归来的是不远的文星塔！

网眼评湖南

网友“QWEQW123”：

脚气长沙，蛮气衡阳，小气湘潭，灵气常德，俗气岳阳，乡气郴州，老气株州，霸气邵阳，匪气湘西。

网友“chamg”：

脚都长沙展玉腿，蛮气邵阳显腰身；

神秘湘西露隐私，事非郴州曝黑心。

网友“QWEQW123”：

湘潭出政要，常德出商人，益阳出美女，衡阳出好汉，邵阳出武夫，湘西出歌手，株州出名星，郴州出贪官，岳阳出秀才。

网友“chamg”：湖湘大地，最看好岳阳：地处长沙武汉之间，西靠洞庭，北接长江，京珠国道京广武广贯通，水陆交通便理，土地肥沃，山青水秀，物产丰富，不愧为洞庭粮仓，南国鱼米之乡。

网友“**苗苗**yuyu”：长沙里手湘潭嘌，湘乡嗯俺做牛叫。浏阳的豆豉湘潭的伞，桃花江的妹子过得拣，益阳的妹子会编篮，宁乡的妹子会摆茶。

网友“故衣”：对于湖南，几个印象：1、毛泽东。2、无湘不成军。3、岳麓书院。4、辣椒。5、大学同学里几个湖南的美女。6、传说中爱情最容易诞生的地方——凤凰。

网友“hu-ou”：呵呵，湖南：北边的精，南边的蛮，中间的谑。

网友“蕙质兰心浅浅”：湖南女人要情，四川女人要钱，湖北女人要命，呵呵！

网友“诚田英一”：湖南自80年代后紫气四散至江浙川徽，湖南精气神韵就渐渐散淡浑浊。是否可信？大家自己去揣摩。但有点令我感应的事情：观察无数湘人灵性大不如前。尤其70后、80后，聪明有余，而厚重深邃气魄已难追先贤颈辈。也许，时代使然？也许，气数衰微？吾宁信其后矣。鼓吹湘籍精神文字历年来无数，文学杂志，报章评论，梓里闲话，民情论语等等，大略也算个汗牛充栋吧？前有文学巨匠，后有学者大儒，湖南官方民间，近年来却实在无有震天憾地之绝伦之辈费问世，应是事实！

网友“wendi831”：能这样全面细致刻画湖南每个城市面貌的，楼主确实是第一人。前面的文章很吸引人，因为有自己独到的见解与思考，没有太从别人的角度出发迎合读者。望楼主抛掉包袱杂念，创作出超越前人的更优秀作品，让湖南人和希望了解湖南的人欣赏、讨论、共勉！

副篇

在长沙策里手

> 长沙人，无权无势，不能炫爹，不能耀阔。难道枯坐着听侃爷神吹？他们灵机一动，打起自家脑袋的主意：不能“拼爹”，拉倒吧，咱们一对一，面对面，拼智商。奇志大兵搞相声，湖南卫视策超女，易中天品三国，这成了长沙里手三张名片。相声通俗，电视世俗，三国高雅，三档齐了。

要看清一地人，需要跳出来。比较之下，北京人爷们，长沙人里手。

两个外号，旗鼓相当。爷们盛出于浩荡皇城根下，里手则多产在闭塞草野。

不管爷们还是里手，都会盖人一头。盖人一头需要本钱。爷们不差本钱，他们有的是血统：五服之外，亲戚不是皇帝，也可攀上皇帝的亲戚。中国社会，权力通吃，有权不炫，过期后悔。北京爷们炫了不白炫，是以大话张嘴就来。恰巧中国地方广阔，地方见中央，天天不断，源流不息，免费提供了无数义务的业余听众。北京人乐得从地方人那挺不直的腰杆里找到血统里黄金不换的高贵感。他们硬是凭嘴巴撑起了一方人的外号：侃爷。

相比北京，长沙人没那么妙。

站在南方望首都，千里之外；立在长沙远眺京城，筑个定王台也看不见。湖南本身又是一块三面环山、一面环水的闭塞土地，古来被用来流放官员，虽比专门用来流放罪犯的广东、伊犁、漠河稍好，但流放官员，不炫别人不知道，一炫吓一跳，相当于自首。

放进中国去看，湖南落在中国中南部的长江以南。走进湖南再看，长沙处在洞庭湖平原的南端向湘中丘陵盆地过渡地带。长沙正史，始于西周初年。周成王贡品，有敬献的“长沙鳖”。秦设长沙郡，汉设长沙国。有国则有王，首任长沙王叫吴芮，五代后无子，亡国。汉景帝继子刘发被封任长沙王，但王莽篡汉成功，长沙王又被赶跑。刘发后代刘秀，反王莽成功，建立东汉，做成了皇帝。细数起来，长沙人的祖上不是没阔过。但相对于强大的北方，相对于北人长期统治中国，长沙人这点小成绩，拿不出手。

历史地说，因闭塞而有点夜郎自大，因草野而性情率真的长沙人，无权无势，不能炫爹，不能耀阔。难道枯坐着听侃爷神吹？他们灵机一动，打起自家脑袋的主意：不能“拼爹”，拉倒吧，咱们一对一，面对面，拼智商。

智商是头脑聪明而身无家当的人炫耀时最好的凭借。面对自身以外的一切东西，聪明人从来足够自信，他们相信“聪明不用，过期后悔”。于是，当年那些悠闲率真的老长沙，从聊中找到自信，满足自恋。“傲腿”一词，即是自信加自恋的产物。没有自恋，就叫“硬腿”，既不傲气，也无傲骨。

但生活聊天容易滑成瞎聊，侃大山一不小心就落成了乱侃。

瞎聊乱侃，虽让嘴巴快活，也能出成绩，但终究是戏子的活，没分量。自己正感觉了不起呢，人家将你当猴戏听，这太伤害自尊啦。

怎么让瞎聊乱侃、神吹海侃也庄重有力呢？

老长沙人找来一个传神的字：策。

“策”直白意思，就是瞎吹。这太合性情率真的长沙人胃口：每天澎湃的精力，火辣的热情，在茶水中消耗，在酒水中打发。生活本来古井无波，因此被折腾得涟漪波起，心神也风驰波荡，真是不亦乐乎。

但策的内蕴，远不止此。

策通常指计谋、计策。我们看古代科举，殿试主要内容，就是策：“策问”、“对策”。“策问”一般以皇帝的口吻发问，其内容包括治国安邦、国计民生的政治大事。士子们只能在应试的过程中针对“策问”作出回答，就叫“对策”。这大约就相当于今天的时事政治论文。谈天下时势，谁还当猴戏听？

如果说，瞎吹容易被人当猴戏听，常策天下又过于空洞，那么它还有更真实、更直接、更火暴的内容：策略、策动、策划，甚至是，策反。

这一下就冲到了地球村人用嘴巴所能达到的最高境界。遥想当年，诸葛亮大梦先觉，摇着鹅毛扇子，跟刘备密室阴谋，几句隆中对策，策出“三个中国”。诸葛亮由此成了中国军阀割据的发明者，“国独运动”的开创人。

长沙人的策功，强于诸葛亮。晚清岁月，长沙人黄兴策略筹划，在明德中学策动一班不怕死的革命家，策划建立华兴会，29岁那年，与宋教仁等一帮年轻哥哥在今天五一广场密谋策反，最后策出中华民国来。孙中山说“无公则无民国，有史必有斯人”，没诸葛亮只是没有蜀国，没有黄兴则无中华民国。

从瞎吹到计策到策反，我们终于见证“策”的神奇。这个可小可大，可轻可重，可谐可庄的字，将长沙人的率真、长沙人的聪明，长沙人的本领，全吞吐其中了。

“长沙人”其实就是“长沙策”，只是“策”叫出来是“扯”，像在骂人，只好换成“里手”。

长沙里手炫聪明，开始于何年何月，没有史实可查。原因推断起来，缘于封闭的自信。先有“长沙国”，后成湖南省会，长沙作为十四地州中心，地缘上的优越感，人才流动的开放性，人口汇聚的杂交优势，为提高智商创造了条件。

辅证可以参照上海。人才流动、人口汇聚，长沙类似上海，长沙人同上海人一样精明。分别是：上海人的精明都用到生意、生活计算上，他们嘲笑别人不精明，就骂“拎不清”；长沙人的精明多用在炫耀比试、折腾生活、朋友义气上，他们嘲笑别人愚钝，就说“策不清”。相比之下，上海人小气，长沙人大气。

长沙人好炫聪明，不是全无好处，这逼迫他们除了瞎吹，平时得多看多听多记，于是成了包打听、百事通、万金油、杂家。生活率真性情，他们爱好自由自在地走街串巷，这种地域风习一经形成，逐渐积淀为一种地域风俗，进而进化成地域性格。

湖南人性格，自卑与自傲。这源自湖南流放官员。贾谊当年怀才不遇，被贬为“长沙王太傅”，在长沙失意呆上三年，写下《吊屈原赋》、《鹏鸟赋》。即是自卑。

自卑者小而轻，自傲者大而重。小而轻则乐，大而重则忧。

在小与大、轻与重、谐与庄、乐与忧两极上游走，长沙里手游刃有余。“心乐天下”与“心忧天下”两极，长沙人来回腾挪。

“心忧天下”在革命年代，就是抛头颅、洒热血、牢底坐穿，横尸法场。在和平时期，它已经自觉转化成“心乐天下”：自己每天为怎么样让天下人快乐起来而忧着眉毛操心。

“心乐天下”的酒吧文化、歌厅文化，“享乐天下”的洗脚城，长沙一骑绝尘，领先中国。长沙本土产白沙啤酒，广告打得韵味：“天下无大事，喝杯白沙啤。”外地人看来，喝啤酒跟天下，关系真的不大。但啤酒的快乐，也是天下忧乐，这就是长沙风气。

正是“里手”在长沙草根民间星罗棋布，脱颖而出者不乏民间基础。所以我们看到：夸张、戏谑、嘲笑笨拙、专抖机灵的奇志大兵，当年一对双簧如何风靡湖南；扎根长沙的湖南卫视，以率真性情、草根狂欢、生活折腾，让全国观众如何为之倾倒；而洒脱真实、敢爱敢恨的教师易中天，如何用一流的“策功”，九曲回环，在《百家讲坛》将三国谋略演说得活灵活现，风云变色。

奇志大兵搞相声，湖南卫视策超女，易中天品三国，这成了长沙里手三张名片。相声通俗，电视世俗，三国高雅，三档齐了。

长沙里手的高超本领，像孙悟空的如意金箍棒，小到可以塞进耳朵把玩，大到可以专作定海神针，全看怎么用。

但里手是否就真都成了孤独求败的“傲腿”了呢？不见得。成败同在萧何，困住长沙人手脚的，也在“策”。

无论是神侃的话语，还是思虑的计策，它们都有点偏阴性，本身还不是阳刚的行动。“策”一经成“神”，就可能神飘神闪，像醉酒的神经。

而湖南伟大人物，没一个不是行动出来的。“长沙里手”与大人物无缘。不产里手的长沙草莽市井或草根民间，倒是大人物林立。比方长沙县的黄兴、朱镕基；长沙浏阳府的谭嗣同、胡耀邦；长沙宁乡府的何叔衡，等等。长沙城适合自产艺术家，当然，也适合民间牛人来策事。

城内市外，两相比较，构成一种生趣反差。

血性的湖南人，骨子里都有重的一面，有霸蛮、坚定的那面，“长沙里手”则发挥湖南人灵活性的那面，他们自由洒脱，敢爱敢恨，早早过上优质生活。湖南人倔强勇猛的那面，里手们显然无力承担。他们擅长用细口，不太会用大手，更不善用粗脚。

但今天是个告别倔强勇猛的时代，自由洒脱地去追求优质生活，正在成为主流。长沙里手倒是应时之需。凭他们的策功，游走市井街坊，可以悠然策出一种公民气象。

奇怪的是，21世纪头一个十年才告别，《晨报周刊》采访我，相约再去长沙街坊找里手，却发现里手们已像被奇门遁甲做了隐士，从我们的生活中消失，像北正街的空气。

里手在当代遭遇灭顶之灾，大约源于人际传播的口头慢生活遭遇电子传播的科技快生活。这想来叫人无比惆怅。以前里手生活中常有的情境，如今只有在电视盘点时才能看到；将来电视也没法看到的时候，我们大约就只能去翻书考古了。

灭顶根本原因，毁于物质功利。今天时代，商业的冲动与诱惑，已经侵入到人性的、本真的领地，将它们都稀里哗啦肢解了。城市喝口茶要收钱，问个路也要收费，精明的长沙人已经节俭起他们的口水，节约出他们的时间，将散漫自由瞎折腾的“策生活”

省俭下来，全部投入到飘红饱囊的事业上去了。年轻一代的长沙人，无师可承，无人陪练，K歌泡吧去了。

就这样，长沙里手被无坚不摧的科技、物质、现代化绑架，在鲜活英年，转瞬间白头，然后被撕票。现代化将“里手”提前蒸发成非物质文化遗产。

这多少让人感到遗憾。长沙人生活在“中国最具幸福感”的城市，幸福感因里手消失而变得怅然若失；湖南公民的生活，因此也黯然地淡掉了些酸甜韵味。

我是大兵！
长沙策
我是超女！
选秀热
我是易中天！
品三国
百家讲坛
“天下无大事，喝杯白沙啤。”

在湘阴说江湖

> 洞庭湖以沉浮乾坤的连天波浪，将湖南人轻轻锁住，不能北上半步。湖南人一生有冇有出息，全看能不能“出湖”（走出洞庭湖）。湘阴澎湃的江湖，是湖南人走进中国，跨进世界的第一道门关。

凝神看去，岳阳像是湖南的眼睛，湘阴则似夺眶迸发的泪。

水是泪的前生。湘阴正是座水分之城。韩少功栖居汨罗江畔，写下《山南水北》。湖南没有“湘阳”。山北水南，却是湘阴。

朝晖夕阴，气象万千，湘阴听上去还是看上去，都像个很女性化的名字。女子给以眼泪，让人许多遐想，但眼泪也只是情绪的别名。湘阴第一次情绪巨大起伏，盘桓在屈原的眼泪里。

两千三百年前，屈原正事楚怀王。屈原感情丰沛，那情那景，如女侍夫，如胶似漆，一日不见，如隔三秋。屈原将这种情感，主动吟成“香草美人”，开了中国文人以夫妻关系喻上下级关系的头。如此香艳温软，以致今天一些学者研究屈原搞同性恋。但屈原到底好心被当成驴肝肺，信而见疑，忠而被谤。怀王死后，襄王听信谗言，更加绝情，气恼之下，将他流放。屈原百气缠胸，百口莫辩，对天含泪，投身汨罗。罗子国第一滴情绪悲愤的泪水，激开涟漪。

湘阴前身，正在屈原自沉的罗子国。

罗子国是夏商时代芈（mǐ，字义：1.羊叫；2.姓。）部落穴熊的一个分支，和荆楚同祖。殷高宗武丁时期，芈族系各个部落被殷征伐，罗不想“被战斗”，便随楚人由罗山（河南罗山县）迁避到甘肃正宁县。才离狼巢，又入虎穴。周王朝又追过来压迫，罗为避周战祸，再随楚国迁于湖北房县和宜城。

两次避战，均得偏安。

但到春秋初期，意外陡生，祸起萧墙，楚又来灭罗。凡事一而再，没有再而三，躲无可躲，避无处避，罗子国生生地被楚军用枪杆子从地图上抹掉了。亡罗之后，楚将罗子国遗民迁于枝江，接着又被迁至湖南汨罗。

一部罗子国兴亡史，是部江湖流动史，是篇“挨打”与“避打”的逃难历险记。这段悲惨逃亡经历，“乱悠悠，恨幽幽，恨到汨罗方始休”。

三迁仍亡，过程悲壮，叫人悲凉。在这样一种悲壮与悲凉交织的氛围里，湘阴流走历史两千多年。

今天再顺着茫茫洞庭水发问：湘阴县城距罗子国故都多远？回答：三十公里。《路史·国名纪丙》记载：“今潭之湘阴东北六十里有罗故城，秦之罗县，梁为罗州。”

罗子国避祸国破民迁，楚国亡而屈子沉江，湘阴人的性格基因里，被泪与水沉淀下悲情，有时壮阔雄浑，有时凄凉悠远。

“悲”有男女之分、文武之别。

如果说,女人的悲是冷泪,男人的悲却是热泪;同样地,如果说,文人的悲是怨泪,武人的悲属恨泪。冷热怨恨,交织挥洒,交融汇合,流入洞庭。

湘阴在湖南的地理特色,是湘江在这里入洞庭。

这种地理特色,形成了著名的潇湘八景之一,远浦归帆。“浦”是河流入海的地方,“归帆”是游子从远方归来。“江水共长天一色”的壮阔视界里,多少帆船,多少年来,在咿呀摇橹,出江入湖。

远浦楼前,曾凝聚过多少动情的场景?破落的游子,冒险的商人,羽扇的书生,得意的官员,忘记羁旅劳顿,带着那颗热乎的心,某天出现在江面。他们影影点点划船归来,亲人在岸上渴盼落泪。

与归帆相对应的场景,是湘阴人远航前作别。与君离别意,同是故人情。每到送别时分,面对浩瀚江面,江湖风高浪暴,离人心潮波涌。

远浦楼就这样作了激荡世俗人间悲欢离合情感的港口。情感的经常起落,强化了乡愁与伤感,悲欢离合坚硬了内心。楼前一波一澜,有如离人心跳,远浦的波涛,则似情绪起伏的离歌。与橘子洲艺术化的无我之境“江天暮雪”对照,“远浦归帆”是有我之景的人间情感大开大合。

登高而望,远浦是资水、湘水入洞庭湖处,三水合流,冲撞融合,格局扩大,这里经历一次江湖大替换;由地理而影响文化,由文化而影响人,从社群与国家、历史与现实观照,江湖带来的是文化新生。

湖南四水,各具特色。澧水呢喃,沅水神秘,资水刚毅,湘水激越，而洞庭深沉。远浦性格，刚毅与激越同存同生，深沉的洞庭，又将远浦目光，带进辽阔江海。山水影响到人，于是产生胸襟。这种襟怀，用范仲淹话说，“衔远山，吞长江，浩浩汤汤，横无际涯”，当它升作文化，就是胸怀天下。或者说，心忧天下。

心忧的原动力，来自于哪里？悲情。

悲天悯人，是忧的源头；江湖悲情，在风暴中安详。

湘阴是座跨江而生的县城。

湘江自南向北，贯穿全境，湘阴凭水分割东西。湖南不少城市都属此类。但湘阴特色，在它东部多丘陵岗地，西部为滨湖平原。这种奇特地貌，让湘阴性格也显得独特：有山地人的好斗，有水边人的智慧。

湘阴更特别处，是它处洞庭入口，进有湖阻，退有江挡。当地说法，“一山四水三分田，二分道路和庄园”。水成了主宰，好处是盛产鱼米，烦恼是远行困难。

洞庭湖以沉浮乾坤的连天波浪，将湖南人轻轻锁住，不能北上半步。要走出湘阴，走进湖南，走向中国，面朝地球村，首先需要一种力量，一种气魄，一种胸怀。

而“悲”是产生这个行动的力源。它或者悲壮，或者悲远。

先说悲壮。

湘阴丘陵岗地人好斗，悲壮被一个人张扬到了极致，我们知道，他叫左宗棠。

左宗棠其人，“左”得出奇。他的经历，跌宕起伏。

5岁时，左宗棠随父亲到长沙读书。15岁那年，他参加长沙府试，得第二名。18岁那年，读于长沙城南书院，7次考得第一名。至20岁，他乡试中举。就在春风得意时，歹运降临。此后6年，他赴京会试，3次落榜。

左宗棠胸气惊人,24岁那年，他锋芒毕露，大笔一挥，在门前自题对联："身无半亩，心忧天下；读破万卷，神交古人"。

心比天高者，命运比纸薄。到27岁那年，左宗棠已万念俱灰。他闲郁破胸，自写挽联。

绝意仕进之后,他自称"湘上农人",打算一生读书、教书、种田，"长为农夫没世"。

两江总督的陶澍回乡省亲，左宗棠题写一幅对联："春殿语从容，廿载家山印心石在；大江流日夜，八州子弟翘首公归。"陶澍被他的才华打动，两人见面，左宗棠人生轨迹改写，酝酿从湘阴"出湖"。

早年稀有的坎坷奇遇，心高气傲与现实卑微的巨大反差，锤炼了左宗棠，让他性格霸蛮、决绝、刚直。

不飞则已，一飞冲天；不鸣则已，一鸣惊人。左宗棠晚年收复新疆，抬棺上阵，场面壮怀激烈，悲情回荡中国。哀兵必胜，西征军急战如卷席，一举扫平了阿古柏，收回伊犁，收复新疆。

后人比较曾、左，有"国藩以谨慎胜，宗棠以豪迈胜"一句。

左宗棠这种豪迈，可以称作"湘阴式悲迈"。与之映衬，湘阴人郭嵩焘从性格到遭遇，属于"悲远"。

郭嵩焘生在湘阴县城西正街普田巷，属滨湖平原。

山地人好勇，滨湖人尚智。智慧的郭嵩焘，内心不是左宗棠那种刚硬，用曾国藩话说，叫"芳菲悱恻"。"芳菲"是花草芳香而艳丽，"悱恻"指内心悲苦凄切。

书生郭嵩焘如屈原一样，内心皎洁"出湖"，他无法容忍官场腐败，不顾个人安危，一心与僧格林沁斗。结果眼睛对上牛角，换来一个“降二级调用”处分。

作为与左宗棠一样天才式的人物，出湖过洋的郭嵩焘，被安排做帮清廷替洋人擦屁股的替罪羊。他做上中国第一任驻英法大使，雄心勃勃将中国推向地球村，直言“西人来中国为经商”，“西方制度优于中国制度”，结果被清廷紧急换掉，巡抚官帽同时丢掉。

他晚年称病乞休，归隐乡里，结果被长沙人误骂作卖国贼；死后九年，还被误会，有京官对他恨之入骨，咬牙上奏：“请开棺鞭戮郭嵩焘之尸”。

误会与污蔑，缘于郭嵩焘太智慧。他看得太清楚了。清醒者不能接受现实的污浊，又不愿意同流合污。挠挠者易折，皎皎者易污。他也不学屈原自沉，不合作，不抗争，最后的结局，是被现世污蔑，被历史承认。

郭嵩焘眼界，百年以来，无人可及。他站在19世纪的尾巴上，放言：中国若要强盛，需要三个百年，第一个百年改在器物，第二个百年改在制度，第三个百年改在人心。

以水的智性与包容，郭嵩焘相信未来：“流芳百代千龄后，定识人间有此人。”百年之后，中南大学教授孟泽一本《洋务先知郭嵩焘》，让今天我们，洞见了他的深刻与伟大。

“悲迈”的左宗棠标志着湘阴性格务实的一面，“悲远”郭嵩焘则充满了高韬的书生理想情怀。他们同以书生身份，出湖入江。两人生在同一个时代，一个用行动，一个用思想，来挽救晚清朝廷。

左宗棠与郭嵩焘最后当然没有将清朝灭亡的悲剧挽转过来。挽救过程中，虽有不可磨灭的功绩，却仍然充满了悲壮。

湘阴人的性格，经过数千年沉淀，到左、郭成型。百年影响，则从他们两人展开来。

回头看去，作为整体形象的罗子国，到作为个体面貌的屈原，到个性如此傲然不群的左宗棠、郭嵩焘，他们已巍然成江流石不转的时代巨雕，而岁月在喧腾中依然不舍昼夜。

凝神细看，如热泪倾盆而化聚的江水，一波一澜，还起伏着这样一些永恒的雕刻：任弼时纪念碑、陈毅安烈士纪念馆、抗日阵亡烈士纪念塔。他们像“悲迈”的左宗棠，用一流事功，证实这块土地本有的刚强。

湘阴还走出过中国近代化学工业先导范旭东，著名教育家民国教育总长、原北京大学校长范源濂。他们像“悲远”的郭嵩焘，用先进思想传达出这块土地应有的高远。

新中国成立后，华国锋也在这里任过第一任县委书记……。

这些生于湘阴又走进四海的生动个体，用生命与行动，树下一地性格。

一个小小县城，集中如此傲世的人才群，让我每次在湘阴文庙里徜徉时，总想一探究竟。

文庙建于宋朝庆历八年（公元1048年），比《岳阳楼记》迟后四年。文庙最具特色的，是状元桥、大成殿。

状元桥是一环行拱桥。中国废科举前，湘阴高中榜首者，都骑高头大马，从桥上经过，那种荣誉，被现场气势渲染，是“读书有用论”的最好广告。大成殿列孔孟之书，将儒家实用主义，世俗成功人生，再次鼓吹到巅峰。崇尚传统儒家文化、追求世俗成功的宣扬，通过文庙，对催生湘阴人物，起着推波助澜的激励。

行文至此，站在远浦楼上看去，罗子国可以想见，左宗棠、郭嵩焘的灵魂，早已潜入这块土地。刚毅的资江、激越的湘水、深沉的洞庭，三水交汇，给了湘阴奔出江湖的力量。而文庙，像湘阴眼中翻滚着的那滴热泪花，像读书人凭胆识与智慧，闯荡出湖时那热烈的滴落。静与流，历史与当下，永恒与瞬间，全被这生命最初的一滴，淌开来。

在远浦楼上，挂着清代湛道心的诗句：五岳惟衡麓，三湘独此清。在湘阴樟树港华法寺，醒目于眼前的则是这句：云气来衡岳，江声下洞庭。

衡山、岳麓、湘阴，云厚水大，波急浪高，源远流深，从远浦出发，闯出了湖南人的江湖。

湖南人一生有冇有出息，全看能不能“出湖”（走出洞庭湖）。湘阴澎湃着的江湖，是湖南人走进中国，跨进世界的第一道门关。

去黔城看菩萨

> 黔城念上去像“虔诚”，有点佛家味道。在踏上这块土地那一刻，首先让人感受到这里的淳朴风气。菩萨到底有无，山水都有灵性。来黔城叫人想起敬畏：敬畏自然，敬畏前人。

去怀化黔城的路上，我还在纳闷城名的由来。

遥记贾谊在《过秦论》里有句：“于是废先王之道，焚百家之言，以愚黔首；隳名城，杀豪杰”。黔首即是黑发，这里用的是借代，指普通老百姓，相当于“黎民”。黔城的含义，最初大概就是“平头百姓聚集的城郭”。

黔城念上去像“虔诚”，有点佛家味道。在踏上这块土地那一刻，首先让人感受到这里的淳朴风气。湖南自古蛮荒之地，人心古朴，豪爽质直，黔城尤其如此。

追黔城风神，则重回大唐。748年，诗人王昌龄由江宁丞谪贬作龙标（今黔阳古城）尉。从秦淮河与长江交汇的荣华重地，载一叶小舟，风雨飘摇地来到湖南，巨大的心理落差，难言的情绪波涛，都被这位才华横溢的诗人用一管羽毛，举重若轻地点平。

在沅江边一座楼阁上，这28个字，随漫长江水流淌，已过1262年。今上芙蓉楼，依然可以读到《芙蓉楼送辛渐》：寒雨连江夜入吴，平明送客楚山孤。洛阳亲友如相问，一片冰心在玉壶。

一代高官，既寒又孤，全是屈原况味。但王昌龄完全不同于屈原的地方，正在大唐风骨。虽然内有无比的苍凉、忧伤，而形之于外，总是一种淡定情怀。不为伪装示人，只是心质的自然流露。辽远的眼光，开阔的胸襟，浩然的气魄，王昌龄没有再执着地放大忧伤，笔锋一转，反身求诸己。“无为在歧路，玉壶见冰心”。

这是他的寄奉，也是他的超越。

我想这种超越，大概是城与人在相互影响。怀化在湖南城市中最具男子汉气魄，黔阳古城激荡这种男人情怀，王昌龄当年一定是切身感受了楚蛮风气。我如今置身其中，感受到的，是王昌龄性格中的温婉，一种高贵的纯洁。他这种情怀，对粗粝甚至毛糙的怀化性格，有着细致的完善与同化，如春雨连江夜入黔，润怀化，细无声。

“诗家天子”简短两句，意韵悠长，绵延如沅江水流，芙蓉楼因之赢得一个名称，叫“楚南上游第一胜迹”。

走下芙蓉楼，略踏数步，至中正门。石头拱门，其红如浸，穿门而过，进黔阳古城。

行走不远，见到牙行。我立时想到作家余华，他曾是职业牙医。小姐笑了，她告诉我：牙行是古代一些靠嘴巴吃饭的中间机构，相当于今日的中介机构。市场交换，牙行的人专门为买卖双方介绍交易，评定商品质量、价格。我有点纳闷，为什么不叫嘴行、口行？想来牙齿骨头坚硬，话一出口斩钉截铁，表示信誉度高。

黔阳古城历年代仍未衰败，至今里面仍住着些栩栩如生的大活人。一条取名老爷路，一条名叫中山路的商路，两条路丁字打开，构成古黔阳县的“官商路”。沈从文的《边城》里有个翠翠，曾有过“走官路”还是“走马路”，“要渡船”还是“要磨坊”的选择，这里至今保留着大湘西的陈年古迹。

黔城文化研究者谢永仲告诉我，你应该再去看看杨再思，一个被黔城人当作神话传说的奇人。

王昌龄到黔阳后第121个年头，时间推进到869年。这年，唐王朝衰微，杨再思降生。

杨再思一生是一部传奇。唐代末期，王室衰微，天下纷争，藩镇割据，今黔阳县西南黔城南部一带，苗、瑶、侗族在杨再思的领导下，逐渐兴旺繁盛，组成一个以飞山为中心的民族集团——“飞山蛮”。后梁时期，杨再思据叙州的潭阳、郎溪一带，以拒马殷。911年，迫于形势，杨率领“飞山蛮”余部，附于楚，被封为“诚州刺史”，这一下取得合法地位，也挽救了处于灭亡边缘的“飞山蛮”。

附楚后，杨再思励精图治，设立10峒，封杨族同姓散掌州峒，抚驭峒民。并以字派“再、正、通、光、昌、盛、秀”七字为等级，建立封建领土制度，推动境内民族团结融合。“飞山蛮”进入兴盛时期。

五代大乱，天下涂炭。独诚州兵民屯集，商贾出入，社会安定，人民安居乐业。楚政权灭亡后，“飞山蛮”统治范围扩展到今湘西南，黔东南，桂西北。

杨再思团结各州，归顺朝廷，因治国安邦功勋卓著，被宋朝先后追封为威远侯、芙济侯、广惠存侯、芙党侯。他死后，湖南、广西、贵州三省边境人民追思他的德行，将他奉为神灵，尊为祖先，到处建造“飞山庙”祭祀他。每年农历六月初六（杨再思生辰）和十月二十六日（杨再思忌辰），当地群众都会去“飞山庙”祭奠。

中国杨再思历史文化研究会顾问杨顺辉一路告诉我们，民间按照祭祀习俗，对杨公莫不虔诚崇拜，他们的崇拜不在儒、释、道范畴，而属于民间“巫傩系统”。在杨公庙里，巫师班演唱傩戏的锣鼓声常年不歇。侗乡每年正月初二，有抬杨公神像游乡的习俗；杨公到清中叶以后不但成为沅神，还成了群众的保护神。

这时有必要交代一下，我说的黔城，是现洪江市市治、旧黔阳县县治的所在地。

出了黔城，行数十里，就到安江。

“安江人眼里的袁隆平，就像韶山人眼中的毛泽东！”此言一点不虚，方圆数十里，从建筑命名到街头广告，无一不打下了“袁氏稻作”印记。

“他是我们这里的米菩萨。”安江人这样称呼袁隆平。

在安江农校，四栋楼房，标点一样分段了袁隆平37年的历史。袁隆平在安江的第一居所，是座土坯房，举手可摸其高，抻胳膊可量其宽。但就在这样一所人不堪其忧的陋室，却产生了一位世界级的大科学家，成了今天人们随处可以见到的神农。

“袁隆平就是今天的神农。”怀化籍著名作家王跃文在一篇文章中曾这样贴切地形容过。

袁隆平在我的记忆里，最深还在读小学时，那时社会盛传一句话，“我们吃饱饭靠两平：邓小平和袁隆平。”

有份资料告诉我，袁隆平发明的水稻南优2号，单产增加20%，1973年研究成功，1976年开始推广。

有人计算过，袁隆平发明杂交稻，相当于干了两亿农民的活。他的种子到今天共创造5600亿美元效益，只拿最后一个尾数，资产也与世界首富比尔盖茨的587亿美元相当。

但在安江农校时，袁隆平的月工资，不到587美元的尾数。我看到他在研究杂交水稻第三阶段时的住房，边上有个数十平米见方的游泳池。

袁隆平跟毛泽东一样，最大的爱好是游泳。他的这个游泳池，是上个世纪80年代初，有美国专家要来安江看望袁隆平，当地政府为了展示爱护科学家形象，临时紧急修建而成。游泳池长过20米，宽过10米，今天看已有点不起眼，但在当时算得上豪华了。当然，这要放在安江的环境里看，撇开袁隆平的贡献去看。

意外的是，袁隆平的水稻实验基地还在。说是基地，长不过一丈，宽不越10尺，水泥方盆还在，玻璃棚大体完好。稍一想象，这尺寸小地，足以让人震撼。就这么一块巴掌大地盘，袁隆平像在大米上雕刻大象，冒着不可想象的困难与风险，一笔一笔，细致工整，居然大功告成。他的一个发明，改变了地球粮食格局，解决了数亿人饿肚子的难题。

“米菩萨”在将来中国人心目中的地位，一定会高过神农。神农只是一个传说，袁隆平是真实的神农。

走出黔城，回头去想，一路所见，走马观花。

莎士比亚说，人是宇宙之精华，万物之灵长。凭着一路印象，我看黔城精华，最后也就落在这三个人。我惊奇地发现，黔城人对人最具概括力的褒奖，就是“菩萨”。

作为筋强骨刚、爱民如子的战斗沅神，杨再思被当作“杨菩萨”；作为屡败屡试、杂交水稻大获成功的袁隆平，被看作“米菩萨”；作为温婉重情、纯洁高贵的诗家天子，王昌龄没被人奉作“诗菩萨”。

我想，在人人自发渴求与自然和谐，与社会和谐，与人和谐，自我内心和谐的时代，菩萨将逐渐升级。

杨再思靠暴力保证人的安全需要，袁隆平靠智慧保证人的生存需要，他们都在人类最基本的需求层次上划了道保护线。但人的需求，将逐渐由低层次安全向高级的情感过渡。亲情、友情的集大成者王昌龄，我相信也会被黔城人供奉作菩萨。

菩萨有迷信色彩，有个人崇拜的元素，对于上几代人，他们可能会有阴影。我一路见过的黔城，留有大量“文革”遗迹。据说，这里曾是“文革”最激烈的斗争地之一，这跟黔城人性格刚烈、霸得蛮有关。今天这些遗迹，一齐成为一个时代结束的纪念证物。

迷信与崇拜没问题，关键是看迷信与崇拜什么。我想，在所有的迷信与崇拜中，唯一最安全也最具进步意义是崇拜诗人。崇拜诗人，它让你体会人间情爱，体验人性的高贵。生命因“诗菩萨”存在而增加质量，生活因有“诗菩萨”而面朝大海，春暖花开。

游完归来，黔城虽小，但有特色。湖南有特色的地方也多，小山水里有大乾坤。

菩萨到底有无，山水都有灵性。来黔城叫人想起敬畏：敬畏自然，敬畏前人。

"杨菩萨"—杨再思
"米菩萨"—袁隆平
杂交水稻
试验田
"诗菩萨"—王昌龄
去黔城喽!

到平江感英雄气

> 这里处在江西、湖北与湖南三省交接处，所谓鸡鸣三省之地。而平江县城边的汨罗江，又为古代的平江提供了唯一的交通便利。如此人流复杂之地，自然就沾染了江湖的气息。江湖气容易让人任侠使气。侠客出没的地方，正气裹挟着杀气，常常可见手起刀落。

每次行走中国，我感觉湖南太小；而每次兜转在湖南，我又慨叹湖南太大。

我去过湖南多数地方，如今，因出了几部专写湖南的书，外省人都将我当作了“湖南发言人”。这个担子让我感到肩膀沉重，比方这次来到平江，我就感到知识太少。

我之前对平江印象，也就一个“将军县”。至于此地风土人情，历史掌故，则实在陌生。离开平江后，查阅才得知，平江县在春秋时归属于楚，附庸于罗子国，秦朝时被置罗县。到了汉末，罗县东部又被划作汉昌县，三国时又改名吴昌县。到了唐神龙二年（公元706年），分出湘阴东境，置昌江县。有趣的是，到了后唐同光元年（公元923年），为避庄宗祖父李国昌讳，昌江改成了平江。

"平"字由来，因为县治周围地势平坦，江水在此平静无波。

行走在平江，朋友伍继延介绍，眼前这条江，处在汨水、罗水上游，也就是流传甚广的汨罗江。上游平静，理固宜然。但平江人并非胸中无波，而是涌动着波撼岳阳城的气势。这股气，有怨气，带正气，存杀气。杀气之极，"将军县"已然传神。

中国流传十个"将军县"：湖北红安、安徽金寨、江西兴国、湖南平江、江西吉安、江西永新、湖北大悟、河南新县、安徽六安、湖南浏阳。湖北红安以产将数量而勇居冠首，但若论及文化，则湖南平江要当仁不让居冠。因为哺育它的汨罗江，下游有投江而死的屈原，上游有老病孤舟惨淡死去的杜甫。

想当年，屈原著《离骚》，即是离别故国的忧愁。忧患缠身的屈大夫，自叹"举世皆浊我独清，举世皆醉我独醒"，不愿随波逐流，一跃冲进万里涛，水葬于此。杜甫写完"三吏"、"三别"，又沉重吟出《登岳阳楼》：

昔闻洞庭水，今上岳阳楼。吴楚东南坼，乾坤日夜浮。

亲朋无一字，老病有孤舟。戎马关山北，凭轩涕泗流。

时年，他五十七岁，右臂偏枯，耳朵失聪，还患有慢性肺病，全家在一条小船上，四处漂泊。病寂孤苦，土葬于此。宋朝王得臣见此，写诗叹息道：水与汨罗接，天心深有存。远移工部死，来伴大夫魂。流落同千古，风骚共一源。江山不受吊，寒日下西原。

屈、杜，这两个中国史上的伟大文人，相继在这里忧郁、凄凉、愤懑、孤独地死去，他们或留下灵魂的气场，或进而还留下后代，传播着一种让人郁结的叫怨气的文化。

我不知道这种怨气的文化，是否为沉淀出平江人好义好杀好战的心理基础？人怨则怒，人怒则战。司马迁曾说，“西楚之人，其俗剽轻，易发怒”。这是湖南人好斗的历史基因记录。不管如何，平江县发生的红色事件，数来件件惊心动魄：秋收起义（组成部分）、三月扑城、平江起义、平江惨案。

在平江起义纪念馆前，立着彭德怀横刀立马的铜雕。黑矮瘦小的彭德怀像后，是曾经书声朗朗的天岳书院。

天岳书院始建于清康熙五十九年（公元1720年），一度是平江人学成文武艺的地方。成为平江起义旧址，缘于中国取消了科举，书院私塾改成学堂，军阀战乱，学无可学，堂也不堂。天岳书院可不是云南的讲武堂，它直接是平江的战场。低矮方正的四合大院里，隔成的小房子，曾经住满了彭大将军的战士，从今天的席板，依然可以看出兵士们生活的粗粝与草率。

书院、讲武堂、战场，三者的转换，其实是完全的湖南气。

湖南人一擅读书，二擅打仗。天下太平时就磨墨，天下大乱时就操刀，这种书生与屠夫的角色转换，从来无师自通，速度之快，让人惊惧。“上马杀敌，下马讲课”，罗泽南经常是这样，蔡锷在云南讲武堂是这样。当书生迷上了打仗，血流成河就变成了常态。在平江烈士公园，数十万人的战斗，数万人的牺牲，碑石难以书尽。排排列列的将军墓，让我脑海里顿时冒出两句话：为有牺牲多壮志，一将功成万骨枯。

平江这种产生彭德怀这种粗粝甚至粗犷的张飞式元帅的地方，它予人的感觉，也像彭德怀那样。而早在彭德怀前，这里本土出了个李元度。

1853年，33岁的李元度加入曾国藩湘军，充当幕僚，协助曾“辟佐戎机，调理营务”，深得曾的赏识。据说，曾国藩在历史上几次著名的跳水自杀（湖南湘潭、湖南靖港、江西湖口），都是被李元度救起。曾国藩跳水本有作秀成分，李元度给他找了脱水台阶，曾国藩自然心存感激，便上奏请赏，获得道员记名，加按察使衔，赐号“色尔固楞巴图鲁”之赏。巴图鲁是满语，勇士之意。李元度后又任贵州按察使、布政使，励精图治，深得民心，终老于贵州任上。

这些约略让我们知道了平江其人、其事，却依然无法清楚地解释，为什么平江之地，杀气如此之重？

追寻之中，或许有一点是不容忽视的，就是这里处在江西、湖北与湖南三省交接处，所谓鸡鸣三省之地。而平江县城边的汨罗江，又为古代的平江提供了唯一的交通便利。（前面说到的屈原、杜甫，当年就是坐船而来。）如此人流复杂之地，自然就沾染了江湖的气息。江湖气容易让人任侠使气。侠客出没的地方，正气裹挟着杀气，常常可见手起刀落。

湖南多丘陵，平江多高山。它有海拔1500多米的幕阜山，山腰浓雾缭绕，举目见不过三米，山顶青天白日，颇有点云南“石头长在云天外”的状况。幕阜山高过南岳衡山，仅次于郴州莽山。而平江整个地理，与湘西、怀化有几分类似。这种地理上的高山隔绝，人自然古朴，原始野性，有着生命本来的质地与色泽。

纯粹自然而清丽的生命，突然遭遇外来的文化，无论主动还是被动，迎还是拒，都会与本土文化发生化学的而非物理的反应，让本土文化质变为一种全新的东西。我的这种想法，在一篇叫《幕阜山人的世界》的长篇历史小说中得到了证实。

这部小说，客观描写了东方传统文化与西方现代革命思想在中国农村首次发生立体碰撞的幕阜山。在幕阜山边，在这里的田野、山水、祠堂、村落中，党、革命、麦喀斯先生（马克思）、苏维埃政权、合作经济、自由恋爱社、安其那主义（无政府主义）等等，崭新的充满诱惑的舶来字眼，在第一时间，到达被汉儒文化淫浸的湘鄂赣边境这块狭长地带。新的道德观念与革命行为，对古老的社会秩序与生活方式，对东方社会基层政治结构造成的冲击，巨大而深远。民间由此产生了震荡、惊愕、彷徨和欢喜。

我猜测，这大约就是平江充满了动荡的江湖气与谍影重重的杀气的源头吧？毕竟，这里纪实的，正似平江作为将军县定名仪式的序幕。我在将军们的墓前拜谒时，发现他们多出生在辛亥革命后，死于20世纪末。

但我依然无从得知，屈、杜怨气，与杀气是否有地域性格的遗传。或许，这与我跟平江人接触太少，而这是第一次去到有关。我生有涯，而知无涯，诚然如此。

从历史中走出来，号称“全球落差最大的漂流”的平江的沱龙峡，整体落差300米，惊险刺激，这让人又偶然感受到平江那种自然原始的生猛之气，体会出一点什么，思考到一些什么。

今日中国，已经告别了农耕时代刀枪大炮的倔强勇猛的英雄主义时代，而向相对轻盈的工业化、信息化的高科技文明过渡。

在现代文明时代，人人相信个体有生存的权利，有选择的自由，有追求幸福的要求，昔日英雄正在遥远……

行走平江，英雄已不能复制，但可供我们怀想。他们炽热的精气神，仍将激荡我们的心怀。从这里，我们可以看到湖南人在今天的渐变。

今天我们来到平江起义纪念馆，
来上一堂爱国主义教育课
平江起义
大革命时期，平江是湖南农民运动的中
心地区之一。1927年5月马日事变之后，
平江工农群众惨遭反动派的“清乡”镇
压，激起农民的
1928年3月
的“扑城”农民
。正是在革
命与反革命斗争
革命力量受
到严重摧残的形
28年6月国民
党军独立第五师
党员彭德
时任该
长。
60多位共和国将军从这里走出
这是我们敬爱的元帅——彭德怀
是平江起义的主要领导人！
彭德怀

进大瑶察工业

> 大瑶山水与张家界殊异，这幅“十里画廊”，芙蓉出水，一定别有一番风味，到时怕就是浏阳的“副中心”了。

从浏阳市至大瑶镇，车一路穿梭，夏天的阳光，雨一样热烈地落下来；蓝天安静如练，倒影着的山水楼房，将人的目光放得遥远。我想用两个字描出此时、此地，脑海里蓦地跳出一个词：清亮。

2000年，其时我在做记者，因采访到了浏阳市，那时的感觉，就是整饬：大气、整齐、环保、清洁、理性。时隔9年，头一次来到大瑶镇，我有点惊讶地发现，这里已颇有点浏阳市的味道了。

我去过湖南绝大多数地方，对浏阳最早的印象，来自于小时候一首《浏阳河》。这次在一家酒店的大厅，见到了一幅“九曲浏阳河”，写意而抽象，让我有点20世纪80年代的回忆。刚进浏阳，听来这样一则“美丽工业”的故事：唐代孙思邈炼丹浏阳，为治蛟龙恶疾，导以“莫以山川害物，勿伤生灵扰民”的善训，创造独门秘方，将酒深藏洞中，为蛟龙洁身疗表，蛟龙得以康复。当地百姓得知后纷纷前去求方酿酒，以传药圣圣德。这种历史的渊源，它所寄托的工业愿景，在抬头可见的浏阳河青花典藏酒中可感知这种特有的内质和精神。当车驶进大瑶，同时就看到了李畋。

出生于公元820年4月18日的李畋，今天能看到的当然只是雕像。花炮祖师李畋矗立身影的背后，有人在放烟花。蓝天白云之间，一声爆响，几朵烟圈，水纹一样漫漶开去，做了云彩。一千两百多年来，李畋大约就这样看着后人，将他发明的烟花一次次放进天空。

当地人告诉我，李畋出生在今东风界李畋村，后移居大瑶路东村大和坪，后人在李畋曾居住的大和坪建“李畋阁”，立碑塑像，今又辟为“李畋公园”。园内香樟蔽日，竹林繁茂，古墙环绕，周围五县（市）花炮界的人士经常前往祭奠观瞻。李畋的足迹遍布大瑶、金刚、县城等地，因此人们将这一带统称为“李畋故里”。这里在历史上就处于花炮产销的中心地位，蜚声中外。

诗人谭仲池在《星空的灿烂诗画》一文里说：“大瑶乃浏阳南乡之重镇，毗邻江西，自古以来历为湘省鞭爆之集中市场，处于县城与金刚之间，亦为浏阳至江西万载、上栗必经之地，爆业覆盖澄潭江、文家市等乡。民国时“大瑶爆庄（即爆竹经销商）除自运出口之‘谦达利’及代办客货之‘瑞盈昌’两家外，尚有若干子庄，代县城‘永庆祥’等爆庄收货。子庄将文家市、慈化、上栗、万载所收之货物交‘永庆祥’或‘谦达利’等爆庄。大瑶之鞭爆，春夏丰水季节雇民船经南川河入渌江，至醴陵阳三石换火车，秋冬枯水季节则雇挑夫、驴车送至醴陵阳三石，转运到汉口、上海、厦门、福州、广东等地；县城永庆祥号则将所购之鞭爆挑到县城，经浏阳河入湘江运至湘潭、汉口、上海等地。或销往广州，转运至新加坡、南洋群岛、孟买、秘鲁等地”。

我想，这人概就是李畋带出在浏阳最早也最大的一批“湘商”了。

我对浏阳人印象，脑海里是谭嗣同。他是一个文武双全的人物，大气、豪放、猛烈、儒雅。作家李敖曾写长篇小说《北京法源寺》，将谭嗣同当作近代中国一流的大人物，推崇备至。谭嗣同跟大刀王五结拜兄弟，武艺高超，三五人无法近身，他做起学问一般人也难以望其项背，一部《仁学》，够多少大家皓首穷经。这样有胆有识，刚烈义气的湖南人，让我拿湘商的祖源之地洪江来做比较。浏阳算不上“山蛮人野”，但有着怀化人一样的血性、勇猛。因为靠近长沙，它的“清亮”味道，更让人感觉到现代化的气息，以及工业化的理性。浏阳同样也是胡耀邦的故居所在，湘商文化创始人伍继延对他有着特别的感情，踏上浏阳的土地，自觉吟咏出一句：“古月今朝重邦耀，信心中国看湘魂！”

湘魂如风一样拂进大瑶，带着清亮的气息，这里的现代化和工业文明，已让湖南人色彩在过渡。作家韩少功在《马桥词典》里说，词语能改变社会人的心理结构。我想大瑶的城镇布局，也在改变此地的世俗生活，社会文明吧。

车沿着一小河，在大瑶的土地上行驶。朋友刘健亮给我们当起导游，他描画着仍在构想中的“十里画廊”，我的眼前仿佛有了一个活的正在生长的城市。那里一村一色，一里一景，一城一画。

张家界有闻名中国的“十里画廊”。那里两岸峡谷，林木葱茏，野花飘香；有奇峰异石，皆千姿百态；像一幅巨大的山水画卷，并排悬挂在千韧绝壁之上，溶进仙师画工的水墨丹青之中。

大瑶山水与张家界殊异，这幅“十里画廊”，芙蓉出水，一定别有一番风味，到时怕就是浏阳的“副中心”了。

大瑶一角一景，或许已让我们看见了湖南现代工业化的晨影。

我们是《财经早安》的记者，谈谈你的小鞭炮大市场的发展
好，那这就说来话长了。大瑶是湖南乃至全国的鞭炮之乡
我们应该说是早期湘商吧！民国时期鞭炮通过大瑶爆庄在文家市、慈化、上栗等地收购！
文家市
上栗
慈化
再春夏水路、秋冬肩挑到汉口、上海、厦门、福州、广东等地；
汉口
上海
厦门
福州
广东
肩扛！好辛苦
海运转运至新加坡、南洋群岛、孟买、秘鲁等地
秘鲁
新加坡
孟买

第二卷

湖南人

反思湖南人

断了退路的「于斯为盛」 湘商的出路是不与人斗 话「湘商文化」正当时 桂林看山水，湖南说人 桂林倒影湖南人 湖南人成事的性格大缺陷

曾国藩

曾国藩让人反感的两点

毛泽东

从毛泽东个性看湖南人 毛泽东鲜为人知的大孤独 说毛泽东「不怕批评」 看沈从文反思毛泽东 毛诗魅力的独特原因 《西游记》里看毛泽东 我读毛泽东的一些回答

反思湖南人

断了退路的“于斯为盛”

> 人永远处在竞技场上，明知场上没有永远的优胜者，但湖南人只想做永远的优胜者。大气且意气的祖先，早已以笔为旗，霸蛮地一声呐喊，潇洒地断了后人退路。

“惟楚有材，于斯为盛。”最早听说这幅对子，是在高中。其时教我语文的先生，学问多，胆子小，每念及这句，就呵呵笑着摇手，搞不懂他是褒是贬，又为何这样。“惟楚有材，于斯为盛”，不就是说只有楚地（湖南）出人才，而现在这地方特别多、最兴盛吗？

后来才发现有点复杂。因为这八个字有许多种翻译。最常见的翻译：“楚有材，斯为盛”。“惟”与“于”都被虚掉。照这个翻译，还可以继续“虚”下去，就成了“楚材，斯盛”：湖南有人才，现在很兴盛。这等于脱了裤子放屁，全中国哪个省没人才，现在不兴盛？这幅对联的出名，让世人都耿耿于怀，却还是那八个字。最要命的又是“惟”字。

我想最先标榜这句话的祖先，发明时还颇费了点心机。照湘人性格，急流猛进，敢为天下先，除了“只有湖南这地方出人才，而现在这地方特别多、最兴盛”的翻译，还真难作出别的什么解释来。

这一句传出去，不得了，全世界都知道，湖南人才傲气且霸气，将楚地以外，全都抛到脑后，天天我行我素，对人不问不管。做人有这样说话的吗？有人就很不以为然。两千多年前，老子说了：我有三宝，一曰慈，二曰俭，三曰不为天下先。老子发明“敢为天下后”，告诉别人做人做事，都要磨磨叽叽，偷偷躲到后面，一旦被人发现，也要勇敢站出来，大声告诉别人：天下后光荣，天下先可耻。这是中国最早的“先耻后荣观”。它让勇敢的人脸面丢尽，无路可逃，恨不能找地缝来钻。

毛泽东读老子，说他是中国第一个阴谋家。证据是，他说：“将欲取之，必先予之”，阴谋写到了脸上。老子放饵钓鱼的伎俩，跟姜太公钓空气有的一比。湖湘人显然不买老子的账，铁心要做出头鸟，毛泽东发明“阳谋”一词，就是铁心要跟老子对着干。是的，偷偷摸摸，鬼鬼祟祟，这不符合湖南人性格。

但我至今仍没弄明白，湘人祖先写对联时，究竟是一时意气，大笔书就，还是反复斟酌，大气写成？以湖南人的智慧，既然倔强地昂头，要做枪眼里的出头鸟，未必老祖宗就不曾想：万一湖湘子弟后继乏人，这幅对联将成为令人耻笑的把柄，陷斯人于万劫不复？对联骄傲的背后，动力实在强不过压力。

老祖宗既然想到这点。唯一的理解是：不想给后继子弟退路。男儿努力，不能蔚为万夫雄，那还能怎么办？就去死吧。只许成功，不许失败，意气之下，封了退路。

这倒是符合湘人性格：吃了辣椒铁了胆，霸蛮到底，自己撞死在南墙，后继者接着来撞，愚公死了还有儿子，儿子死了还有孙子，子子孙孙无穷匮也。结结实实的“杀了夏明翰，还有后来人”。

湖湘子弟凡英才者，百余年来，几乎都云集到了山下。岳麓书院高悬的这幅对联，用批量的中国大人物做了底气，让来朝拜者都不敢发出半点嘘声。然而，这仅仅解释了“惟楚有材”。

“于斯为盛”呢？果然，到了今天，这幅对联越来越成为一种泰山压顶。

回望老祖宗，喊出“惟楚有材，于斯为盛”八个字，本身就有点边缘心态。在厚重的中原文化竞争下，湖湘文化一直，也基本上没能成为主流文化。

湖湘文化地域之根，或许正是三面环山，一面朝水的潮湿环境。虽然近两百年来，湖湘子弟都纷纷切入主流社会，做着主流事情，但文化一直处在边缘，虽然湖南最戳得住的，数到最后还只有文化。

属于湘人的政治时代已经过去，而经济开始显出湘人的短腿。于斯时，唯一能继续扬眉吐气的，还是文化，譬如电视湘军。湘军教主魏文彬先生，日前在哈佛大学演讲，说到“惟楚有材，于斯为盛”，也道动力也是压力。如果压力大到成为阻力，对联就仅仅是先辈对后人的一种期望。

再次面对“惟楚有材，于斯为盛”，如果祖宗早年掂量来掂量去，前怕狼后怕虎，别说这句话，连敢为人后都做不了。但这不是湘人，它太不洒脱和干脆。如果“惟楚有材，于斯为盛”一直这么高调、盛气凌人、大英雄情结，那么湘人都头撞南墙，断子绝孙了。

易中天说长沙人，一是霸蛮，二是灵泛，三是潇洒。毛泽东说自己性格，虎性为主，猴性为辅。虎性正是霸蛮，猴性是为灵泛、潇洒。

无论是自称为斯巴达还是普鲁士，都只是一种气势。湖南人称雄天下，气势之根在智慧。孔子说，知人者智，自知者明。湖南人知己知彼，在达到目的的方法上，思维之灵活迅速，恐怕是人难比肩。但智慧不等于成就，这是“惟楚有材，于斯为盛”目前最尴尬的。

今天，面对“惟楚有材，于斯为盛”，是湘人就会感到，人生就是一场无停歇的接力赛。人永远处在竞技场上，明知场上没有永远的优胜者，但湖南人只想做永远的优胜者。大气且意气的祖先，早已以笔为旗，霸蛮地一声呐喊，潇洒地断了后人退路。

雄关漫道真如铁，而今只能从头越。性格傲气且霸气的湘人，前有高山，后有追鞭，观四周狼烟，是霸蛮挺进，还是弯道超车？

灵泛这时成了性格的救命稻草，有人用手一指：湘商！拥塞的路上，湘人纷纷掉转脚步。他们能在这里找到出路吗？

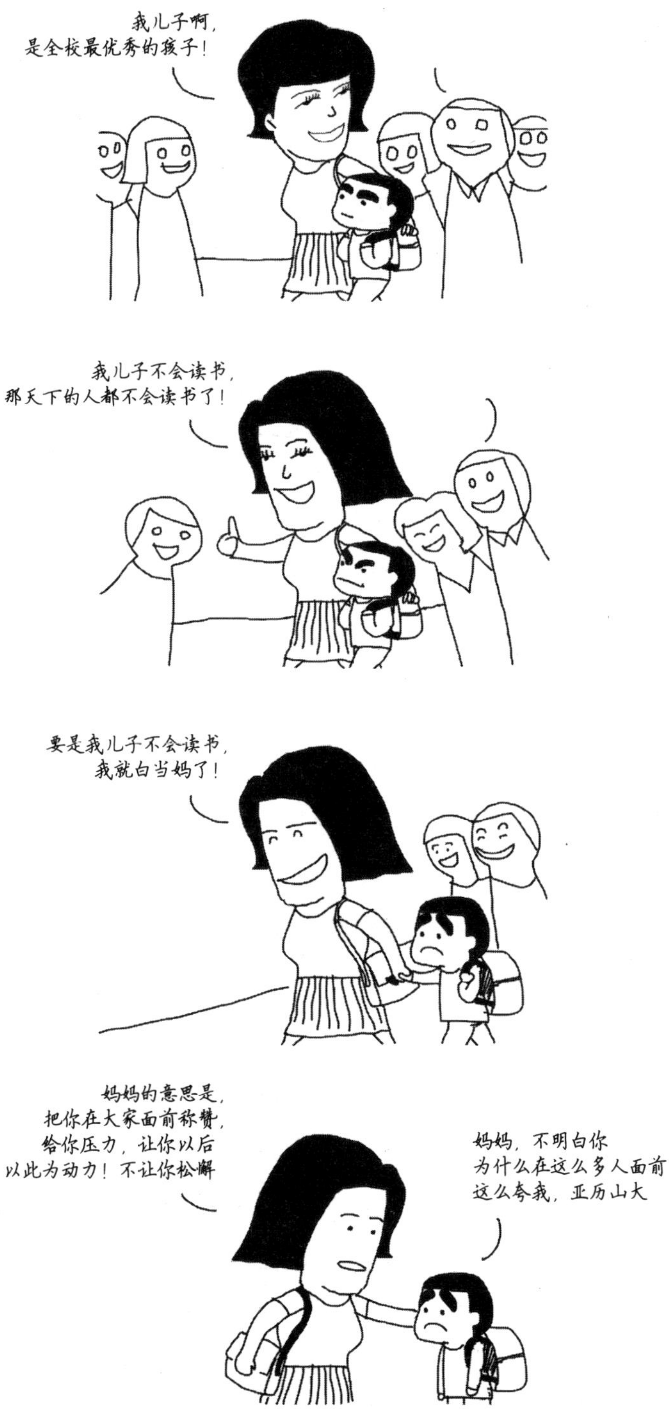
我儿子啊，
是全校最优秀的孩子！
我儿子不会读书，
那天下的人都不会读书了！
要是我儿子不会读书，
我就白当妈了！
妈妈的意思是，
把你在大家面前称赞，
给你压力，让你以后
以此为动力！不让你松懈
妈妈，不明白你
为什么在这么多人面前
这么夸我，亚历山大

湘商的出路是不与人斗

> 湖湘文化核心讲实事求是，商业正要实事求是；湖湘文化谈经世致用，商业正需经世致用；湖湘文化敢为天下先，商业正是敢为天下先。问题是：这么好的文化做底子，为何湘商到今天还落后于人呢？

湘商对湖南人来说，是今天最救命的一根草。用湘商文化创始人伍继延的话说：它关乎湖湘文化的生死存亡。

2007年9月，伍继延请我修改“湘商宣言”，我是一字一字地看。湖南首届湘商大会到来，宣言要飞遍中国。伍继延老兄对我说：这份宣言在划时代，铁定要进湖南历史。

宣言至少预示：湖南人靠打仗、靠做政治辉煌的时代，已经告一段落了。此时，伍继延提出“湘商文化”。他说，近代湖南人有两大惊天动地的崛起，一是以曾国藩为代表的军事，一是以毛泽东为代表的政治。第三次崛起还没到来，它将是靠什么呢？伍继延回答：商业。

在晋商、徽商、粤商、浙商等等无数个商被提了无数百年后，湘商概念才欲抱琵琶，姗姗露面，这发生在号称敢为天下先的湖南，无论如何让人不可思议。

湖南土地，事实不缺商业基因。最早的湖南商业，兴于楚国。当时土地私有已经合法化，农业、制盐业和关税制度，都有国家的调控和规范。只是后来，不知怎么就断了脉。这一断，让鱼米之乡的天下粮仓，发展两千年后，居然成了中国经济不突出的省。

湘人现在正找湖湘文化性格的麻烦。翻来找去，实在也不好找。湖湘文化核心讲实事求是，商业正要实事求是；湖湘文化谈经世致用，商业正需经世致用；湖湘文化敢为天下先，商业正是敢为天下先。问题是：这么好的文化做底子，为何湘商到今天还落后于人呢？

这一问就触到了湖南人性格中一个十分敏感的部位：独立而无复依傍。

湖南人个人独立意识强，火星人都知道。因为独立，所以个个以为很了不起，个性倔强、孤傲、不让步、宁死不低头。但人与人在一起，没有两个能同一个鼻孔出气。正如毛泽东所说：除了沙漠，凡是有人的地方，就有左中右。

人与人尿不到一个壶里，又不服人家，怎么办？最便捷有效的方法，就一个字：斗。

湖南人好斗，世界上出了名。毛泽东有句最著名的归纳：与天奋斗，其乐无穷；与地奋斗，其乐无穷；与人奋斗，其乐无穷！

天地人都可以拿来斗，不顺眼的都斗光了，按鲁迅的说法，这世上配活的人怕就有限了。侥幸还没被湖南人斗死的，怕早就避而远之，逃到爪洼国里去了。

由此可见，好斗用于战争，自然求之不得；若用于生活，就让人瑟瑟发抖；再用于商业，普天之下，只怕已没有一个朋友。

这里不是说毛泽东的话有错。一个时代有一个时代的主题，那个时代是斗争的主题，但今天还老拿斗来炫耀，就十分无聊，甚至可恶。但今天有些湖南人颇不能与时俱进，他们个个精力旺盛，还在意气风发，斗志昂扬。

有必要让湖南人明白：这与天奋斗，叫抗洪抢险；那与地奋斗，叫抢季节种三季稻，两个今天都还不错。独这个与人奋斗，对社会、对地球，无论如何百害无一利。看他人在你的恶斗下稀里哗啦，有意思吗？除非天生有虐待倾向的杀人魔。

一个与人奋斗其乐无穷，鲜活画出湖南人斗人手腕之高、之狠。历史需要时，是无湘不成军；历史不需要时，叫无湖南人不成衙门！

尤其在没有外人可斗时，湖南人要做内斗高手，于是将如画江山弄得四处狼烟，将如诗光阴搞成沟渠里的水。

正因为历史以来，湖南内斗剧烈，所以历史才诞生"楚才晋用"这个成语。湖南人爱炫耀"惟楚有材"，但他们很少知道，这句话最早出自《左传》。原句是："虽楚有材，晋实用之。"正是用来嘲笑湖南人的。"一个湖南人是条龙，三个湖南人是条虫"，这是对天下湘人最大的讽刺。

在我看来，今天好与人斗的人，多少是一种病态。试问：为什么要与之斗？多半是自己不如人，明着得不到，便要文韬武略，算计着夺人家。所谓"我的是我的，你的也是我的"。真是岂有此理？！

要问这一病态的根源，就是湖南人太自以为了不起。伟大人物十分有限，大家都要做普通人，技不如人又要真了不起，只好去三十六计，横竖是要妒忌贤能，用搞政治的手腕，做丧失良心的事情。

低下能力与孤高心理存在巨大落差，而又不愿意实事求是承认别人，这种傲慢与偏见，就是劣根的病源。

非但如此，就连一些外地人，进了湖南土地，首先学会的也是与人斗，手法之娴熟，比起湖南人有过之而无不及。这一斗，将八百里南岳万千担黄灿灿的谷粮，全部舂成了灰粉；将八百里洞庭亿万条肥鱼，全都压成了肥料。自己的东西还没出口就没了，拿什么跟人家做生意？

伍继延创造湘商文化，而大会无非是团结起在外的湖南商人，组成湖南商帮。在中国商帮早已臻于成熟，湖南人开始被警世钟敲醒，猛回头步人后尘，拾人牙慧，虽是亡羊补牢，也还犹未晚。

可以很清醒地说：湖湘文化是世界一等一的文化。它向商业转型，也并无多大障碍，唯一最大的障碍，就是与人奋斗。自负与斯巴达、普鲁士、英格兰人等量齐观的湖南人，智商高超、身手敏捷、精力过剩，不与人斗，又怎么办呢？

我们说：与己奋斗，其乐无穷！

与己奋斗，就是一日三省吾身，将时间、精力全花到提高自己上去。哪怕头悬梁，锥刺股，也比斗别人强些。

湖南人的斗争文化转过来了，天下湘商也就看到希望的桅杆了。

老板，你看我钱都递给你了，
就便宜一点，我就拿走了
不行啊，细仔子
少一分都不行，
我们是薄利啊！
IPAD
细仔子，他不卖给你，
我比他便宜卖给你！
好啊，什么价？
你要抢我客？
IPAD
低价
别听他说，
我这再便宜卖给你
再不卖我就要
发宝气打人了！
IPAD
低价
细仔子，他还要你100，
老娘，白送你
细仔子，我豁出去了

话“湘商文化”正当时

> “湘商文化”是行动的文化，是干出来的文化。昔日湘商“一个包袱一把伞，跑到洪江当老板”，这是他们传奇行动的真实写照。

2009年5月27日，端午前一天，湘商去寻祖。沿路高速，行到怀化，山多起来，连绵如涛。一路穿山越洞，待看到怀化城，我头一次发现，原来它只是山林凹凸之间绵延的一曲波涛。山清水秀之所，山蛮人野之地，我蓦地想起《蛮商怀化》。曾经是想象中的情景，眼前没有多少分别。

5月28日，正是端午。怀化天空，淫雨霏霏，置身沸腾的洪江古商城，空间在这里静止，但时间却忙碌起来，眨眼之间，古今千年。我仿佛看到在沅江划一叶扁舟而来的屈原，正在向远在岳阳楼忧虑望天的范仲淹有话要说，他们都电影底片一样闪过；再看眼前是湘商寻祖仪式，岳阳湘阴人伍继延正捧读《湘商洪江宣言》，是人尽皆知的“心忧天下、敢为人先、经世致用、兼容并蓄、实事求是”。

宣言所及之阔，到处人头攒动。洪江的儿女，一双双投注的目光，一条条勤快的腿脚，冒着霏霏之雨，自发赶往前来，穿梭在500年的时空，再演500年的繁华。

我刹那间想到：人在许多时候需要一个仪式。仪式只是一个形式，但这是一个有意味的形式，它的价值大于内容。就像人满18岁要宣誓，因为除了举手宣誓，我们已找不到更好的方法。湘商寻祖也是一个仪式，湘商要宣告自己成人，要向中国发出自己的声音，唯一能做到的，就是举办这样一个隆重的祭祀与寻找仪式。一声像雨天在洪江划过闪电，中国都在急剧抬头，同时都听到了湖南。

曾盛极中国的湘商，密集交错在明、清的时间，在今天20余万平方米的洪江古商城空间，创造了寺庙、会馆、钱庄、油号、洋行、作坊、店铺、客栈、青楼、报馆、烟馆。江水泱泱，青山苍苍。时间如沅水流逝，空间如青山巍峨；昔日湘商乘水而去，今天湘商穿山再来。

5月29日，在湘商高峰论坛上，伍继延笑着说：关于“到底有没有湘商”的争论，现在可以宣告结束了。

一个虽灿烂但古旧的结束，常常宣告一个新的开始。中国资本主义萌芽时期的活化石不是贾宝玉胸前挂的宝石，被磨洗后我们看到的也不是《红楼梦》，而是“中华商业文化大观园”。大观园里人面已进历史去，湘商文化含苞待放开始红。

如今有了湘商，到底有无湘商文化，到底是否需要湘商文化，湘人无法避而不问。在湖南的历史上，有曾国藩会打仗的文化，有毛泽东善政治的文化，有会读书会养猪的文化，有能吃辣椒会出书的文化，有洪江能商善贾的文化。但只有能商善贾一直被忽视掉了，至今还没有成为一种文化。

伍继延在论坛上说：湘商如今最大的资本，就是湖湘文化。千载而后，今天的湘商，能留下的大概也只有文化。就像昔日洪江古商城，固一世之盛也，而今安在哉？不过础石几片，残垣数尺，财富悉数全空，幸还留下文化。

在湖南不变的青山绿水里，人是时间的过客，历史的过客，文化的过客。钱财止乎饱暖，荣华止齐己身，不能上升为文化，财富即使巨多，也没多大意义。一个少女可以歌唱她失去的爱情，一个财奴却不可以歌颂他失去的金钱。用伍继延的话说，湘商不是赚钱的机器。"湘商文化"随商而生，已成当下迫切的话题。

将伍继延称作"湘商文化"创始人，之前有几个说法，譬如"湘商文化的倡导者"，"21世纪湖湘文化的建设者"。在我看来，第一个说法太泛了，谁拿个传单，往街头一发，不就是倡导么？后者更不靠谱，21世纪是个大而空的帽子，相当于问一个人：哪里人？答：地球人。

到底什么叫湘商文化呢？这个概念确实不好回答。但生活中无数事情，行动之初，都是难以用概念确定的。对湘商文化来说，最重要的是，湘商存在了，他们行动在前。

概念是否可以先行或同行，有时也是需要考虑。比如说：湘商是否可以不提概念？因为商业是干出来的，不是靠喊口号能得来的。这句貌似正确的话，有个要命的漏洞：湘商首先是个商帮。就具体的、个体的商人来说，他们是干活的，但到了商人与商人之间，他们多是一种沟通、共享、支持、互助。这些都是形态的，而不是基础的。"商帮"最根本的作用，是团结一帮人。湘商文化，就是围绕这些人而展开的文化。团结是凝聚，它的着眼点是世道人心，概念的作用，是鼓舞，是凝聚。或者对晋商、浙商来说，他们更习惯于敏于行而讷于言，没有这个概念无所谓。但至少提出湘商的概念，是最切合湖南人的性格，包括他们的行事风格。每个商帮都有自己的风格，概念先行或同行，在很大程度上符合湖南人风格。这本身就是文化的继承与延续。

其实，湘商到底是湖湘文化的一个新分支，还是它的一个转型？如果是转型，它将是一个很大的文化命题。草鞋没样，边打边像。但有一条是肯定的，"湘商文化"是行动的文化，是干出来的文化。昔日湘商"一个包袱一把伞，跑到洪江当老板"，这是他们传奇行动的真实写照。今天"湘商文化"站在时代的起点，对湖湘文化必得有改造。惯于心忧天下的湘人，今天的当务之急，也许不再是"身无分文，心忧天下"，还是先做大"湘业"，做强湘商，再"心怀天下"，心忧天下。

寻祖已就，湘商脚踏实地，不凌空蹈虚，不闭门研究，用行动去写，一个全新的"湘商文化"，必将脱颖而出。祭祖之后，再祭起"湘商文化"，让更多的人参与进来，才可望如廖进中教授所说的那天，"天下湘商"们集合起来，"湘商"大旗飘扬起来。

那么，在转弯的时候，有可以用来做参照的模板吗？我说有的：桂林。这是两类"你看我时很近，我看你时很远"的人。

桂林看山水，湖南说人

漓江的水，宽却无浪，浅而且清，让我想起徐志摩笔下的康桥，油油的在水底招摇，那情那景，如此契合。与湘江对照，那里水宽又急，深而且浑，大江北去，层林尽染。

与湖南邻隔最近，又性格反差最大，莫过于广西。说到广西，没有人不知道桂林。印证桂林完美无缺，是她的山水民谣。我懂事时起，就听来“桂林山水甲天下”一说。

桂林山水既冠盖天下，高山仰止，水流流止。立于阳朔，脚下漓江清且涟漪，抬眼四周群山挺拔，想确切地知道她的形容，脑海里浮现四个字：奇山秀水。

山奇水秀的桂林，以其天然的美轮美奂，绝妙声誉天下。桂林婷婷于广西之中，她天然的山水，让邻居的湖南，怎么也望尘难及。也就在同时，我看到了它们的分别：广西四处是奇山秀水，它闻名世界的，是又只是她的山水；湖南无一不穷山恶水，它瞩目世界的，从来都仅仅是她的人。

桂林的山，一个一个地独立，虽然姿态各异，但大小、高矮平等，都十分地规矩，像月亮山也只一小缺，它也没有长成险。与南岳山对照看来，这里山峰有主有次，等级分明，群山连绵，一托就是八百里。说桂林的奇山是裙裾飞扬的舞女，南岳的穷山更像是力能够扛鼎的猛男。奇山可亲，穷山可畏。一奇一穷，大约正是广西与湖南的山的分别。

漓江的水，宽却无浪，浅而且清，让我想起徐志摩笔下的康桥，油油的在水底招摇，那情那景，如此契合。与湘江对照，那里水宽又急，深而且浑，大江北去，层林尽染。

将漓江的秀水比作女人一头长长的飘发，湘江的恶水更像是男人一双有力的推手。秀水可人，恶水可惧。一秀一恶，大约又点出了广西与湖南水的不同。

以山水冠于天下的广西，千百年以下，一切风吹云过，最后依然留下着山与水，至今被人称道的还是山水。而湖南虽则穷山恶水名被世界，但山水之中，依然不乏清秀，这些穷恶清秀，都一直被天下忘记，除了那些密密麻麻刻在历史雕版上的伟人、名人。

对比之后，我突然感到诧异。因为我终于发现，原来在穷恶的山水之里，更能开出惊艳之花。

与广西奇山秀水类比，湖南不仅是穷山恶水。这个三面环山、一面临水的四塞之国，蛮荒之地，从屈原被流放到此时起，到一代一代移民迁徙而来，一直是抑郁之魂缠绕。两千年来，湖南人自卑、自尊、自傲，水火不容的性格，就一直矛盾地缠附一身。湖南大学那块自卑亭，虽被解释成行远必自迩，登高必自卑，但我更相信湖南人用了它的本义。

几千年来的湖南人物，性格中大全大缺，无一不是傲慢与偏见。自卑、自尊、自傲，与之一脉相承的火辣。火辣是力、勇、猛，是灵气、灵泛、灵巧。山之刚，水之柔，理性与感性，全被这一字提起。抽掉了辣，便是抽去了湖南人的根。也是一根辣椒，让湖南菜出全了味道；但在桂林，它的辣已没冲劲，居然有了甜味。我突然感觉到，就我所接触的桂林性格，就像他们桌上那道菜：你很难挑出它的缺点，说它到底哪里不好，但作为湖南人，只是觉得它不难吃。同样的比喻是，桂林性格印象，就像行走街头的桂林女子，任何一个，你挑不出她哪里不好看，但你绝对难违心夸她漂亮。

感觉就是，生活在这个甲天下山水之中的人，总似乎缺少了点什么，像曲完全符合技术的音乐，好听，但又不能打动或感染。但你却又始终找不出缺了什么。

他们以为骄傲的艺术，也逃不了这一感觉。像《梦幻漓江》，将山水之美、之魂，都一一给你展示出来。一切起于展示，又停留在展示。一以贯之，像一座没有起伏的山峰，像一篇没有高潮的文章。即使张艺谋导演《印象刘三姐》，他也认为你必须现场来看。这也正透露，如此大导，如此大片，脱离当地的天然山水主打，它又变得一文不值。换句话说，人始终是自然的一个陪衬。

我突然变得有点不能忍受，虽说是万类霜天竞自由，但我总感觉桂林人有点暴殄天物。虽然我知道这是湖南视角的偏见。

我甚至知道，你还可以有一万个理由为桂林人叫好：或许他们一直是人与自然和谐的先锋。几千年来，他们都不像压抑的湖南人，性格那么火辣夺人，生活那么大起大落。他们从来被自然的美好陶醉了，同化了，融化了，他们的内心与他们的生活，一直就那么四平八稳，无风无浪，和谐平静。他们拥有着天然无朋的自然，他们安然躺在自然的怀抱里睡觉，有点自得，有点悠闲，有点乐不思蜀，像极中国儒家的中庸。而这一切，已经流传为一种地域性格。

我知道很和谐很美好。但掠眼而过，奇山秀水之中，山水主宰了人，一切人的轮廓，居然那么若隐若现，柔弱无力，在我的偏见看来，是很难接受这貌似完美无缺。

莎士比亚说，人是宇宙之精华，万物之灵长。我更愿意看到，哪怕有缺点的山水，哪怕你能找出缺点的人。

对比我们发现，湖南人正是这样一群“傲气且霸气，傲慢又偏见”的人。这注定他们天生的性格中，存在有巨大的漏洞。

你住湘江头
源头
我心湘江水
湘桂人不同
湘
桂
同饮一江水
湘
桂

桂林倒影湖南人

> 今天有谁能想到，因为地缘的贴近，因为人缘的关联，由此而生发出情缘，又融合了血缘，众多因缘交会，湖南与桂林，竟如元朝赵孟頫与夫人所吟和的“你泥中有我，我泥中有你”，互放出许多光亮来。

湘江之水天上来，奔流到海不复还。

在天上接壤人间的一刹，第一颗晶莹的水珠，就结在白石乡的某座山。珠珠相融，集结成涓；万涓成水，化作溪流，跳跃山涧。在一座叫湘江源的灰石前，这束环手抱围的清流，滋润了湖南6900万人生命。

顺着我们的足迹，你可以发现，这是一个叫桂林兴安县的所在。

因了这源生于广西的水流，在时缓时急，时直时绕的不息昼夜中，湖南与桂林亲近了地缘。

从人烟稀至的源头西流十余千米，在白石乡喧闹的地方，环手抱围的清流，已淌开逾五十米，初步见出湘江气象。水流激越，水面清浅，浪花灵动，让人想起《诗经》中一句“河水清且涟漪”。

与九曲回环渐至雄浑，浩荡北去的湘江比邻，漓江清澈透明地倒映着河岸的银杏、金柳，如夕阳中妩媚的新娘，唱着未经雕琢的山野人歌，哗哗啦啦南入珠江。我北你南，各行其是，生命之水融合你我，靠一条灵渠。

在中国土地上静流了两千多年的灵渠，将湖南与广西的渊源，翻到了历史的扉页。那上面如果有文字，一定也类似“君住湘江头，我住湘江尾”的诗句。

一条湘江，一款漓江，一沟灵渠，湖南与桂林牵连人缘。

但正如广西与湖南是两个气质完全不同的地方，桂林城之与湖南人，从城到人，从人到城，也多反其道，相映成趣。

《桂林看山水，湖南说人》一篇，比较的正是那些不同。但今天有谁能想到，因为地缘的贴近，因为人缘的关联，由此而生发出情缘，又融合了血缘，众多因缘交会，湖南与桂林，竟如元朝赵孟頫与夫人所吟和的“你泥中有我，我泥中有你”，互放出许多光亮来。

在一般人的印象里，湖南人多激进、好勇，这似乎也颇为湖南人自己认可。比如长沙人，好吃，好玩，好吹，好斗，他们个个精力旺盛，不在好勇斗狠，就在去好勇斗狠的路上，而邵阳人最烈。过去既有“铁打的宝庆”民间俗语，又有“中国人怕湖南人，湖南人怕邵阳人”的说法。

待去到桂林，湖南人的传统印象，打破了。

今天桂林多湖南人。据传，三代以内，湖南人今天已占到桂林近百分之七十，其中又以邵阳人居多。桂林土著，却成了“少数民族”。如果这些还不足以断语，桂林的经济，过百分之七十握在湖南人手里。这已经让人惊叹。

为什么湖南人如此热衷于大规模地背井离乡，用骡子精神，在异乡的桂林撑大一面天空？

这与湖南人历史以来个性强悍有关，多情的桂林，是一片充满了梦想与魅惑的土地。这种力量足以让湖南人甘心放弃故土，如鲁滨逊溯流而上，扎根于此，拼出一个新世界。

这不是湖南人的一厢情愿：桂林有地球村内一流的山水资源优势，湖南有地球村内一流的人才优势。好山好水待好人，好人择好山好水。

当湖南的人才凭他们霸蛮的精神，凭他们的勇气与智慧，在经济上经营出一个新桂林，这从另面告诉人们，湖南人并不只擅长斗，还沉湎在斗，他们更多的精力，正消耗在实业上，更大的业绩，都落定在建设中。

透过他们忙碌的样子，看着那些在奇山秀水中休闲的神态，我们同时会惊异地发现，湖南人的性格里，他们天性，依然也在渴望那种自然温婉的生活。

上百万去桂林的湖南人，他们与其说选择桂林环境，不如说在选择一种新的生活方式，一种完全不同于本土湖南人的生活观、价值观。

《桂林看山水，湖南说人》一文，有两地性格极端差异的比较，这里不来重复。只是，如果可以跨越一千里的距离，将长沙与桂林的生活镜头同时剪接，我们看到：当长沙人还在风风火火，求官进职，勾心斗角，桂林人正游山玩水，悠哉辗转，慢情细话，风情万千。

也许，桂林的山水太迷人了，它是一个温柔乡，任你高强猛汉，它可以将你软化、柔化，让你身心融化在自然，忘乎了所以，也融掉了脾气。

不可忽视，这种地理自然对人的性格影响极大。我写《文人永州》时，说毛泽东进入其境，立即回到他青年时代的柳永味，吟咏“斑竹一枝千滴泪”。现在我们看粗犷刚直的陈毅，他一来到桂林，也留下一句“宁做桂林人，不愿做神仙。”他有点乐不思川了。

这就是自然的力量：人与景之间，景过于美丽，就夺艳天下，人反过来成了陪衬。

如画漓江，绿水迂回，青山倒影，景色清幽；二江四湖，光蒸霞蔚，如幻如仙，行走其上，有海上仙山，虚无缥缈之感。一幅长长的动人画卷，人被动成为画卷中平面的一页。

桂林山水，它让你想起老子的道，它在无声地告诉你一种反积极的人生观。这对中国传统的儒家积极人生观是一记当头棒。

这种道无处不在，随地可为风景。我们看到，完全虚构世外桃源，竟然在桂林仅凭自然水文，就可以造出一个直逼《桃花源记》的真实人间童话。也许正是被这个童话所打趣，中国国民党原主席连战在入口留下这样一句话：“许是陶令返人间，为赋桃源做仙境。”

桂林那种道家自然质朴的生活观，我们更早知道，则包孕在那首叫刘三姐的歌里。歌词歌声，都未经加工，有着山野气息，如此自然、朴直，旋律谈不上优美，但有一种将你心打开与带进的力量。

孔子一生奔走，及其晚年，改造社会依然梦残，他想起老子，慨然叹息：“天何言哉？四时行焉，万物生焉。”知其不可而为之，他晚年也倾向道家，“宁做桂林人，不愿做孔圣。”

不大的桂林，百万计的湖南人同时选择她，其中必有缘故。称湖南人天性里都有那种道家对自然的向往，有对品质生活的追求，说法不至于唐突。

湖南人从唐朝中期打破洞庭湖的闭锁起，观念上还从来没有落后于时代。今天我们正处在社会开始转型的这样一个时代：民众追求生活品质细活慢调，国进民进成为呼声，计划时代管理的“上智下愚”，开始向“小政府、大社会”的无为而治转变。

在这样一个剧变的时代，湖南人跟上并超前时代。正在于经营桂林的湖南人，他们通过结集民间社会的形式，通过社会中间组织的商会，为社会转型努力。

民间组织的兴起与强大，是解决中国诸多问题的钥匙。追求个性自由、个人权利意识苏醒的时代，湖南人会生活，懂得生活。但他们不满足于个人生活，那些时代精英，仍然甘心做社会的脊梁，像湖湘先辈那样，关注中国与地球村的前途、命运。

这种影响、改变、推进时代的进取意识，与桂林山水自然的道家精神融合，就形成了今天湖南人一种新的工作与生活观念。这个观念，湘商周华松在2010年4月桂林商会发言时有生动的形容：休息一下，停顿一下，让我们的灵魂跟上脚步。

儒家的刚强进取，道家的自然自由，就这样在湖南与桂林的交替中，写实了今天行进中湖南人的身影。

地利人和，一切因缘，首因湘江。

我们知道，数百年来，湖南人经营天下的精神依托，重要的载体也正是湘江。

自然的湘江，从白石乡往北，一股环手可抱的小水流，发育成一条雄浑壮大的河流，湘江在神奇地阔大，形似水喇叭。湘江入洞庭，洞庭入海，海飘太平洋，愈是往后，愈加深邃，黑不见底。

自然之江，规定人文湘江，自然源头，映照精神源头。这个本原，就是忧。

从屈原的“离忧”（司马迁称，“离骚”即是“离忧”），到范仲淹的“先忧”，他们开创“忧”源：关注时代，关切现实，干预社会，推进文明。

近看1919年，7月14日，毛泽东在湘江边上的长沙白果园创刊《湘江评论》。他其时忧心如焚，这样振聋发聩地写道：“至于湘江，乃地球上东半球东方的一条江。它的水很清，它的流很长。住在这江上和它邻近的民众，浑浑噩噩，世界上的事情，很少懂得。”

百十年来，我们知道，水清流长的湘江，流着流着，总会污浊起来，直至水色失去它的本性。但湘江有很强的自净能力，因为连通的漓江，儒道交融，总有一种清澈。

而在白石乡的源头，湘江水却永远那么清纯、活泼、明快。永远那么小小的一束，像我们生命的最初，将我们带到历史的童年。在今天这个世俗与消费当作黄金法则的时代，唯有它，可以洗去人格化资本的污垢，可以冲掉官本位锈死的枷锁。

今天，湖南人以独有的血性、义气，抗拒资本人格化，以湘商文化作为旗帜，将桂林作为首站，开始经营天下。

湖南人成事的性格大缺陷

> 游牧人一样的运动，养成了湖南人一种性格，就是猴子屁股坐不住。因为历史上湖南人不靠坐在一个地方，几十年如一日做某事而获得大成，是靠打一枪换个地方抢得荣华富贵。

我写湖南，不只因为生在湖南，身在湖南，还因为我的经历，从来没离湖南。又因为职业关系，我几乎跑遍了湖南。从名家政要，到草根人家，一应接触，切身体会，颇有感触。

最近读了聂荣华主编的《湖湘文化通论》、彭先国著的《社会史视角下的近代湖湘文化》，站在理性的广阔的高度，放眼湖南的天空，在他们身上，总有许多共性。

记得邵阳人周兴旺早年一部《湖南人凭什么？》，炒得仿佛地球只剩下湖南人。但不要忘记，湖南人是最自傲同时又最自卑的一群。在我潜心下来去了解，醒目地看到的，却是湖南人共性中那些鲜明的缺点。

之一：偏激、意气

意气是个好东西。毛泽东写诗说：书生意气，挥斥方遒。那样子看上去意气风发。但意气跟偏激混在一块，却只会让人像吃了火药，无缘无故暴跳如雷。

还记得8年前一个故事。我在湖南一家报社，采访长沙本土一位民间艺人，写她创造了一个新玩意，获得国际大奖。报道出来后，一自称艺人师妹的人打电话投诉，说报道失实。

说了半天，所谓失实，就是没报道师妹是“国际一流”。这种麻纱，纯属师姐师妹间荣誉之争，同门妒忌，家务事情。

记者碰上这种冤枉官司，几句好话哄哄人家，也就过去了，师妹真有本事，媒体早抢她了。

但当时直管我的主任，看了投诉后十分气愤。他在投诉上签字：鉴于当事人连事实都没弄清，就来瞎投诉，我们不要理她！然后通知总编室：你们打电话去将那师妹臭骂一顿！

整理旧文章时还翻出这张意见，再看时我哑然失笑。还可以这样处理人家的投诉！忘了这事后来怎么熄火的，按照长沙人的个性，这事已不是投诉不投诉的问题了，而是她有没有投诉权利的问题；也不是她有没有投诉权利的问题，而是记者的人品有问题。你不写她而写师姐，这事情马上转化成情感上认同不认同的问题。如果继续纠葛下去，只能是一场无关对错，但一定越演越烈的口水战。事实本身，已经完全不重要了。但关于事实引发的争论，却又造就一个新战场。战场主角换成记者跟师妹。陷入一个心理误区，用情绪解决问题，越解越有问题。这个故事基本可以概括湖南民间的意气纷争。

我又发现，我就是在一种偏激、意气的家庭里成长起来的。小的时候，父亲只要听了某个人的意见，越是被说得不公，他就越是激愤得青筋鼓鼓。等不到对方的意见了，他已经铁定了观点，要给人脸色，尝他厉害了。

大概正是在这样一种民间的氛围中，在平常待人接物的每个细节中，每个人都很容易被带进情绪，所以上升到文化的高度，就是偏激与意气的文化。这两样特点放到湖南，是一种普泛的现象。

看湖南人伟大的老乡毛泽东，隔老远就能让人感到情绪。32岁那年，毛泽东与陈独秀意见不和，怎么也说不到一块。他气愤不过，居然一甩衣袖，一不做，二不休，回到韶山老家，跟他老爸种田。书上说他休假养病，事实上他在闹意气。毛泽东的脾气之大，用他自己的话说，叫“我怀郁如焚”。

大概人的性格总是相辅相成，性格倔强、执拗、又从不肯让步，在生活中容易碰到。偏激与意气的人，最容易被人家的偏激与意气所伤。毛泽东吸取教训，上升到文化高度，特别重视做人的思想工作。他最反感越俎代庖。他常说一句话：引而不发，跃如也。

思想需要做工作，道理很简单：当你带了情绪，偏激又意气，谁也不跟你谈。这样的人要凝聚人，实在不可能。思想工作需要温和，需要理性，将一切东西都捋顺，让人家心里温暖、舒服、顺畅。这是任何霸蛮都做不成的。霸蛮的人，无非匹夫之勇；如果霸蛮压人思想，这样的人只能身死客乡，为天下笑。

一直警醒自己性格的偏激、意气，毛泽东做的正是自身性格的反面。及其大事做成，他仍然这样提醒自己：宜将剩勇追穷寇，不可沽名学霸王。

偏激的情绪与意气，可以产生无穷的力量，足以形成雷霆万钧之势。这是湖南人做大事无可比拟的优势。但这有个前提，就是这个力要用对地方。必须有足够的理性，将力量攻克的目标固定。稍一有点偏差，其破坏性将是灾难性的。

所以，对湖南人来说，情绪与意气之前，首先还得有智慧。否则具备这一性格的人，要多糟糕有多糟糕。用湖南方言说：又蠢又蛮，冇得救了。

之二：狂妄、空洞

又蠢又蛮和既聪明又野蛮的人做事特点在猛。不说则已，一说必是大话；不做则已，一做必是大事。地球村的人都知道，湖南人从来以天下为己任。所谓国家者湖南人的国家，天下者湖南人的天下，湖南人不说谁说？湖南人不做谁做？

天下兴亡，匹夫有责。这话说的是湖南人。听上去让人热血沸腾，但换句话说，等于湖南人要做维护世界和平的警察。用周星驰在《功夫》里的话说："维护世界和平就靠你啦！"这句话因夸张而近搞笑与讽刺。湖南人让人觉得搞笑，又常被外人所讽刺，就是以天下为己任，口气大得很。

这个性格，以老长沙为最突出。

我曾见过的无数土生土长的老长沙，他们的口头禅是：长沙里手湘潭嘌。意思是长沙人天上事晓得一半，地上事情全部晓得；前五百年都晓得，后五百年也算得。

湖南人性格大气，是因为激情、血性、义气，对小恩小利，从来不屑一顾，可以粪土当年万户侯。但由此带来的缺点，正是狂妄与空洞。

毛泽东青年时代的口号是：吾即是宇宙！尼采的大话是：我就是太阳。尼采比起毛泽东，口气已经小得可怜。不单是毛泽东，一切激进的湖南人，年轻时都以为自己即是宇宙。中国人中，湖南人是最自以为了不起的一群。湖南人都以为中国所以存在，因为还有自己。自己不死，国即无难。换句众所周知的话：若道中国亡，除非湖南人死光。只有一个湖南人，就可以挑起整个中国。真是蚂蚁打哈欠，好大的口气。

虽说是惟楚有材，但真正高超的人，他肯定很清醒自己的缺点，他之所以还夸口，不过是曾左之间的意气之争，是说着玩的，是纯粹口水战，当不得真。真正糟糕的，就是一个并无能做多少事情，却还真以为自己天下第一的人。

即使真有本事，湖南人的狂妄，还是很容易带来空洞：哪怕从地上拣到一粒芝麻，足以梦想那是月亮桂树的花。因为脑子里想的事情很远，所以宏观规划很大，做的人生规划、战略目标，就相当吓人。但真正凭借自己本事，要在这世界上做成几件有意义的大事，没有老老实实的态度，没有几十年的埋头苦干、拼命硬干，那是根本不可能的。

所以，湖南伟大的战略家，做成了也就不说，那当然是伟大，但一旦失败了，最后不可能败在方案不好，而是自己是一个不伟大的战术家。等于说：他说的都是对的，但自己没有一点一滴去执行。湖南人的失败，许多都是败在细节上。说过就完，说后就忘，只是图嘴巴快活，满足一下虚荣心，这听来已有点搞笑。再要么，湖南人做出的规划是大跃进，是挟泰山以超北海，是嫦娥插双翅膀就奔月。不是想法不好，也不是不能实现，而是要等几百年后才可以执行。这些要命的缺陷，导致方案除了有喊口号的作用，根本就没有其他用。

关于这一性格的深层原因，顺连着又生出了湖南人的第三个致命缺陷。

之三：浮躁、飘忽

有研究者说，湖南人A型血多。A型血者，冲动、激情、好事，就是性格比较辣椒。这话有道理，因为我去一验，果然也是A型血。

中国与西方比较，民族性格是好静的，所以中国人习惯逆来顺受。但我想湖南人本质是好动的。好动的人好斗。毛泽东将这种好动发挥到极致，就是与宇宙的一切都去斗。所谓与天奋斗与地奋斗与人奋斗。斗的结果都是其乐无穷。这个形象是个什么样子？就是《西游记》里的孙悟空。毛泽东有时自比孙悟空，他写诗说：金猴奋起千钧棒，玉宇澄清万里埃。

我不是否定湖南人斗，但以为湖南人最大的劣根性就是与人斗。湖南人为什么喜欢与人斗？因为历史上这里很穷，要有饭吃有衣穿就靠抢。所以有枪就是草头王。

不说这种靠夺而不是靠双赢的手法，不能给社会带来任何意义，而且这种游牧人一样的运动，养成了湖南人一种性格，就是猴子屁股坐不住。因为历史上湖南人不靠坐在一个地方，几十年如一日做某事而获得大成，是靠打一枪换个地方抢得荣华富贵。这种性格一旦沿袭下来，对湖南人造成一种致命伤害：只要社会一直稳定，天下无大事，历史不要靠湖南人去挽救天下于既亡，湖南人安静地坐在一个地方，老老实实地职业化地做某事，他们就或者无法做到，或者无法安稳地做，要湖南人练习静坐功，难度高过孙悟空当和尚。

内心的浮躁感，职业上的飘忽欲，这是阻碍湖南人扎根做事的绝大的性格漏洞。就像孙悟空，走到哪里都可以给你打抱不平，是个大英雄，一旦没地方可打抱不平，靠埋头干点扎实事情，这可就将孙悟空害苦了。英雄没得不平去扫，没得敌人可杀，那手里还不淡出个鸟来！湖南有句方言，“就知道耍嘴皮子，做事死猴子筋了”，活画出了湖南人的浮躁样。

因为这点，所以再高明的湖南人，到了今天很容易出战略家，却无法做成靠实打实做的实业家。

与这一点对应的，是湖南人的英雄观。因为重义轻利，所以湖南人做成大事，也只是为了实现自己振臂一呼，应者云集的英雄气概，让别人口服心服，让别人歌颂自己多么伟大，多么了不起，但他们对真正的利，内心里多少总带有不屑。最典型的还是毛泽东，他不但自己看不起钱，将大富大贵看得粪土不如，还教育自己子孙后代都不要学商。

湖南人的骨子里，本质上是一种征服欲。他们在乎的是过程，是成功后巅峰的体验，而不是那个获利的结果。不了解这一点，不算是了解了湖南人。这个性格，在某些方面成就了湖南人，也在某些方面贻害了湖南。

反思

在我翻过的湖南历史伟人中，他们所以能够成就惊天大业，因为他们用理性规避了自己性格的三大弱点。

再是有伟大的时代，再是有不二的机遇，只要这三条有一条被不幸而卡中，任你是人杰地灵湖湘宠儿，你只可能在短期内爆发，轰轰烈烈，惊天动地，但都不可能在这个世界上做出一番真正有意义、能够戳得住的业绩。

拿破仑说：推动摇篮的手，是推动世界的手。从摇篮里出来，一个人开始成长，决定个人今天做什么，怎么做。决定性的东西，不是智力，但一定是性格。在现实的社会里，性格文化是最重要、影响力最主要的文化。性格就是文化。文化就是历史。性格就是书写历史文化。

就中华文明整体而言，是一种静的文明，侧重于静的一面，如顺从、消极、退让、世故、内敛。静让中国人失去雄性，失掉血性，阳刚不足，阴柔太盛，消极退让，不思进取。近代湖南人崛起，一言以蔽之：雄性和血性。

雄性和血性，是湖南人崛起的根本，是湖南人立身之本。

湖南政治上有崛起的理由吗？没有。历史以来，湖南政治毫无优势。有研究者指出：自古以来，政治地位一直不高。即使长沙被封为王都，也是些没地位的王爷（如长沙定王系汉景帝一贵妃之奴婢所生）。有清一代，直到1664年才“两湖分藩”，1723年（雍正元年）才“两湖分闱”。

湖南经济上有崛起的理由吗？没有。左宗棠曾说过，湖南全省财赋“至全盛时，才敌苏松一大县。”

文化是湖南崛起的唯一理由。这种文化，说白了是一种性格文化，或者说一种区域性格。湖南人的特别处，湖南人所以是湖南人，一切全因这一独特性格。抽掉这一性格，湖南人与天下人，将没有丝毫不同。

那么，是否有这样一个人，在他身上，集中了湖南人的性格？我想有的，毛泽东。

曾国藩

曾国藩让人反感的两点

> 他喜欢的事就两样：一是下围棋，二是抽水烟。这个形象，放到农村，也就是一整天皱着眉，阴着脸，埋着头，时刻准备抽你一杆子的阴郁黑瘦老头。老曾不做官时，倒像地窖中人。

我虽认识唐浩明，却未读过《曾国藩》；我虽知曾国藩为人，却反感曾国藩其人。反感是因为：我从心底里不喜欢曾国藩这个人。

这话虽有不敬，但于心无违。众所周知，喜欢一个人，不单在他是什么人，关键还是：你喜欢他的什么？

首先问：曾国藩是个什么人？就我所闻所见，形象是个封建官僚。如果说名如其人，国藩取意"国家的篱笆"，就是真正的铜墙铁壁。这多少让人开始感到生硬与冰冷的寒意。

真正的生硬与冰冷是封建。封建者，保守也，怕死也，清规戒律多，人间乐趣少也。

2007年5月，我头一次去曾国藩老家，在那堂屋里自由穿梭，忽看到墙上对联：战战兢兢，即生时不忘地狱；坦坦荡荡，虽逆境畅怀天下。同行者中，颇有几个高官。只见他们拜倒在地，如泣如诉，一脸虔诚。先拿相机拍，又是买拓片。我想这大概就是共鸣？官场人生，大抵欺上媚下，复杂也简单。既演阎王，又装孙子，兼扮儿子，这个对联，头一句读来，真叫人生不如死。

由此联想出曾国藩的形象，任他变化万千，无非两种状态：一是时刻在发抖，所谓诚惶诚恐，汗不敢出；一种是分秒在战栗，所谓战战兢兢，汗出如浆。这样状貌，你怎么善想象，去看他脸上，多少也打下“官奴”印记。

由此，读曾国藩跟当官一样，不是享受，而是受罪。跟他的东西一接触，内心总感到憋闷、压抑，他将你自然的心灵，上一副铐子，让你跟着他，自由不起来，只好一同出汗。还真是白日碰鬼。

我们再看曾国藩的业余爱好，他喜欢的事就两样：一是下围棋，二是抽水烟。这个形象，放到农村，也就是一整天皱着眉，阴着脸，埋着头，时刻准备抽你一杆子的阴郁黑瘦老头。老曾不做官时，倒像地窖中人。

一个时刻“如临深渊，如履薄冰”的人，无论是畅怀于家庭，还是畅怀于天下，我感到他都很不畅。有畅也是假畅。类比一下，曾国藩风格，一如杜甫风格，沉郁顿挫。他不可能像谭嗣同：男子大丈夫，横刀向天笑，肝胆两昆仑。他始终在压抑，又始终没有爆发。这一压抑到了底，不可能做到爽快，自然也不畅快。所以封建的曾国藩，读后诚然不是爽，也没多少快。人不到万不得已，身不由己，又自愿读《曾国藩》，等于有神经。

再看他的官僚脸孔。

虽号“铜墙铁壁”，但内里软弱；自己左手打右手者，正是官僚。官僚形象者，高贵也，世故也，听于天命多，不敢反抗也。

毛泽东评曾国藩两句话，一句是：曾国藩是地主阶级中厉害的角色。这貌似夸，实则很不以为然。意思说：他是富豪人家中的狠角。富豪门阀，历史以来，等于豪强，巧取豪夺。

我见到富厚堂，怎么也没感觉。一个豪华的家庭，不过是皇宫的缩微版：天圆地方，等级森严，一个家庭，像个没有生机的地狱，走路说话，全要按套路，所谓眼观六路，耳听八方，话不能高声，笑不能露齿。跟死气沉沉的贾府有得一比。

在这样的家庭里，人每天清苦活着，为的干什么？就是在这沉重而死寂的屋子里，翻开那些发了黄的古书，好好学习，天天向上，争取考个好名次，学成文武艺，货与帝王家。

曾国藩从一出生，半耕半读，走的正是这个官僚路。官僚就是要显得高人一等，所以他家庭显赫，既富又厚，骨子里都掩饰不住贵族气。这种高高在上的高贵情结，固然显赫，可以炫富，让人畏之三分，怎么都让你心理上感到无法接近。

与贵族气对应的，正是那个世故。见过曾国藩一些书，写的是官场守则、做官必读，大概就跟“厚黑学”差不多，不过换了名称。要做上官僚，就必得要这样虚与委蛇，心思繁密，机关算尽，将其他官僚，斗得惨淡似灯将灭，自己在一边得意捋胡子。

所以，看曾国藩这些书，你根本不会关切谁的命运，因为官僚之斗，差不多都是黑吃黑。没有道义与真理可言，只有利益的再分配之别。政治本无事，功利来扰之，谁赢不是一样赢。毛泽东说：我们的事业是正义的，正义的事业是任何敌人都攻不破的。这句最简单也最深刻的话，等于说：官僚的事业是非正义的，非正义的事业是必要垮台的，非正义的垮台是可耻的。眼光之锐，出口之准，一语道破两千年。

正是因为从小想做官，长大后做了官，做官后用尽计谋，尽力保住自己的官，所以曾国藩一生，内心体会十分复杂。复杂形于脸，现于色，我们看到这样一幅阴冷表情。

与前面“如临深渊，如履薄冰”对应，官僚一生的曾国藩，生于忠，又死于忠。当年打下太平天国，他也不敢起来造反。清王朝其时，气数差不多尽了，如果曾国藩联合太平军推翻清王朝，或者在打下太平天国后，再进军清王朝，中国历史的步伐，也就可以加快，后来中国许多丧权辱国的条约，或许可以避免。但是他没有。

没有乃是因为，他是一个高贵的官僚。他不是出身平民，他对普通老百姓的声音，不可能听得到，即使听到了，也是没感觉。因为他的人生经历，无法与平民产生共鸣，当然也找不到沟通点。他就这样高高在上，维系他的尊严跟体面。

幸好，他好坏是个实在官僚。虽然没上升到官僚主义，活活弄成一做官机器，像老托尔斯泰笔下的卡列宁。但他有官僚的毛病，就是不敢。假设后来的毛泽东借他10个胆，他还是不敢。这是官僚骨子里与生俱来要命的地方：软弱、患得患失。这刚好照应前面的战战兢兢。

所以，封建的形象与官僚的形象一合起来，立即造就一个几分荒诞的曾国藩模样。你要他头顶上没踏个皇帝，你要他自己站起来做人，不跪在地上向皇帝老子发抖，那还不如杀了他。

历史中国的官僚，说白了是群“官奴”。帮助皇帝欺压老百姓，让老百姓都顺从，他们自己也同时被奴化。典型的模样，就是今天电视里放的：李莲英双袖擦了又擦，啪地一下，跪倒太后裙下，自称奴才，高呼万岁，吾皇吉祥。

正是被这样一帮官奴控制，所以两千年而下，老百姓的日子，就是鲁迅说的：一是暂时做稳了奴隶，二是想做奴隶而不得。社会精英不想着帮老百姓过好日子，反过来想怎么控制、算计、利用、坑害老百姓，这样的官僚，越少越好，没比有好。

如果社会一旦取消等级，做到人人平等，这等于抽掉他们的命根。根子坏掉了，曾国藩再多丰功伟绩，我在心中也难肃然起敬。

是说，既封建又官僚，让我不喜欢曾国藩。

那么要问：作为近代湖湘文化的创始人，都被你否定了，你不是根子上否定了湖湘文化？

我说：不喜欢“封建官僚”的曾国藩，跟湖湘文化基本上没关系。道理很简单：封建官僚之外的曾国藩，还是有许多过人的方面。比如他的湘军精神，扎硬寨、打死仗，打落牙齿和血吞，就显得很有气概，跟封建官僚不沾边。他关于人怎样修身养性，对今人锻炼身体，做个好人，还是很有意义。

类似这样的方面，还有很多。湘军精神，恰好是封建官僚的反面，是生机勃勃的、是民间而不是庙堂的。湖湘文化真正的伟力，从来都在湖南民间。湖湘文化可以问鼎天下，掌握寰宇，说的正是民间文化。一旦走进庙堂，它马上成强弩之末。

而且，湘军精神是一群生龙活虎的湖南人共同创造的，不是曾国藩一人。退一万步，也可以用钱钟书的话：喜欢吃鸡蛋，何必在乎是哪只母鸡下的呢。

我是不喜欢曾国藩的两点。没有更多，不是其他。唐浩明写《曾国藩》，我想更多是“借曾出海”，以个人带写“湖南人精神”，写出湖南这块土地不死的活力，也不是全盘肯定曾国藩个人，还对他进行吹捧。

如临深渊
如履薄冰
屡战屡败
退
帅
屡败屡战
进

毛泽东

从毛泽东个性看湖南人

飘逸、浪漫之外，他性格中的诡异，像湘西“赶尸”，像黄永玉作画，在这里也就流露出来。山不知从何而来，但眼前之山，还是实在得很！实在与诡异，两种个性水火不容，毛泽东将它容于一身。

古人说：文如其人。作文写诗，为什么这样写，而不那样写？多因作者个性。等于说：诗文最能见个性。

毛泽东一生，作诗九十多首。其诗如其文，简单如话，但真要读懂，却还有点难。

作者以个性作笔，以人生体验作字，要读懂它，先要进入作者独特的思维。

读人之诗，是让他人在你脑子里跑步。读伟大人物的诗，是有点冒险：你或者纯粹浪费时间，或者可能被他撑死。

《七律·登庐山》最见作者个性，诗中所流露的个性，对湖南人来说，也容易沟通：湖南人性格，优点与缺点，全部被他集中，相互融会创新，每一点都发挥到极致。从他身上，湖南人都隐约看到自己的影子。

这里，我特地挑出《七律·登庐山》，窥斑见豹。

一

“庐山”一诗，个性首先在音韵上。这是最浅显的，也是最直接的。

这首诗韵律比较圆润，虽然气贯长虹，大势磅礴，但读来亲切，不让人生畏。原因就在韵脚，压的是“an”。观毛泽东诗，少有压“a、o、e”等铿锵有力的元音，这与他的性格有关。

毛泽东性格，根子上有“道”，道尚柔。即使纯刚，也以柔化之，反感先声夺人。他喜欢的方式，是绵里藏针。最生动的比方，是他读水浒，说起洪教头与林冲比试的故事：洪教头初见林冲，挑战心切，连呼“来！来！来！”，咄咄逼人，攻势汹汹；林冲退让，静观其能，待瞄准一个破绽，一脚将洪教头放倒。毛泽东好这故事，不如说他好林冲方法。

毛泽东典型湖南山地人，骨子里有勇与猛。但他敢为天下先，从来不逞匹夫之勇。他年轻时习梁启超，好冲动与直白，但随后读韩愈，转为冷静与含蓄。他习惯以退为进，后发制人。这一性格到了诗中，他同样不喜欢大喊大叫，先声夺人的刚强：铿锵有力的元音，有男人一泻千里的痛快淋漓，但总会失之鲁莽、粗浅。到了这首诗，即使是表达独有英雄驱虎豹的豪情，他也是将“势拔五岳掩赤城”的铿锵软化。

进一步说，毛泽东的个性中，有文人的情绪化，有女人的细腻、善感、想象。这与他小时侯的慈母严父家庭有关。

我们读他青年时代写就的“堆来枕上愁何状？江海翻波浪”，“我自欲为江海客，更不为昵昵儿女语”，这些没加雕琢的文字，依稀可看出晓风残月的柳永来。这是他本原的性格，后来无论多么大气磅礴，他没有脱离这个性格的根。

“晓风残月”的个性，让他阳刚大气背后，有着女性的柔弱。他晚年读《红楼梦》前后五遍，而且钟爱有加，正是青年“晓风残月”的延续。无可否认，一个男人的智慧、感悟力，都与他的柔弱有关。一个纯刚纯强的大男人，不可能读得懂《红楼梦》。

所以，以退为进，以柔带刚，这两种性格融进庐山一诗，音韵节奏上让诗珠圆玉润。

逐渐地深入到诗义，我看到的，就是几个字。那几个字，蕴涵的个性，代表了毛泽东，背后是湖南人。

二

庐山一诗，开篇一句：一山飞峙大江边。

这里有两个最要紧的个性字：飞峙。

先看“飞”字。山怎么可以飞起来呢？说出这句话，性格中必得有两点：一是浪漫轻盈，次是诡异神奇。浪漫轻盈是“文人永州”，诡异神奇是“灵魂湘西”。

山不可以飞，是作者心在飞。唯一能凭借的，正是自己的想象。遥承楚人屈原的浪漫源头，毛泽东将想象发挥到极致。他强大的心力，借助奇崛的想象，便有了惊世骇俗的效果：这是一个“庐山与诗人齐飞，心力共想象一色”的镜头。

“峙”是什么意思呢？就是对峙，就是对抗。毛泽东的山地人好斗性格，在这里就袒露无遗了：即使到了风景秀天下的庐山，人皆恋于美景，他看到的不是风景，还是对抗与斗争。这是“蛮人娄底”式猛，是“打手邵阳”式冲。

两字单独来看，还是看不出多少意思。“飞峙”合起来，我们眼前马上会浮现这样一个镜头：一座巍峨入云的山，如大鹏展翅九万里，猛然矗立到你面前，凭一江之隔，山与你对峙，一副傲然独立的模样。

这是怎样一个雄伟壮观的场景呢？

这一人所不想的场景，对应的性格，是浪漫的想象，不屈服的倔强，两者水合乳融。

我们读出猛，是猛烈的猛。毛泽东小名叫石三伢子，又叫石猛子，这一个性到他年老，依然并未变化。说得更直接，他用心力让庐山在眼前飞了起来，在他的内心，已经举重若轻，托起了庐山。

猛不是外猛，而是进到“内猛”。毛泽东青年时代写《体育之研究》，十分强调“心力”。他说：管却自家身与心，胸中日月常新美。他的心与太阳、月亮，站在同一个平台，可以相互通融。

个性一以贯之，到六十六岁之年，他胸中依然风云猛烈，豪情激荡。

那么问：庐山是飞来之山，它又从哪里来的呢？不知道。

毛泽东也不想让你知道，飘逸、浪漫之外，他性格中的诡异，像湘西“赶尸”，像黄永玉作画，在这里也就流露出来。山不知从何而来，但眼前之山，还是实在得很！实在与诡异，两种个性水火不容，毛泽东将它容于一身。

对“飞”字喜爱，于毛泽东不是偶然。之前既有“一桥飞架南北”，又有“飞将军自重霄入”。凡用“飞”字，或者大气昂扬，神游四海，或者出其不意、攻其不意。

以游击战起家的毛泽东，战术上兵不厌诈。如果没有苦干加实在，他一辈子只能书生意气，挥斥方遒。永远只能挥斥，一味挥斥下去，发大而无当的牢骚。

但一味埋头苦干，如果没有个性中的这点诡异，他就不可能成为军事天才。战术每每无迹可循，信手可借神来之笔，这对他来说常倚马可待。如果没有这点，早年四渡赤水，他可能就已逐逝波了。

苦干加实在，诡异与神来，深刻地矛盾，又同时附身于他，成就了他个性的复杂。

个性人写个性诗，开笔就已夺人。

譬如抽掉诗的个性，我们很容易换成：一山生于大江边。这就有宋词的风韵。如果换成：一山林立大江边。这又成了唐诗的风骨。对这两句诗，湖南人找不到感觉。

所以，第一句只因有了“飞峙”，便只是毛泽东的眼中之庐山，是极具个性的庐山。

三

看了庐山，自然要登山。这山怎么登？你看他简单、了撇：跃上葱茏四百旋。

这句同样有两个十分个性的字：“跃”和“旋”。

先看“跃”，是说一跃而起、一蹴而就，很有点英雄主义情结。

“旋”字写得庐山颇有点迷踪的色彩。旋者诡异神奇，难为人知。四百个“旋”，写尽庐山之高峻，盘山公路之曲折回环，是足够让人头晕目眩了。

但毛泽东巧借一个“跃”的动作，身子轻松，箭步如飞，四百个迷踪，被他破解：山如此高峻，此时轻轻巧巧，被踩到了脚下。

“跃”和“旋”前后呼应，就显出了他的心态：诗人此时特有一种豪迈。

无可否认，毛泽东是个有征服欲与英雄情结的人。但我们读中国古诗，无论陆游，或者岳飞，都不是这样的风格。毛泽东的诗，从来见不到丝毫精英的慷慨激昂，但之中却始终激荡一股平民的豪气。这固然因为，湖南长在边缘，湘人骨子里只有反叛情结，从来无精英意识。原因还在于，他个性里全无怨气，更无所谓家国的凝重、凝滞之气，但有一股不怕难的勇气。

放远目光，对照《咏梅》，所以步陆游而作，正是不习惯陆游的哀怨、抑郁、哭哭啼啼。他才一扫脸上的愁云，与苦奋斗，其乐无穷，给大地花丛般的笑颜。

这一方面缘于他的平民心态，同时也缘于他个性中的猴气。这有点“眉毛张家界”的味道。他用孙悟空一样的顽皮，将人生许多看似沉重的压力，轻松几下就化解掉了。所以他始终是一副踏实、昂扬的心态。在这样的心态下，他的英雄气势，从来都将是反抗式的征服欲。而他始终不自觉地站到大英雄的对面，在反看自己。

他的脑子从来没闲，因为他始终探照灯一样，在看清所有人的同时，也在透视自己。话题发散一下，这也正是他一生不停地批判项羽的真实含义：谁都知道，正是心中有个项羽，所以才要跃起来批项羽。批人很大程度上是批自己。

由此，我们可以知道，由“跃”和“旋”带出的个性，同时显露了毛泽东性格的另一对矛盾，即平民心态与英雄情结。

表达英雄气概时，他会说“更无豪杰怕熊罴”；吟咏平民意识时，他又唱“六亿神州尽舜尧”。他既承认英雄，又很反感高高在上的英雄；他有着最本真的平民心态，但他又总是凌驾于一切之上。

深入到内心里去体会，毛泽东性格对英雄的反感，来自骨子。他对一切高高在上的东西，都不可能看得顺眼，他会有一种彻底摧毁的想法。

他时刻想突出平凡的百姓，突出每一个普通平凡的百姓。他说，只有人民才是历史创造的真正动力。但他有什么方式让创造历史的百姓都成为主角呢？唯一的办法，就是自己先去做个反抗英雄的英雄。

在这一点上，他的想法与战国时的墨子相对接近。而被孟子骂之为无父的墨子，他的观点，很容易推导出集权主义。

凡事自己看清了，认准了，却只是纸上写写，口头说说，腹中议议，这不是毛泽东个性，他一旦认准，即使比登天还难，他也要不惜代价，将它做成行动。这是毛泽东性格可爱的地方，也是最容易产生悲剧性结局的地方。

强烈的英雄主义情结，强烈的反英雄主义情结。两个极端矛盾的性格，在毛泽东身上如此统一，我们看到的，就是这样一个不惧怕一切，平民本色，又大手一挥，英雄盖世的毛泽东。

在英雄与反英雄，平民与非平民之间，毛泽东个性中的矛盾，一直绕不过去。道理很简单：如果自己也沦落为普通百姓，他想让每一个创造历史的百姓都成为真正英雄的想法，永远都只能是书生的想法。毛泽东当然是书生，他自己也说“书生意气，挥斥方遒”。但他不会停留在“书生衡阳”的境界，他必须先靠自己的力量，给百姓做英雄搭个台。英雄与平民不可兼得，在现实中陷入一个深刻的悖论，就是极端民主与极端专权笼于一身。

这次身处庐山，诗人毛泽东是准备做英雄了。“跃”和“旋”，跳出了他澎湃的内心。他准备带领六亿中国百姓，向着他心目中的庐山之顶——共产主义——进发了。

内心激情如火，难掩英雄豪情，让他对目标急切，同时又充满信心。如果我们稍加思索，马上会惊讶地发现：这“跃”和“旋”，跳过那么多台阶，一蹴而就直奔主题，不就是“多、快、好、省”的形象化描画？

看山与登山，心中之山与脚下之山，眼光视角、所思所想，都是如此独特，不是山独特，不是人独特，是性格独特。

看山与登山的事情做完了，接下来毛泽东要干什么呢？

四

他继续写道：冷眼向洋看世界。

文字异常直白，但到底是否好懂？未必。因为到了第三句，就有了一个转折：毛泽东到底是写山在看——拟人，即他自己就是山——还是自己登在山上看？

两种解释都说得过去。我这里选后一种，似乎更符合情境。这里有个异常醒目的个性字：冷。

毛泽东眼中的冷，到底是什么冷？

首先还是天气冷。毛泽东性格，对冷有感情、有偏爱，冰雪常驻心中。

他要抒发万古豪情，第一个想到的是雪，他写《沁园春·雪》。

他要赞叹梅花了，更想到借寒于雪的冰：已是悬崖百丈冰，犹有花枝俏。

他心情郁闷时，甚至干脆就欢呼雪：梅花欢喜漫天雪，冻死苍蝇未足奇。

喜冰雪之冷，欢喜与雪斗，他觉得过程其乐无穷，这是肯定的。

欢喜与雪斗的个性如果是他偏爱冷的最直接的地方，那么毛泽东个性好冷的深层，又是什么呢？在我看来，就是冷嘲热讽之冷。

毛泽东天生叛逆、倔强、从不服输，他不大瞧得起自以为是的人。碰上好高骛远、吹牛吓他的人，青年时代，他就这样嘲笑说：先生之志则是大矣。

最能反映他善于冷嘲热讽的，是《念奴娇·鸟儿问答》。这首诗是针对远在苏联跟他唱对台戏的赫鲁晓夫写的，全诗无一句不辛辣，没一字不见冷嘲：

鲲鹏展翅，九万里，翻动扶摇羊角。背负青天朝下看，都是人间城郭。炮火连天，弹痕遍地，吓倒蓬间雀。怎么得了，哎呀我要飞跃。

借问君去何方，雀儿问答：有仙山琼阁。不见前年秋月朗，订了三家条约。还有吃的，土豆烧熟了，再吃牛肉。不须放屁！试看天地翻覆。

再深入地看下去，毛泽东喜欢的冷，除了冷雪冷冰，除了冷嘲热讽，就是冷幽默。

冷幽默的毛泽东，没有“不须放屁”的直白。最能体现这个特色的话，是一句：马克思主义者不是算命先生，未来的发展和变化，只应该也只能说出个大的方向，不应该也不可能机械地规定时日。

鲁迅说：幽默是优势与自信的表现。毛泽东的冷幽默，如鲁迅言。这一个性，缘于他的智慧。毛泽东属于凡事一眼就能看到本质的人，他时时心中有底，优势与自信便自然流露。

而且，再看下去我们可以发现，毛泽东个性，生就一种作为反抗者边缘化的倾向，他一生都在反主流。与主流对抗，他反的方式，正是冷嘲。

但这次有别于以往个性中的冷，因为在庐山的毛泽东，自己就是主流。庐山一诗中所谓冷，就是冷静了。

冷静并不是毛泽东天然的个性，毛泽东年轻时是一个冲动的人。发现有不平事，他喜欢打抱不平。比如他在湖南一师读书，先后两次发起的驱张运动，结果一对一错。

我们通过《黄鹤楼》看他激情冲动的心情：

黄鹤知何去？剩有游人处。把酒酹滔滔，心潮逐浪高！

我们通过《观潮》看他冷静从容的心态：

千里波涛滚滚来，雪花飞向钓鱼台；人山纷赞阵容阔，铁马从容杀敌回。

冷静的人冲动时会更冲动，冲动的人冷静时则更冷静。一般人偏于一种个性，但到了毛泽东那里，奔涌的激情，冷静的理性，又是如此奇特地融合了。激情的感性，逻辑的理性，两者结合到了最完美的境界，不能不让人叹为观止。

诗人冷静是为了看清，那么看清世界之后，接下来他要做什么呢？

五

很铺排的场景，就这样置在我们面前：热风吹雨洒江天。

对应前面的“冷”，这里关键是“热”。怎么热？他借助的对象，就是“风”。润物细无声的风，长空万里送秋雁的风，大风起兮云飞扬的风。

诗人借热风要释放激情。怎么释放？我们来看一卷画面：

一，风吹来云；二，云带出雨；三，雨洒江天。

三个画面，依次浮现，给人以心旷神怡、雨后春长的嗅觉。

我们要问，这江天有多大？回答是：长江有多长，天地有多宽，江天就有多大。所谓无边落木萧萧下，不尽长江滚滚来。

气势宏大无边，一直是毛泽东的个性特色。早在第一师范读书，送别纵宇一郎，他写诗说：丈夫何事足萦怀？要将宇宙看秭米。

因为内心始终翻滚巨大无边之物，所以他一直找不到对话对象。我们看他童年时写的《咏蛙》，就可以看出他的孤独：

独坐池塘如虎踞，绿荫树下养精神。春来我不先开口，哪个虫儿敢做声？

青蛙与虫子，没有站到一个平台，它们是两个不对等的、有层次感的动物。因为不是同一层次，连对手也无法与他对话。

这里我们可以看出，毛泽东内心里，始终浮着一个宇宙。这是一个很独特的、我们难以洞察的宇宙。他始终在审视内心的宇宙，而且总极力在与它对话。独特的内心世界，外人无法、无能、无必要理解，这加紧了他的孤独。

孤独的内心翻滚波涛，毛泽东将世界简化成冷与热。一团是比冰还要冷的“冷”，一团是比太阳还要热的“热”。两团同处一心，矛盾地统一。

这种独特的思维，我想起自己刚懂事时听来的那句依然流行的话：对待同志要像春天般的温暖，对待敌人要像秋风扫落叶一样残酷无情。

庐山诗中，毛泽东的意思很明显：他要凭借自己的心力，借助风，将这春天般的温暖的雨，洒到中国土地的每个角落。

这热就是毛泽东内心的爱。他的内心里始终奔涌着爱。从早年“自欲为江海客，不为儿女昵昵语”，到如今江海归于自己手中，凭个人之力去热风吹雨洒江天，无论对事对人，他内心始终火热、真诚，他通过这样的方式，在这样的时候，长风万里释放出来。

这个性鲜明的一冷一热、极端对立，却有着极强的时代特色。我们再看他说过的另一句著名的话：

谁是我们的敌人？谁是我们的朋友？这个问题是革命的首要问题。中国过去一切革命斗争成效甚少，其基本原因就是因为不能团结真正的朋友，以攻击真正的敌人。

在那个需要团结一批人，打倒一批人的时代，他必须用火热的一边，去消灭冰冷的一边，舍此没有他路。爱恨如此深刻地交织，又如此泾渭分明。

这个热，也正是毛泽东魅力永恒的地方。如果没有这一热，毛泽东无论多么流行，他都不可能让百姓感到如此亲切，进而发自内心地喜爱。

六

让百姓内心自发喜爱的毛泽东，此时继续写在庐山所见，是：

云横九派浮黄鹤，浪下三吴起白烟。个性两字，一横一浮。

云本阴柔纤弱，被他冠一“横”字，便有了力度，见了性格。

以纤弱入手，以强劲贯之，是毛泽东风格。这大概与毛泽东从小体弱多病有关。从青年时代喜欢柳永，到年老以后喜欢曹雪芹，我们可以发现：从少年到青年，从中年到老年，他的内心，一直藏有一个弱者。

内心里有柔弱，面对弱者时，他容易多情善感，发生共鸣。说毛泽东看到穷人，就会情不自禁地掉眼泪，正是这一个性使然。

庐山诗里，他以弱势的云做依托；但内心里，到底是潜藏了猛虎之力。他将猛虎之力输贯到柔弱之云，是将整个中国都挑起来了。——“九派”指江河，方圆九州映带其中，借指整个中国。

如果说“云横”是向西逆望上游，“浪下”则是向东横扫长江下游。滔滔大江，翻滚千里，消逝于天尽头。

两句亦雄奇，亦空朦，文气顺畅，没有丝毫的拖泥带水；逻辑分明，一上一下，对应前面一冷一热。

就是这么理性、逻辑分明的诗句，也被毛泽东写得诗意深沉。

我们将这两句还原成画面，会发现：这四个意象实在过于巨大，我们的脑海里难于装下。下起的白烟，轰隆隆的巨响，映照的正是毛泽东火辣的个性：认定的方向，就是死不回头，以排山倒海之势，千军万马同赴。

以力贯柔，让无力者有力，让悲观者前行，认定后一条路走到黑，正是毛泽东的个性，也是他一生在行动的。

由云、浪等纤弱细小之物，带出“中国”这一巨大之物，有如四两拨千斤。作者的内心世界，正是凭纤弱细小之物，将九州全部掌控于心。

老子说：柔弱者生之徒，刚强者死之徒。将纤弱细小与刚强壮阔巧妙地相互转化，做到出神入化，这是毛泽东个性又一明显的特点。

纤弱细小已经转化成刚强壮阔，九州已经全部掌控于心中，接下来他会去干什么？

七

诗人内心走完了中国，不再飘向浪漫的虚无，而是迅速回到现实。理想主义的漫想，只是为了来勾画眼前的现实：陶令不知何处去，桃花园里可耕田？

这里诗人要去找陶渊明。找他干什么呢？去种他的桃花园。意思是：你那里如果可以耕田，你还要做隐士，那就把你的田让给我来种吧。

还有一种理解，是诗人要去看陶渊明。为什么去看他呢？因为现在的社会，大家都平等了，再也不用为五斗米折腰，每个人都是各食其力，做隐士是没必要了。所以毛泽东饶有兴趣，去看看他是不是也在桃花园里耕田种地？

这种假设的情景，显出了毛泽东的幽默。

所以，这句显诗人个性的，不是哪个文字，而是那调侃幽默的语气。语气似有嘲讽，但更主要的，却是幽默背后诗人强烈的自信。

毛泽东一生强烈自信。早年他在湘江游泳，信手写下一句：自信人生两百年，会当水击三千里。

但凡自信的人，都可以一眼看穿别人弱点，同时很清楚自己的优势，并且知道怎么把握主动权，牢牢驾驭风起云涌的场面。

庐山会议上，毛泽东回忆过往，曾说：打仗，世界上没有从来不打败仗的将军。打三仗，一败二胜，就建立了威信；如果一胜二败，就建立不起来。

又说：你问我紧张不紧张？我不紧张。我也紧张，我上半夜紧张，下半夜就不紧张了。

但毛泽东到底是不紧张、不怕。他一生最大的个性，就是胆略过人。最著名的一次，自然莫过于重庆谈判。

如果说毛泽东彻底不怕，那未免就太夸大其词。他经常靠服用安眠药入睡，重庆谈判回来，他一度神经衰弱，夜不能睡。

在怕与不怕间，在十分害怕与毫无惧怕间，毛泽东同样是两者兼备。他所以不神经衰弱，正因了他这份幽默。

在庐山会议上，他说如果听不得别人的话，那就要硬着头皮顶住。

毛泽东胆性登峰造极，认准了一条路，他能走到黑。这成就了他，看准了路，他是温暖亿万人的太阳；但万一看错了呢？那就是莫大的伤害。比如庐山一诗，写的就是庐山会议，歌颂的就是大跃进。

这是全中国人被激情鼓惑后上演的一场惊天动地的悲歌式的狂欢。

用打仗的方法来搞经济，这就是大跃进。

大跃进证明：做大事情，光有胆性是不够的。

这是毛泽东的性格特点，也是湖南人性格中醒目的缺陷。

八

由此看来，毛泽东的个性，十分独特，初看全矛盾，细看不矛盾，再看无矛盾，就像黑格尔哲学：正、反、合。

历史的原因，要真正认识毛泽东，一个真正的毛泽东，一直如此之难。今天时代，狂欢已过半个世纪，冷静下来，我们能够接近真实。

那么，这些发现，就当是一个接触真实的开始。因为，真正了解了毛泽东，也等于看清了湖南人性格。

毛泽东鲜为人知的大孤独

> 当孤独与苦闷时刻袭上心头，毛泽东发明了一种独特的平息方法，叫：管却自家身与心，胸中日月常新美。正是孤独心境的焦烤，以及平息焦烤的心境，一前一后，如影随形，持续终生，这个普通平凡的农家少年，却有了卓然独立的人生。

电视台热播电视剧《井冈山》，回望《恰同学少年》，两剧一前一后，形前影后，似乎兄弟。

必须说，正如被主旋律化后的毛泽东与真实有了距离，这两部电视剧比之历史真实，还是有粉饰气，有艺术味。如果抹去那些历史标签，做到客观看待，对照斯诺的《西行漫记》、哈里森的《长征——前所未有的故事》，我们很轻易能发现，电视之外，有一个真实而平凡的毛泽东。

但又必须说：脱胎历史真实的电视剧《井冈山》，基本上将毛泽东早期的生命波折，还是一笔一笔挑画出来了。面对那些一波三折，感慨嘘唏之余，一种被沉寂的孤独，如九疑山头的白云，同时飘过心头。

事实上，无论远在井冈山之前，还是井冈山若干年后，孤独是毛泽东一生的主线。

一

童年时代，毛泽东站在家门口池塘边写诗：独坐池塘如虎踞。这时他就开始感到一个人孤单影只。少年时代，毛泽东说：吾即宇宙。说自己是宇宙，看似很狂傲，其实很孤独。二十多岁时，他写诗给杨开慧，说是：汽笛一声肠已断，从此天涯孤旅。没有了爱人，世界在他眼里就一个人了。所以这时站到橘子洲头，他首先发觉的，是自己“独立寒秋”。这时碰到了想不通的事，他不爱问人，却总是首先想到天。仰望苍穹，他探问：人有病，天知否？或者又这样去仰望长天：问苍茫大地，谁主沉浮？他带着天问，习惯与老天对话。

观毛泽东一生，从小到大，从少年到老年，他一直在寻找，但一直没有找到那些能与自己对话的人。这加紧了他的孤独，同时又让他更加苦闷；当孤独与苦闷时刻袭上心头，毛泽东发明了一种独特的平息方法，叫：管却自家身与心，胸中日月常新美。正是孤独心境的焦烤，以及平息焦烤的心境，一前一后，如影随形，持续终生，这个普通平凡的农家少年，却有了卓然独立的人生。

二

我始终认为，毛泽东这种独特的孤独感，与他的家庭出身不无关系。

毫无疑问：毛泽东的智慧，在他的同时代，是没有人能及。如果出生豪门，或者书香世家，他可能一生都在做学问，做到世界级的大教授，了此一生。但他生在了中国最底层的农村，跟父亲老老实实种过两年地。

天才的头脑，凡人的出身，这种独特的身份，让一师毕业后做了知识分子的毛泽东就有不同了：他既能理解康、梁、陈独秀、胡适等大知识分子；又与一字不识、天天与牛屎打交道的农民彻底沟通。无论平民或者精英，他都可以与之畅通地对话。

以今天的眼光来看，毛泽东是将精英文化具体落地、化成大众文化的人。在他那个时代，他是为数极少的两头通。两头通的人，只要站在任何一头，他都不至于孤独。因为他都可以从自己的队伍里找到知音，找到无数有共同人生经验、心理体验的朋友。但毛泽东始终站在精英文化与大众文化的桥上，两头都沾边，这让他很轻易地能看通透两头，但别人却无法看清楚他。他唯一的办法，就是将桥两边的人，都相互认识，熟悉，知道彼此想说什么，要说什么，在说什么。

三

孤独的置身，首先让毛泽东付出代价的，就是与陈独秀的交锋。陈独秀是毛泽东青年时代崇拜的对象。当时论学问，毛泽东无论如何赶不上。毛泽东跟斯诺回忆是：一九一九年我第二次前往上海，在那里我再次看见了陈独秀。我第一次同他见面是在北京，那时我在国立北京大学，他对我的影响也许超过其他任何人。

但两头通毛泽东，碰上一头通陈独秀，很快就出问题了。

1927年5月，毛泽东提出：比较彻底地把农民运动组织起来，把农民武装起来。陈独秀急了，坚决不同意。毛泽东的回忆是：高级官员和军事将领开始要求镇压农运，他们把农会称作“痞子会”，认为农会的行动和要求都过火了；陈独秀把我调出了湖南，认为那里发生的一些情况是我造成的，激烈地反对我的意见。

很难让人相信，陈独秀的反对，有什么高深的大道理。事实上更多是一种情感认同。即毛泽东的做法，他只是感情上接受不了。人对感情上接受不了的事，随手可找到一百个反对的理由。

在我看来，这种情感上的不认同，很大程度是家庭出身所致。陈独秀从小生在大地主家，连禾苗都没见过，对农民也压根谈不上什么感情。你跟他谈革命、谈农民，换上世界一流演说家，他听了恐怕也是没概念。没有生活经历的积累，没有一种感同身受的体验，道理再多也是隔靴搔痒。陈独秀只是心理上过不了这道坎。

毛泽东就不同了：陈独秀理论的那一套，他一听就懂。他又完全知道，为什么不能按陈独秀的那一套；又怎么将自己的一套，用到农民身上，去将蓝图来实现。但他与陈之间，存在沟通上的障碍，换用今天的说法，是信息不对称。但处于陈独秀领导之下的毛泽东，只能是干着急。

在孤独的反抗与等待中，毛泽东看到了陈独秀的垮台。垮台隐含的事实逻辑是：中国的工人阶级远远没有强大，所以共产国际的理论都是纸上谈兵。中国事实的革命，起点上还是传统意义上的农民起义。

陈独秀垮台了，革命还得进行下去，这才有了《井冈山》。而井冈山生活，就是一种农民生活，毛泽东再熟悉不过。他的得意之作，一句“敌军围困万千重，我自岿然不动”，嗅觉灵敏的鲁迅马上闻出里面有“山大王”味。

四

在井冈山，毛泽东最大的优势，就是可以完全畅通地跟一帮农民、土匪交心，将他的精英理论大众化。哈里森在《长征——前所未有的故事》里记述的是：他首先必须和土匪们搞好关系。袁文才、王佐一伙活动的历史至少可以追溯到1921年。还有一些土匪的历史更长，人们都记不得他们到底存在多久了。每一股土匪都有二三百人，五六十支步枪。毛泽东先从袁文才入手。……毛泽东的头发又长又乱，与其说是中国人，不如说更像个莫霍克族人。他常和人们拉家常，和农民们处得很好。他会走到一个男人面前，问：“你叫什么名字，大哥？”或者对一位妇女说：“大嫂，怎么称呼你？”人们的恐惧感很快就消失了。

这些沟通看似很简单，但却是关联了中国的命运。如果当年毛泽东也无法将精英向大众打通，那么这时农民起义仍是农民起义，土匪永远是土匪，中国民间再多的愤恨、不平、造反、杀头，牺牲再大，都是毫无意义。后来称毛泽东为“救星”，虽然违反了国际歌的“世上没有救世主”，但却道出了实情。

毛泽东将精英与大众打通了。这是个全新的、独特的领域，他独自在里面遨游。属于他的，是一份全新的、前无古人、后无来者的开创性的事业。

正是只有毛泽东一个人打通的现实，从一开始，它就具备了悲剧性色彩。电视剧《井冈山》里，党的高层一有机会就学共产国际，攻城市，从罗明滋那到李立三到王明，但最后高层无一不是以失败而告终。

从这里我们完全清楚地看到：如果中国工人队伍强大，革命时机真的成熟，毛泽东的那一套，都是迂腐和保守的。问题正是，说是历史选择了毛泽东，正是基于当时的现实，除了他那独特的搞法，其他的路子都不行。

井冈山上的毛泽东充满了风险，说白了就是，现实始终在检验他的一套到底是否可行。检验的方法，往往都是反证法：人家不信他的那一套搞砸了锅，反过来证明他对。不能否认的是，如果不是在井冈山上时那么多人反对毛泽东的意见，那些人最后都搞得死伤大片，最后还得请毛泽东出山来收场，毛泽东那些独特的发现，就只有埋葬在历史的石山下。因为他永远没有表达出来、运用进去的机会。

但毛泽东那些独特的发现，还是少有共鸣。执行者跟开创者之间，不可能有彻底的沟通。这除了别人搞砸给了他机遇，与毛泽东的说服能力，以及他强烈自信支撑起来的坚持有绝大关系。真实的历史是，从遵义会议后，毛泽东用游击与运动，一开始并没产生什么实际效果，并不像历史书上粉饰的那样，所谓形势一片大好。其时反对他的声音，一直仍不绝于耳。如果他稍有闪失，或者一旦犹豫，属于他的机会，怕就如指间漏沙，永远不再有了。

难道是说，毛泽东思考出他那一套独特的带兵打仗的方法后，他就有绝对的把握与自信吗？没有。也不可能有。连他自己在20世纪60年代也还是承认了这点，他否认世上有常胜将军，他认为打三仗，赢了两仗，就是胜利。毛泽东的过人之处，是他的思维习惯不同于常人，时尚说法，每每爱好剑走偏锋。他善于从别人的错误中总结教训，擅长扎实、霸蛮，又极端诡异、机灵将一件任何人看来都不可能成功的事情，做成了。

即使是做成了，反对他的声音，一直仍不绝于耳。要反对一个人，要找几十条理由，那是轻而易举的事。反对声于伟人不足为训。作为走在时代最前面的那个人，没有第二个人可以出来告诉你，什么是对，什么是错，唯一可以告诉你对错的，就是你自己无法等得及的时间。这是一种高处不胜寒的人生体验：荒凉、凄厉、冷独。

五

毛泽东摆脱这种孤独的方法，还是激励自信。观井冈山后的毛泽东，从早年“会当水击三千里，自信人生两百年”，到“数风流人物，还看今朝”，随着自己的想法被实践一次又一次印证，他正逐渐被神化，他的自信大到夸张。

建国后的大跃进、人民公社、“文革”，他在孤独与自信的心境下，也是力排众议，个人硬着头皮顶着上。从世界观到方法论，与井冈山时代一脉相承。只是井冈山时代被后来证明他完全对了，而大跃进、人民公社、“文革”被时间证明出现了失误。

写到这里，一个吊诡是：成事者方法必然是他人想不到的，是没有第二个人知道的，是难于让人完全理解与接受的。如果不是这样，他的方法马上变得一文不值。因为与他朋比而坐，正准备发言的，后面已经排起了一个喧闹的队伍呢。

所以，成事者天然孤独。古往今来，任何行业，任何领域，只能如此。

在中国说成事，容易给人印象，就是要以鲜血染红顶子，要一将功成万骨枯。这里其实有一个至关的逻辑：到底是造个时势个人来做投机分子，还是被时势所逼或顺时势行事？到底人是以无数的社会资源，来成就个人名声，还是个人将自己融进社会中，为认定的社会目标而不计牺牲？前者无疑是要被唾弃的，后者显然是值得敬重的。

这里我们不妨再来读以客观叙述见长的《长征——前所未有的故事》里的一个判断：毛是哲学家、诗人，头脑里充满了不可思议的幻想。他具有一种炽热的精神，准备作出任何牺牲；准备为实现自己的见解而采用任何谋略。他追求目标，坚定不移，不容改变,但在实现其目标的方法上则机动灵活。(直至生命最后几年)他还是位善于用人的天才，不断地把自己的敌人和对手变成有用的盟友。

从哈里森的评判中，我们可以看到，对于中国的革命、发展、建设，毛泽东始终有一个他内心中的目标，他的所有手段，从来也没有离开他的目标。在他设定的目标中,他那炽热而理智的内心，到底又看到了什么，发现了什么？我们只有循着他的思路，继续想象。

清晰的是，从井冈山到大跃进、到人民公社、到“文革”，毛泽东的内心里，一直有个火球燃烧于心，滚荡、奔涌。他自己是完全地相信了目标，融入了目标，他带着中国6亿人，全力加速，朝着目标，飞奔过去。

六

可以肯定的一点是：毛泽东今天还遭遇一些人的诟病，被指点的只是他的手段，而不是目标。但理性人要明白：手段是表面的、肤浅的；目标才是本质、核心所在。

抛开主流价值观的宣传，将毛泽东还原成凡人，我们可以看到：因为绝对坚持一种信仰，他的内心纯粹到没有私心。家里六位至亲人接二连三牺牲，那昆仑崩绝壁般的悲恸，他都霸蛮挺过去了，但内心情感丰富的毛泽东，何尝又不是泪飞顿作倾盆雨。他的这些凡人苦难，又是怎样一种孤独的人生体验呢？换了任何其他凡人，怕也鲜有人能够挺过。

那么，支撑起毛泽东生命的力量，到底又是什么呢？

我想正是他彻底坚信的那个火球一样的目标。毛泽东是坚信共产主义一定能够实现，至少他博学的脑袋里，是将这个主义想清楚了，是想好了怎么做了，虽然这个想法他不一定能实现。身处极高境地，不胜之寒是：一旦选定了主义，只要他有丝毫的怀疑、犹豫、游移，他的步法就会混乱，此时人生巨大的孤独感席卷而来，他会被自己压垮。

但是没有。

这说明，从上井冈山起，毛泽东一生都在探索。他是全身心投入了，至于对错，自己无法看清，当时他人也不肯定看清。凡是他做过的事情，都有着尝试的意义。

对伟大的政治家而言，身若高山，山有多高，影子便有多长。

今天，触摸《井冈山》的余温，我们仔细观照，犀利撕开一道光，那些黑寂孤独，恍然照过真实与本原。

说毛泽东“不怕批评”

> 去韶山归来，脑子里毛泽东形象，就是那幅披一件风衣，背靠广袤大海的巨照。我猜选这幅照的用意，无非是说：海纳百川，有容乃大，毛泽东最让人惦记的，就是他的胸怀。

我每提到毛泽东，许多朋友就介意。因为今人的印象里，毛泽东好像就只等于“文革”。而“文革”是被彻底否定了的。

心理学上的刻板印象，到这里发挥了极大作用。一个人你在情感上不认同，无论他是多么正确，都根本不可能被接受，这是心理学常识。反之亦反。但毛泽东仅等于“文革”吗？这显然明察秋毫不见舆薪。况对“文革”深入研究，可以归为“失败的政治理想”，就是要做的基本上没做成，不该出现的许多出现了。从毛泽东写七律《有所思》，其实已经见到了伏笔。这是另个大话题，我另文专门说。

我提毛泽东，因为还专门看过一些批判的书籍。海内外的批判，加起来大略10来本。接受一个人，你首先得彻底到不带任何情感的理性，去否定他，然后你再反过来，看别人的，包括自己提的建设性观点。在否定与建设之间，在是否还有更好的选择之间，作最理性的权衡，然后得出自己的判断。如果不是这样，不流于盲目，就陷入情绪，轻率的好处，是有一时的快意，但不出三五天，苦头就要你来尝：人家江流石不转，你风流全被雨打风吹去。

所以我说：一个真正伟大的人物，他必然是一部百科全书。在无数的领域，他都彻底精通，而且做到了极致，发挥到了最好。从他身上，某个具体方面，不同的人，能找到自己的沟通点、共鸣点。

大千世界，茫茫人生，隔行如隔山，隔人如隔海。所以沟通点、共鸣点，是人去接受的那张门票。比如水浒梁山，见李师师还只能是燕青，他们根本不用说话，甚至不用眼睛，凭感觉就能沟通。如果派了李逵，就只能是大眼瞪小眼。

普通的人，在某一个方面，有自己的所长、喜好、天赋，自然有他的优越。伟大人物，就是集绝大部分普通人优长于一身。如果做不到这一点，他就是个假伟人。就是靠吹起来的，面上十分光，里面一包糠。如果是这样，看得见的结果是：现在站得有多高，将来摔得有多重。

历史这样曾摔死许多人，它的淘汰本来就异常残酷。无论你有多高的智慧，多深的权术，多好的谋略，经过大浪淘漉，它终让一切剥光，露出本来的底子。所以真正的伟人，必然是老实的。在历史与真理面前，他知道一切不实毫没作用，所以他不会惧怕批评。

终于说到毛泽东一句名言：真理不怕批评，它是批评不倒的。这句话等于说：能够被批评倒的，那一定就是假理。这句话背后的意思，不管真理还是假理，永恒不变的一条，就是允许别人批评。

能够接受批评，这需要气度与胸怀。所以我去韶山归来，脑子里毛泽东形象，就是那幅披一件风衣，背靠广袤大海的巨照。我猜选这幅照的用意，无非是说：海纳百川，有容乃大，毛泽东最让人惦记的，就是他的胸怀。

在我看来，作为政治家的毛泽东，从中国有历史以来，鲜有人有他如此海阔的胸怀。

这样结论，似乎有个矛盾：毛泽东是讲斗争的，斗争是最不能容人的。譬如他到一个地方，干的第一件事，是划分敌我友，团结朋友，攻击敌人，看上去很狭隘。其实这不过是一种政治手段而已，他的策略，从来都是化敌为友。以他的性格，一个人无论是当面诅咒他，还是背后损他，他都能笑着接受。当然他得看你背后是否真诚。在面对批评意见时，说起来也许容易，但无论过去还是现在，无论是读历史还是看身边，换位思考，也只有他能做得那样好。攻击他的某些学者教授，如果换上他的位置，以其秉性、操持，能否做到毛的十分之一，几乎都是件让人担心的事。

以毛泽东的智慧，他当然明白，一个人能够容忍各种声音的批评，是一个人非常重要的素质。

因为世界上没有两个想法完全一样的人，一百个人一百个想法，一万个人一万个想法。你想按你的想法做，我想按我的想法做，你不认同我的，我不认同你的。

一般是：想法接近的人，大致容纳对方，各自向对方靠拢。想法不大一样的人，就只将想法的交集放到一块，将想法完全不同的，搁置起来不去理会。最关键是想法完全相反的。你说东，我说西，你说上，我说下，横竖是没一个地方说得到一块。怎么办？

许多人在这上面绕不过去，他们的方法，就是完全消灭想法完全相反的人。中国历史上有句成语，叫党同伐异，说的就是这些人。孔子也意识到了这个问题，所以他劝告说：君子周而不比，小人比而不周。是说坦荡有为的人，只是相互团结，绝对不勾结起来，去掐灭对手。

为什么不能掐灭对手呢？这开始接触问题的中心。

因为世界本身，就如青年毛泽东所说：鹰击长空，鱼翔浅底，万类霜天竞自由。鹰啊鱼啊，都高兴快乐，各飞各的，相安无事。鹰如果以自己飞得高，就要批评鱼，不让它生存，那么鱼也可以批评虾米，不让它生存，虾米也可以批评小虫，不让它生存。世界最后，也就只能剩下一种生物，而且这个生物最后也要灭亡。地球孤单寂寞到也玩不下去。

所以说，世界的本质，还是万类霜天竞自由。这对批评来说，就是一个底线，一个尺度。

万类霜天之中，一个“竞”字，说出了全部秘密。

你说你的想法好，我说我的想法好，那么我们就来比赛。怎么比？相互来批评，看谁的想法活得长，被接受的人多。能够一被批评就倒了，那当然是好事，因为这么快就证伪了。如果怎么批评也不倒，那也是大好事，因为世界从此多了一个真理。

我曾说，社会学的达尔文，就是物竞天择，弱者生存。因为不通过这一“竞”，相互批评相互比，世界根本漆黑一团。世界的道理，真与假、好与劣，从来是深刻地咬合，甚至是交融在一起，非常难以去分清彼此。比如说：有许多的人支持你，你说群众的眼睛是雪亮的，结果你对；全世界都反对你，你说真理从来都掌握在少数人手中，结果还是你对。横竖常有理。

但批评就是抽丝剥茧，它是一个细工慢活。无论你吹得怎么天花乱坠，能够被抽去的，终究会被抽去，能够被剥去的，终究会被剥去。一切还原了真实，是你的就是你的，不是你的肯定不是你的。最后留下的那个真实，一定是赤裸裸的。钱钟书在《围城》早就告诉我们，“一切真理都是赤裸裸的”。

因为谁也无法绝对肯定，自己的想法就一定是对的，是最好的。所以万个想法都要相互去“竞”，各自可以骂得不可开交，但不能去剥夺对方，无论是声音还是身体。容忍各种声音的批评，包括批评错了的，听着不顺的和特别刺耳的。毛泽东告诉我们，人碰到这个时候，就要硬着头皮顶住。

到底哪个好哪个不好，哪个对哪个不对？一切交给世道人心，一切交给时间。因为在想法面前，最天才的愚蠢家才会强制压服别人，才会霸王硬上弓，强硬地要别人相信他。一切都是没用的，最后只是风流雨打风吹去。

今人对毛泽东有许多误读。比如他的“批评与自我批评”，许多人当他是政治谋略。如果他发明“表扬与自我表扬”呢？那他岂不成了阴谋家？真正是欲患其言，何患无辞！萧子升在回忆录中说，青年毛泽东爱读刘邦。但萧子升没想到，无能的刘邦，胸怀与气度却是人难比肩的。

李斯说，江海不择细流，故能就其大，泰山不让土壤，故能成其高。这虽然是政治手段，但不妨也看作一种胸怀。一个人有了这等胸怀，便自信而不怕批评，他眼前的所见，就不会只是一叶，而是一个万类霜天竞自由的世界。

鹰击长空

鱼翔浅底

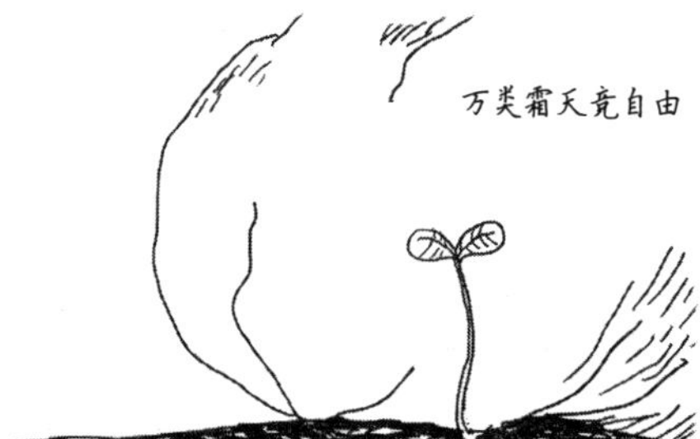
万类霜天竞自由

湖南人欢迎批评

看沈从文反思毛泽东

> 毛泽东接过鲁迅的棒，他干脆这样嘲笑徐志摩："（他）曾说过这样一句话，诗要如银针之响于幽谷，银针在幽谷里怎样响法，我不知道。但我知道他是一个艺术至上主义者。"

手头两本书：《黄永玉给艺术两小时》（湖南大学出版社）、《毛泽东文艺论集》（中央文献出版社），对照一读，一篇《谈沈从文》，与一篇《在延安文艺座谈会上的讲话》，就有点矛盾。最根本的冲突，就是文学与政治、审美与功利。

黄永玉回忆沈从文，里面写得很清楚，沈从文是不懂政治，他只会写艺术，也无法朝政治上转。而毛泽东的文艺观，说得再清楚不过：政治性是第一的，文艺性是第二的。一个要纯粹的文学审美，一个要绝对的政治功利，矛盾在这里达到极致。这矛盾自然不可调和，于是沈从文晚年只好弃文，转而研究服装。

以沈从文今天在世界范围内的影响，以《边城》彻底反功利却悄然潜入人心，是确证毛泽东将文艺绝对的政治功利化，是一个失误。

沈从文明确反对将文学纳入商业和政治的功利圈，他主张“艺术和实际人生的距离”的独立文艺观。谈及《边城》时他说：“我要表现的本是一种‘人生形式’，一种‘优美，健康，自然，而又不悖乎人性的人生形式’。”这是一种很明白的“文学就是有意味的形式”，无论你将鼻子放得有多长，也不可能嗅出政治功利味道。

沈从文的小说，是在描写一种“永恒不变的人性”吗？我想是的。鲁迅当年写《文学与出汗》，他以香汗与臭汗作比方，嘲笑那些“永恒不变的人性”文学，今天回过来去一看，先生当年的嘲讽也过头了。

毛泽东接过鲁迅的棒，他干脆这样嘲笑徐志摩：“（他）曾说过这样一句话，诗要如银针之响于幽谷，银针在幽谷里怎样响法，我不知道。但我知道他是一个艺术至上主义者。”显然，毛泽东对艺术至上主义者是根本否定的。但徐志摩的《再别康桥》，里面有自然、有爱情，写的难道不是一种“永恒不变的人性”？

文学中必然有一种“永恒不变的人性”，它可以超过时间与空间，超过国界，我以为这是肯定的。比如母爱，放到任何一个时代，放到地球任何一块土地，它都是永恒不变的，是不可能受任何政治、功利因素影响的。比如爱情，脱离了政治与功利的爱情诗，放到任何时代，放到任何国家，人们产生的心理反应，都肯定是向着一个方面的。再比如我们今天看彭见明的《那山，那人，那狗》，小说中的父子情，难道不是可以超越时空，不受任何政治与功利的影响的吗？

毛泽东是承认文艺非政治非功利的，但他认为要等到人类进化到国家消亡那一天。所有的分歧点就在这里：事实已经证明，在国家消亡之前，文艺完全可以做到纯审美，可以超脱政治与功利。

造成这一分歧的原因，鲁迅与毛泽东不约而同走向一个极端，我以为是当时的时势使然，颇有点“非过正不能矫枉”。

比方说，当时的中国好比一个起火的公园，鲁迅与毛泽东带头喊人去救火，徐志摩跟沈从文坐在那里讨论品茶。救火的人喊品茶的人必须一起去救火，品茶的人说自己根本不知道救火，只会坐在那里品茶。于是救火的人怕品茶的人动摇了救火人的心，干脆将品茶的人关到地下室里，不准他们再出来悠闲自得。

你一时还真难说谁对谁错。但问题正是：品茶的人不会救火，无能力救火，为什么不可以一直品茶？救火的人用一种道德优越感，一种主流民意，对品茶的人绑架，这至少是剥夺了别人的自由。如果不能如自己意愿的人，就都要赶尽关绝，那世界岂不就剩一种人，未免也太单调。

而且，你去救火的目的，不正是为了将来品茶？否则公园灭火后又生机勃勃，你不让人悠闲自得玩乐，那么这公园即使免了被烧毁，存在又有什么意义呢？火被灭了后，不品茶又做什么用？所以说，革命不是请客吃饭，这话说得很对。但革命的目的，就是为了请客吃饭。——革命最终是为了请客吃饭。这个道理，必须首先也搞明白。

但因为前面那仅有的一点分歧，产生的后果，却是十分严重的。因为不承认国家消亡之前，文艺可以纯审美，可以表达“永恒不变的人性”，所以这方面的文学家，都被关了起来，真正赶尽关绝了，但普通中国人的心灵，此时也变得空白。

要明白人的心灵，我们先来看人。人生存于天地之间，要面对的关系，无非三样：一是人与人，二是人与物，三是人与自己。

中国的文化，本质上是人与人的文化，所以社会科学十分发达，以斡旋、斗争的科学，居世界之巅。人与物的关系，就是科技。西方的文化，本质上是研究人与物，所以他们的科技，远超过中国。那么，人与自己呢？

人与自己，从来都只关乎心灵。在心灵的世界里，每个人都需要找到一个皈依地。于是世界产生三大宗教。中国古代，开始有道教，中间有引进的佛教，后来儒家兴盛，身兼世俗与教会两种功能，起到一种代宗教作用。

毛泽东当然不是儒教，他在阶级、斗争的哲学上走得十分纯粹，将政治功利，发挥到了极致，取得的效果，在人类历史上也空前绝后。这刺激了他的自信，他很清楚，他需要一种类似宗教的东西。于是，他冒险将政治功利膨胀，试图去代替宗教的功能，让它进入人的心灵。说是冒险，以毛泽东睿智的头脑，他比我们今天看得其实更清。

可以说，毛泽东自己在这方面的实践，是做得天衣无缝。我们读他的诗，艺术的审美境界，让人叹为观止，但只要你深入分析，他的每一首诗，都有着强烈的政治目的，有着明显的实用功能。不过他用智慧的头脑，非凡的艺术表达力，将他的目的与诗歌的功能，全部淡化到难寻其踪了。（我曾在分析《登庐山》一诗中详细说过。）正是因为政治的功利与艺术的类宗教功能，在他自己做得如此完美，所以他有绝对信心，要将政治功利侵入人的心灵，上升为一种宗教。

我曾猜测，“文革”为什么人们那么狂热？因为人的心灵没有皈依。于是人的内心世界，在一种焦渴的状态中，全部归依到了毛泽东的政治理想。政治理想是彻底功利的，它不可能承认有“永恒不变的人性”，于是个人就没有心灵世界，没有了自我，有的全是大我。从来忽视个人，强调团队的中国文化，将这一个又一个大我，继续往巅峰上推。一个又一个真实的小我，在一种伪崇高的鼓动下，当初被推得有多高，如今就摔得有多惨。这不能不说是一种深刻教训。

有人质疑毛泽东的个人品质，其实这是个天大的误会。《毛泽东选集》没有错，他确实是人类有历史以来，文化与思想的一个极致高度，问题就是：即使是世界上最好、最营养的食物，如果所有人成年累月只吃它，难道不会反而坏人坏身体吗？毛泽东早就看到这个问题，所以他十分反感个人崇拜，而且，以他的个性逻辑，他也不可能接受这种崇拜。所以他说：我就不信我那几本小册子真有那么神奇。但他无法控制了，因为失去了自我心灵的人们，被中国传统文化心理裹挟，都身不由己，也只有将他本人作为心灵宗教的偶像来崇拜。而这恰好违背了毛泽东的意愿，也完全跟他一贯苦心经营的平等，完全彻底地背道而驰。喜耶？悲耶？每思至此，一种巨大的悲怆，潮水般漫过心头。

如今，沈从文已经故去，毛泽东也离开了我们。关于文学是否可以纯粹审美，关于文学是否可以描写“永恒不变的人性”，争论却还在继续。这种状况，未免让人悲从中来。必须说，人生中有大我，但许多时候，每个人心中都有小我。如梁启超、毛泽东这样的伟人，恋爱时都作昵昵儿女语，那么，每个小小的人，在每天自我面对时，是否需要找回自我、本我、真我？如果将这个小我赶走，那么心灵复又无将依附，如果再以政治理想，或者其他什么理想，取代心灵的宗教，将人的内心鼓动起来，那么，唐吉诃德式的悲剧，随时又会蠢蠢欲动。

毛诗魅力的独特原因

> 真正自信的人，他不会霸王硬上弓，他只能春风化雨，所谓“红雨随心翻作浪，青山着意化为桥。”写雪，写昆仑山，那样的大气磅礴，但任何一个普通人，都能被艺术带进去，能够从中感受到美，不是因为其他，是因为他内心在追求一种美。

在我看来，诗歌在所有艺术中最难弄。散文可以百分之九十是水分，诗歌有百分之一的废话不行。一首真正写好的诗，能将作者的抱负、心迹、态度、方法、理想，全部表达出来。

夜读《毛泽东文艺论集》，书信集部分，看到一篇《致陈毅》，1965年7月21日写。陈请毛改诗，毛遂回了这封信。这封信写得很直白，其中就谈到诗歌，我跟毛观点接近，也就从这里谈起，一同追问诗歌。

陈当时大概送了好多首，毛只改了一首《西行》。回信开头，毛就用了诗歌语言：你叫我改诗，我不能改。什么是“叫”？应该是“请”，谦虚就是“要”。但“请”字显得毛太高姿态，“要”又将两人位置搞反了。这封信肯定要流出去，那么他就不是私人事情，所以毛得考虑中肯。一个“能”字，比写诗还蕴涵丰富。或者说：你写得太差了，我没法改；或者说：你写得太好了，我不用改；或者说：我也不懂诗，我不会改。三个理解，就四个字：我不能改。叫字很土气，符合毛的直爽，懒得跟你七礼八节。

毛随后说：你的大作，气势磅礴。联系到后面：我看你于此道（写诗），同我一样，还未入门。这不是肯定，而是明显的反感。陈诗到底怎么样？我们看他第一句：万里西行急，乘风御太空。这句口气很大，但里面很空，意象一点不美。我十分厌恶陈诗，道理也就在这里。他所有的诗歌，都是石匠在放炮，待你读完了，被搞得焦头烂额，满地除了狼藉，什么都没有。

毛只改了一首，无非是说：既然你送来了，一首不改，你不高兴。全改了，既犯了文人大忌，——文章都是自家的好——同时也让别人看了笑话。一些管理国家的人，居然有那么多时间吟诗作对。

这里可以看出，毛手下的老粗们，确实考虑事情，只凭爱好，只看兴趣，自己认为可以，就无所顾忌，不太考虑后果。毛到底要聪明几筹，用这个委婉的方法，既不伤人，也不害己，处理掉了别人的过分要求。因为毛很明白在政治之外，作为写诗的毛，与陈是彻底平等的，那么就必须抛开毛的政治身份，以一个普通人来看。这样一看，陈于诗于做人，都有点天真与糊涂。

这封看似平朴，其实颇见智慧的信，毛还是很爽快，也很诚实地道出了他的艺术观。一句是：又诗要用形象思维，不能如散文那样直说。宋人多数不懂是要用形象思维的，一反唐人规律，所以味同嚼蜡。

这句看似简单的话，许多人写诗一辈子没搞懂。有些是眼高手低，道理都知道，但做不到，是为不懂。也有不少诗人是字都认得，但道理根本理解不了，不会形象思维，他只会背诵话。道理没弄懂，砍柴误了磨刀功，所以看历史，真正的好诗，确实不多。

毛说自己和陈都“还未入门”，固然是借贬自己来笑陈。但按毛的性格，这是心里话。他接着说：我偶尔写过几首七律，没有一首是我自己满意的。下面加一串着重号。不是心里话，毛加着重号干什么？

但毛诗所以今天流传，有着不可动摇的文学价值，古人是与历史、政治联到一起，其他功能的强化，让艺术附带其中，作为附庸而沾了光。但毛诗所以被亿万人接受，正是因为艺术魅力。毛诗魅力的来源，恰恰是他自己说的：形象思维。

毛诗的形象，都非常之大。这与他独特的思维、感悟有关。独特的体验，一般都是高处不胜寒，几乎就没人会共鸣，因为共鸣不了，所以如看怪物。陈诗很不幸，正陷入这个圈套。他看上去很刚强，其实一是鲁莽，愚笨，二是没信心。就是激情起来，自己收不住，结果情绪冲到天上，自己还不知道，这叫没自知之明。一切口号很大，尤其诗歌口气很大的人，都是内心里害怕，没胆量，没底气的人。他必须借声音大，喇叭响，企图先吓倒别人。真正自信的人，他不会霸王硬上弓，他只能春风化雨，所谓“红雨随心翻作浪，青山着意化为桥。”道理很简单：你很激动，很热情，很昂扬，但除你外，别人都很平静，人家根本不理会你。你必须靠吸引人，打动人，给人以享受，否则人家不来。这就只能靠美。这也是诗歌与议论文根本区别。议论文必须要刺，要让人痛，不舒服。——所以诗歌说到最后，是且只能是美学。凡是没有美的形象，美的意境，美的语言、节奏，诗歌只能是垃圾。

以毛的智慧，早在20岁左右（1913年），就看透了这点。所以后来无论是写雪，写昆仑山，那样的大气磅礴，但任何一个普通人，都能被艺术带进去，能够从中感受到美，不是因为其他，是因为他内心在追求一种美。

但毛诗的美，到底是如何的美呢？我想了一下，大约这样一句，可以作为代表：苍山如海，残阳如血。

这句诗的艺术描绘，确实可以比“大漠孤烟直，长河落日圆”。它能给你发散去想，去勾画脑子里的图，让你在漫想中身心舒展。但正是这一勾画，我们就发现，有个意境，或者说形象，是不美的，或者说是一种凄美、悲美、壮美：残阳如血。

快要落山的太阳，照射出来的光芒，到了毛的眼里，就是血茫茫的一片。因为一切文字，都对应着人的内心，从这里我们感到了一股杀气。而正是这样一股杀气，是作为诗人的毛，成为政治家的毛的原动力。没有这股杀气，毛就成了一个纯粹的欣赏自然人性的诗人了。决定是诗人还是政治家，或者诗人兼政治家，全就在这股气。这就是孟子说的浩然之气。当时的中国，必须借助他的这股气，才能将一切乌七八糟，全部扫除干净，再重新注入新的血。

在我看来，中国历史以来，将中国古人的知识、历史、艺术，把握有毛那么精通，那么透彻，那么到位，那么娴熟于心，暂时还没有第二人。不是说毛的智慧绝对第一，——他简单如话的文字，真正读懂万分地难，也有很多人根本没看懂，就来发表反对意见。——而是他的勤奋，也能拿到第一。

作为诗人，毛将古人的智慧，全部当作肩膀，自己踩了上去。但作为政治家，毛一方面反传统糟粕，反的同时，他自己又掉进去了。年轻时代，他跟蔡和森说：你们去了解西方吧，我先了解中国。结果他庞大的知识体系，内核全是中国的古文化。那个白胖的娃娃，污水还是没揩去了。所以他重新注入新的血，只是换了汤，并不是全新的血。

如果毛不作政治家，单以他对中国古代文学的透彻精通，他可以将中国的古诗、古文化，经过自己的创造，推到一个前所未有的高度。但既然作了政治家，各种利益的纠葛，是非夹杂，他就只能是“千秋功过，谁人曾与评说”。

但读毛诗，毛文，以及数十本海内外大批判毛的书，彻底理性地剖析他，将目光放远，站到未来千年的高度，我们会发现，毛已经创造了他的高度，换了其他任何一个人，无论是人格操持、还是道德修养，或者个人智慧、能力，都不可能做到他那么好。

诗歌就实用来说，它必然要表达理想，比如写到最后，你必然要透露，你眼中的美是什么，你心中在追求什么。如果一个大气磅礴的人，眼中、心中、追求，他的目标都不美，这人一定是个投机分子，是个流氓家，是个没信念的人，是个大破坏家。他可以检点出，你的内心是否有爱。鲁迅那么激烈地批判、否定一切，他所以伟大，正是因为他内心的爱。毛诗中，我们可以清晰看到，他的理想，那么美好，那么伟大，那么纯粹。寂寞嫦娥舒广袖，万里长空且为忠魂舞，毛是一个超越时代500年的人。关于他的肯定与否定，反反复复，落定至少要200年。

诗歌就非实用来说，它就是一种纯粹的审美。它更加接近艺术的本源，生活就是美，美就是生活。诗歌的作用，就在发现与捕捉这个美。中国的湘西，沈从文的小说，就是这样的诗歌。

无论实用还是非实用，毛说诗歌应该形象思维，这句话始终不会过时的。

即使说艺术的毛泽东，也无可回避牵连上政治，需要说明白，正是李敖所说，毛继承了中国自唐以来的民族浩然之气，也只有他发挥到一个极致高度。

今天说毛，不可能给个人带来任何好处，批判毛，也可以自由评说。公正客观地评价，是一种继承西方的追求自由、真理精神。费尔巴哈说，我爱我师，我尤爱真理。中国的屈原也早说过，吾将董道而不豫。是说：我要坚持人间的正义、公道、真理，不以个人好恶而犹豫不决，投机地改变自己的观点。

《西游记》里看毛泽东

> 孙悟空在去西天取经前，遭遇的个人打击，让人看得心酸；而井冈山时期的毛泽东，受过的委屈、打击，简直是无以复加。而他们面对困难，心态也差不多，所谓“踏遍青山人未老，风景这边独好”。

小学时读的《西游记》，记忆零星，已经是些花絮片段，最近重新捧起看完，有了许多新发现。

我首先自问：《西游记》到底是写天上事，还是人间世界事？一问，所谓天上人间，其实都还是些写实的人与事。最让我惊讶的，是这本小说的语言、思维形式，居然处处见到毛泽东的影子。

凭读后记忆，里面有这样的句子：星星之火，可以烧万顷田。我们马上想到一句：星星之火，可以燎原。这不就是姊妹句？毛泽东在《念奴娇·昆仑》中最显英雄气概的“飞起玉龙三百万”，后面五个字，同样是《西游记》的发明。即使是故园三十二年前的“故园”，也可以在小说里找到原词。

一

《西游记》说是写取经，其实是写孙悟空。开篇放出这个天不管、地不管的石猴，实在是个民间的大英雄。石干娘拔下一根“毛”，便生下这个猴，而悟空这个石猴的气概，也曾颇让毛泽东自况。他晚年写诗说：“金猴奋起千钧棒，玉宇澄清万里埃”，他将自己当行者了。毛泽东身上有虎性，也有猴性；他的猴性，差不多接近孙大圣。只是到了他的身上，就将棒换成了剑。悟空是金猴奋起千钧棒，他是“安得倚天抽宝剑”。结果也差不多，一个是玉宇澄清万里埃，一个是把汝裁为三截。这两句诗背后，从逻辑思维到文学形象，几乎完全一致。

这样一读，《西游记》被读成社会学、性格学。干脆就这样读下去，从共通的猴性，我们再去回到小说，反观人物，许多事情，也就了然。

在这部小说我们看到，孙悟空是个最郁闷的人，他几乎随时都会受挫。玉帝老儿要管他，观音菩萨要制他，唐僧也要咒他，他还只有服管。玉帝老儿好歹有个座位，观音菩萨也算法术高明，但这唐僧，到底又有何德、何能、何才呢？

唐僧的本事，像极了刘备，碰上妖怪，遇到麻烦，别的本事没有，但马上会问“如之奈何？”，我怎么办呢？悟空知道怎么办。也只有悟空知道怎么办。猪八戒是随时准备逃跑的，沙和尚是放着装相的。每到飞来横祸，悟空就冲上前去挡。他自己喜欢挡，唐僧也需要他挡。

问题不在祸事来临，而在祸事去后。唐僧除了会问怎么办，还会的事情，就是每每制造冤案、假案、错案。而孙悟空正是为唐僧的愚昧买单的人，被唐僧错念紧箍咒，每次都痛得半死，但只好不了了之，因为师父跟天、地、皇帝、父亲一样，永远都是对的人。

与孙悟空的多才多能相反，猪八戒是个无才无能的人；这也算了，偏他既无才无能，还要好吃懒做；这也算了，偏他既好吃懒做，又贪财好色，还爱好打小报告。人类的优点，猪八戒几乎都没有；凡人的缺点，猪八戒几乎全有。

悟空跟八戒，就这样的两个人，怎么相处呢？一切的诀窍，就在唐僧身上。

正如孙悟空《西游记》所说，因为在软弱、无能方面，唐僧跟猪八戒接近，所以他们惺惺相惜。是以，猪八戒每次犯了错，总能得到唐僧保护。岂但如此，猪八戒自己犯了错，反过来告密，却总能害到孙悟空。这也是唐僧昏庸一证。

唐僧保护猪八戒，除了惺惺相惜，其实是借了一层缓冲。本来是他与孙悟空的矛盾，借猪八戒放中间，错了可以怪到八戒身上，师徒面子上好说，不至于彻底翻脸。如果没有猪八戒夹在中间，师徒两人性格的摩擦，一下子就变得赤裸裸。

我想吴承恩对中国古文化是颇有非议的，所以他将古人的性格，典型化集中起来，放到四个人身上。这个四人的小团队里，他们的人际关系，以及处理的方式，其实蕴涵了中国式的智慧，那就是虚伪。

中国人性格，骨子里是不争的、是害怕的、是好静的。猪八戒身上，我们每个人都有着影子。如孙悟空一样的人，那么英雄、勇敢、无畏、无私，他非但得不到好处，反而要为自己优秀的品质，付出沉重的代价。即使捉了妖精，保全了唐僧性命，他有时不但没功，反而是大过。中国几千年的文化，民族集中的心理就是这样。发明的成语，诸如“枪打出头鸟”，“行高于众，众必非之”，也都是这个意思。就是说，猪八戒是主流文化性格，是被大家都接受了的，而孙悟空顶多是个异类。

但没有英雄、勇敢，世界上没有一件事做得成。事实上的中国民间，还是从来不乏孙悟空这样的英雄。跟着唐僧走主流路线的猪八戒，既怕英雄、勇敢要承担的后果，又想得到英雄、勇敢取得的结果，怎么办？方式有两种：一是抢功劳，二是赖功劳。抢与赖都需要谋略，需要造假，所以我们看到，猪八戒喜欢睁着眼睛撒谎，即使不成也装憨，而每每都还能成功。以猪八戒为代表，一种民间极力讨好主流社会，借此来获得好处的文化，在这里被浓缩而集中表达出来。从这里对照历史，我们不难发现，中国谋人的文化，其水之深，足以让任何人恐惧。

二

当然不是说，孙悟空就没毛病。他最大的毛病，就是好出风头，讲个人英雄主义，特别好面子。这在奉行中庸之道的中国，肯定是要遭受打击，所以我们看石猴当年多孤立，人见人怕，都畏而远之。

历史的中国，对个人英雄主义是要沉重打击的。三国时的曹操就学乖了，他写《述志令》说：“吾不得慕虚名而处实祸也。”话说得很明白：我不能好出风头，为个人图虚名的人，那样，一定在某个时候，会有大祸临头。孙悟空不懂得这个道理，所以他既大智大勇，又始终顽皮，一身的孩子气，让身边的人既恨又怕，没有几个喜欢他。

有人怀疑我将文学这样分析，是说偏了。但文学即是人学，人是社会、是关系、是性格、是命运，而且毛泽东自己确实就这么分析，他将《西游记》在社会学角度，作了进一步发挥，居然读出了阶级，那就确实有点牵强。

但我想，毛泽东读《西游记》，肯定比我要深透得多，这是无疑问的。他对悟空的个人英雄主义，肯定有过深入的思考，结论是：那样做不行。所以他一直反个人主义，他要强调团体。

毛泽东反个人英雄主义，可以见他对毛诗的解释。“问苍茫大地，谁主沉浮？”，他说这个“谁”，就是“哪个阶级”。“数风流人物，还看今朝”，他说这里的“风流人物”，是指“无产阶级”。《念奴娇·昆仑》一词，他说是“反帝国主义”。这里都看不到一丝个人英雄主义的影子。

所以孙悟空面对的问题，在他身上都不存在了。这就是读书人的高明处，他能踏到古人的肩膀上，自己在上面扬长避短地再创造。但如果说，毛泽东当年是凭一本《三国演义》打仗，我倒深切地感到，他是用一本《西游记》在带兵。

三

如果从社会学角度去看，《西游记》简直就是本外交必读。唐僧从大唐老远西游，经历的都是外国，碰到的无论是人是妖，是鬼是怪，反正都是陌生人。所以我们看到，里面有人跟人打交道，人跟国打交道，人跟朋友打交道。

怎么去交道法？这里有学问。真实的历史，即唐玄奘的经历，比如天竺国之类，他们的民风民俗，是没有了。所以书里写的，都是中国式方法，不过是换了地点。按中国古代习俗，待人接物，如何做到不亢不卑？如何在许多的困难、矛盾面前，用自己的智慧去化解，将别人的关系放平，既不亏欠人家，也不放过别人之恶，而自己依然走自己的路？等等。

我看一部《西游记》，将中国古代的人情，已经用事实透露得清楚：天下没有免费的午餐。谁说不是呢？你看唐僧化了那么多缘，吃了人家一顿白饭吗？没有。即使有，后来也帮人做善事，还了人情。孙悟空请人帮忙，有平白无故，既不要报酬，也不讲关系，就无偿去帮助他的吗？没有。即使先免费帮了，后来有人不要他还的吗？似乎也没有。

可见历史的中国，其中人际关系，无论民间还是官方，都非常注重诚信，讲究个人尊严。两千年前的齐国，一个饥饿者不吃“嗟来之食”，宁愿死去，也不愿被人轻蔑。就是这么自尊、骨气、志气。到了吴承恩所在的明朝，这种传统应该更甚，所以人生社会之中，既有金钱债，也有人情债。人家不给，你不能要；人家不愿，你不能夺。欠下的，总是要还的。

将这本书里人际关系搞懂了，至少可以学会做人。大到国家大事，小到个人私事，你都可以做到有理、有利、有节：是你的，它不会走，不是你的，你不能要。《西游记》是最讲“有理、有利、有节”的一本书。

四

但《西游记》最让人叫好、也最让人受鼓舞的，还是里面那股不怕难。九九八十一难，不可谓不多。我们每次看到唐僧将自己搞得山穷水尽，孙悟空忙得焦头烂额，猪八戒喊散伙，沙和尚傻呼呼摸脑袋，而事情根本还看不到转机，就不免让人心忧如焚。

但孙悟空硬着头皮顶住。他是不怕的，真正天不怕地不怕。结果悟空这样坚持，事情总在关键时候，又出现了转机，才山重水复已无路，刹那间又柳暗花明。你不能说这不是个奇迹。

毛泽东长征过后，写诗说：红军不怕远征难。意思很明白，远征确实是很难，是无比艰难，只是红军不怕而已。一个不怕难，不正是孙悟空脾气？

联想到斯诺的《西行漫记》，这个“行”与“漫”，中文完全可以翻译为“游”，所以“西行漫记”也可以翻译为“西游记”。毛泽东晚年自称“老和尚”，说自己一生“像一个游方僧人”。这不正好说明，他的内心里，一直有挥之不去的取经情结？

如果将马克思的书比作西方的佛经，那么毛泽东正是取经人。只是他比古人高明，因为他将唐僧、孙悟空两种性格的人，融合成一身了：他既能像唐僧那样，照顾全局，但同样不乏悟空的英雄气。

“西行漫记”译为“西游记”，还在于里面的困难类似。而就毛泽东个人，遭遇也类似孙悟空。孙悟空在去西天取经前，遭遇的个人打击，让人看得心酸；而井冈山时期的毛泽东，受过的委屈、打击，简直是无以复加。而他们面对困难，心态也差不多，所谓“踏遍青山人未老，风景这边独好”。这就是一种豁达、不计较个人一时得失的人生态度。

毛泽东性格中的乐观，简直就是孙悟空翻版。这大概也是他专门写“咏梅”一词，来反陆游而行之的用意。毛泽东与中国历史上一切伟大的文学家、军事家、战略家最根本的不同，就在他面对无数多要命的困难，却总是“已是悬崖百丈冰，犹有花枝俏”，这首词一点不哭，也不愁，而是笑，站在花丛中笑。这代表了一种人生观。这是一种告诉人如何坚强，如何挺住身边的困难，活出真我风采的一种人生态度。

历史的中国，伟大的、不伟大的人，几乎从来没有一个可以做到这点，毛泽东做到了。当然，这种让个人心灵强大，让个人坚强起来的强者思维，在一碰到困难就爱哭的人那里，也许依然不能得到认同，但它必定会得到在生活中碰了许多的人的认同。

五

我当《西游记》还是一本哲学书，因为整本书里，笼罩的佛的哲理，实在太浓厚了。开篇就是：“混沌未分天地乱，茫茫渺渺无人见。”“盖闻天地之数，有十二万九千六百岁为一元。”这种佛理背后的大气，不是信口乱说，而是包孕了人间的哲理。

对写作的人来说，都明白一个道理，就是作家写来写去，写的无非全是他知道的东西。任你说书中有谁的思想，首先还是作家的思想，作家对世界、社会、人生的看法。作家吴承恩，就是那个看透了一切，凌驾于佛理之上的人。

他借悟空这个形象，嬉笑怒骂，调侃一切。这样伟大的作家，他对人生、世态的洞察，实在太深刻了，太绵厚了，所以他信手道来，让你发现，现实的世界，身边的世界，世俗的世界，一切的人，一切的事，都是多么渺小，释迦如来就像吴承恩一样，随口吐出几句话，就足以改变人间万象、宇宙人生，而孙悟空还逃不出如来的手掌心。我们由此，便思考宇宙的有限与无限。

我们再读毛诗：天若有情天亦老，人间正道是沧桑。这句诗说得很明白，人的社会，它的发展规律，就是沧海桑田。这种大气的哲理，实在如《西游记》一样，形象概括了历史的变迁，将我们的思绪带得很远。

我这样类比找到事例，大体上可以信服地说：毛泽东用自己的身体，在实践吴承恩的许多思想。这就是作家的伟大处，他可以用伟大的思想，影响伟大的人。当然包括影响世界一切的人，无论大人还是小人。从过去到现在，从现在又指向将来。这大概是文学非功利的审美之外，具备功利与实用价值之一例。

六

所以我又发现，真正的文学经典，它始终是一座宝库。不同的人，可以从中挖出不同的东西，而同一个人，在不同的阶段，也可以看出不同的内容。比如我小学时读故事，再后来看情节，现在看小说结构、作家的思想、吴承恩如何巧妙而智慧地行文。

跳开这一切之后，作为一个作家，我进一步关注吴承恩的天赋。作家是一个极其需要天赋的事业，个人如何努力，将天赋中的潜能，充分挖掘出来，并运用自我天赋中的能力，将自然世界的山、水、自然、社会，表达成一个最独到、也最准确、不可再去替代的世界，这是一种文学的境界。读小说就是与作家的天赋对话，力图去明白他真正要表达的意图，以此提升自己的思想层次、境界。

以吴承恩的天赋，《西游记》本已被他描绘成一个独立世界。看似简单，仔细一读，要写好它太难，正因为孙悟空会变化，里面许多人、仙、妖都会变化。怎么变？这很容易写乱套，变得作家随心所欲。但吴承恩就有这本事，将这些变化的本事，写得变而不乱，变亦有道。它里面可以理出许多逻辑线。

真正伟大的作家，是需要极端高超的智慧，它需要超越政治家的智慧、小说家（故事家）的智慧、文章家（文采）的智慧。没有那本事，你就不可能做出那么好的小说，就不可能影响历史、社会、人世那么深远。可见，中国的作家，也不见得是民间传闻的那样，个个就真那么迂腐。

智慧的作家写出这样一本好书，而毛泽东能够学得那么好，这就是中国民族文化精华的力量。作为每一个个体的人，其实都可以像毛泽东这样，通过自己的认真学习、领悟，将古典的精髓，化作我们日常的精神财富。

徒儿，前方我们休息下
师傅，您累了！我给你敲敲背
马屁精
师傅，您看大师兄又欺负我
哼！
你这泼猴，再这样我就念紧箍咒
我溜！

我读毛泽东的一些回答

> 这是一个极好的时代，这是一个极坏的时代，这是一个值得认真观察的时代，这是一个仍需要激情、理想，生命力期待蓬勃的时代。毛泽东如果还在，我想他会认同这样说。

最近几年来，我写过数十篇毛泽东的议论文，引起了不少的支持，但也有许多猜测、悬疑、不满、攻击……现将问题归纳，集中起来，专门回答如下。

一、关于偶像

问：博客里为什么将毛泽东看作“偶像”？

答：偶像是一部青春剧。毛泽东在我今天的年纪，一生刚起步，我哪能超越年龄。

中国人心理学许多不好，所以刻板印象很重，毛等于“1956年后”。

偶像带来的误会、负面效应，不急着去说，许多事情，越说越糊涂。只需要时间。

我所以称“偶像”，一是我高一以来，自发、零碎读过毛写的、写毛的书，接近一百本；二是我又读过海内外诸多名家、教授、博士批判毛的书，大约十多本；三是我正反的观点看得差不多了，知道，并且自信比较清楚。

我说：

1. 毛首先是一个人，但他是一个历史以来最优秀的人。

2. 他身上集中了中华文化、湖湘文化几千年的精华。

3. 从古以来，毛是第一个将民族浩然正气发挥到极致的一个人。中国的文化，基本上全在他身上了，他是一部百科书。

4. 毛是一个伟大的理想主义的人。

从个人情感上说，我的外公是个画家，破四旧时被逼死了；我的爷爷是国民党，“文革”时被斗得很惨。我出生时人们都还穷。但我需要撇开传统的情感取舍，像屈原那样：董道而不豫。就是说：我爱祖宗，我更爱真理。

我称“偶像”，缘于理解。我跟毛一些地方接近，所以明白他的内心。如果他是个普通人，我会像蔡和森，跟他做好朋友。毛自己说：做好朋友要知道对方心理。我对他应该知底、知心，做个好朋友。

就出生经历，我生下来时体弱多病，跟毛拜石干娘时差不多。就成长经历，我小时侯反抗父亲，跟毛总跟父亲斗气有同感。就成长遭遇，我少年时代求学事情，跟毛在东山小学有类似。同时都在湖南的土地，湘潭也算我生活的第二故乡，文化影响也很接近。只是往事越百年，换了人间。但时间不是问题，我相信跟他能做个不差的朋友。

二、关于学毛泽东

问：难道是说，你要全面地学习毛泽东？

答：先说清一点，我就是我。我无意专门学毛泽东，也不可能学得他。

每个人都是独特的个体。毛有他许多的天赋、特长，那是他自己的事。这不是说，在某些方面，毛就无法超越。在某些方面，需要踩到他的肩膀上。我想按他的性格，是愿意我这么做。再说一句：我就是我。我是在巨人肩膀上，独立的一个自我。

所以，学毛就是说，读他写的、写他的书，正的，反的。我都是闲暇时，个人想翻就看，想不翻就不看。没那么功利。没人压制，没人逼着、管着，也不能带来任何实际好处。但我坚决相信，这样读毛，才是真的。又没人要求你，自发学怎么不好？他写文章，做诗，搞评论，就都有值得学习的地方。接受还是反对，都是个人的事情。

前面说了，因为刻板印象，让今天读毛的书，只要不是泛泛，稍一深入，就是个尴尬话题。中国人对毛的印象，好像还是亲敬畏。有亲而誉之，有敬而怀之，有畏而辱之。说是“下不知有”，好像不是这样。读让人畏的人，自己也被染了色了，人家给你定了调。不好，心理学问题。

对一个集优秀的中国于一身的百科式的人，你需要吸取的，只是他身上好的营养，只是那些具备时代价值、或超越时代价值的东西。有些不学。比如毛讲暴力、斗争，这点今天我就反对。

我一直说不要与人奋斗，我从来就是这个观点。

有人会说：既然是偶像，怎么又反对？

我所以说：过去喊毛万岁的，都是瞎子喊话，聋子扛旗，睁眼的人举手。任何偶像都不是完美的，偶像是你要超越的人。

如果毛生在今天，他也不学斗争了。毛当年开始是学无政府主义，这不是斗争；后来在岳麓山下搞新村运动，也不是斗争。但都失败了，他才想到学枪杆子。是说，他是随物赋形，随时代、社会需求而化的。他一生都是这样的。他写书法都是这样。强调一下，毛的观点，不是刻舟求剑，不是削足适履，而是随物赋形。

人要说了：变来变去，反反复复。但你不变试试看？每个人都在变。变是智慧，不是狡猾。梁启超说：今日之我挑战昨日之我。世间万事，在一通变。毛写信给老同学周士钊，说：老实、聪明，足以解决世界万事。所以，人不要做狡猾的聪明人，也不要做愚蠢的老实人。

今天精英分子在说普世价值。就是超越时代、国界的价值。普世价值不远，也不玄，前面毛读书、做事的方法，本身就是普世价值，全世界都有人在用。

三、关于看毛泽东

问：一句话，毛泽东身上最吸引你的地方在哪？

答：吸引人的太多了，没有最字。浩然之气就很好。我以为毛泽东身上永恒闪光，就是有普世价值的地方，是他的平等观点。他最看不惯的，就是不平等。他愿意用生命去捍卫平等。

但他的个人太强大了，他的捍卫，在别人看来，就不是反抗，而是霸道了。其实还是捍卫。看他读白居易的《琵琶行》，结论为：作者跟琵琶女有平等意识，此诗好在此处，不在他处。一个高官跟一个妓女，是完全平等的两个人。他说的。事实上难道不是吗？任何一个真正对人生看得不糊涂的人，嘴巴上不承认，内心里还是明白的。

毛有着佛教的众生平等观念，这个观念深入骨髓。如果说毛从来高高在上，一个反抗者、一个农民出身的人，怎么这么贵族，违背他的出身？需要反抗的人，都是弱者。他不是高高在上，而是要推翻一切高高在上。他个人太强大了，后来人眼睛看花了。只是他太性急，结果走向反面。但他的这个想法，是具备普世价值的。

今天经济全球化，文化大融合，世界一体化，这个大趋势，谁也变不了。世界是平的，就是说：世界众生平等。人与人都是平等的，目前还有许多不平等，但那些不平等的路石，已经被网络推平不少，还有许多需要推平。

四、毛泽东与今天

问：你认为作为“人”的毛泽东，在今天有什么现实意义？

答：毛泽东是一个非常积极与上进的青年。《恰同学少年》虽有虚构，但基本面是真实的。毛青年求学，曾说：嘤其鸣矣，求其友声。洋溢着理想主义的气息。

他青年时代这么吸人，在他内心纯粹，容易养浩然之气，所谓粪土当年万户侯。一个人内心装自己太多，外在世界的、别人的，他就装不下。这样的人可以做一个出色的艺术家，但要与人合作的事，就做不好。他不是这样的人。

我们看今天社会，都说做政治、做企业、做文化复杂。其实不复杂。菩提本无树，明镜亦非台，全因领头的人，个人的太多。许多领头人，内心经不起检点。

无论从事哪个行业，欲成就大业，牵头的人，内心一定经得起检点。事情做得小，一团糟在自己；事情做大了，芝麻就是黄褐斑。

一个人没有大点眼光，而眼中只有谋略，人又积极钻营，这样的人，是可以做成很多小事，在社会玩得风生水起，照样出人头地。但这样的人做不成大事，也无所谓事业。进了官场，也无法成政治家，但一定是政客。这样的人多，时代就是老鼠时代。英雄时代是狮虎时代。狮虎是讲规则的、要尊严的。老鼠什么规则、尊严，它一律不要。就是没有。老鼠越多，社会越混乱，价值认同将不存在。

很简单：前面带路的人乱来一气，属于大多数的既无社会资源，也无权力资源的人，怎么可能守身，看着自己等饿死？价值认同一乱，社会就遵循丛林法则，弱肉强食。这很不平等。

今天社会不需要狮虎大一统，那样又是集权主义。但太需要狮虎的精英。万类精英竞自由。他们在各自的领域、行业，能够遵守价值，而不是带头捣乱。克制自我是难，对他们有个好处，就是事业可以做大。否则所谓精英，只是自我感觉良好，其实都小家子气，成事不足，败事有余。

理想主义很空，今天许多人不信，岂但是不信，是大笑之。大笑之后依然不信，暂时也不会被惩。但我们可以相信，它是一种眼光、胸怀、气度。对酒当歌，人生几何，它因为纯粹，所以能天下归心，如果硬要追问实用价值，它的功用在长久。老子说：无为有之用。也就这个含义。非实用主义的东西，都是成就大事的利剑。今天在政治、经济、文化领域，许多人号称要做大事，其实大事首先是理想。

人有理想，为什么没做成？无非只有三种可能：1. 目标高过了能力；2. 有能力，无目标；3. 无视目标，玩去了。

这样看来，今天依然还需要毛的理想主义，谓身无分文，心忧天下。

理想主义的精英都很了不起，那是伟大的精英。

老百姓有理想，也很了不起，劲头会足些。无意义的一生，可以找个意义。

五、毛泽东与评论

问：怎样看待今天的时代？

答：这是一个极好的时代，这是一个极坏的时代。这是一个值得认真观察的时代，这是一个仍需要激情、理想，生命力期待蓬勃的时代。毛泽东如果还在，我想他会认同这样说。

六、毛泽东与文学

问：在写作中如何画出这个时代？

答：文学有镜子的作用，所以：1. 真实再现；文学有表达的作用，所以：2. 热心而辛辣批判；文学有艺术的作用，所以：3.

有关于未来的浪漫的理想。

毛的诗歌就这么写的。只是他的批判，目标太大，一般人不感兴趣。他将苏联、美国当个体骂了，说人家不须放屁。

毛说：鲁迅如果还在，他要么顾大局，识大体，要么就在坐牢。所以文学与政治兼于一身，就是这么二律悖反。毛如果不做政治家，只做文学家，他一定是空前绝后的大文学家。但假设的问题没有答案。所以，还是不能一边倒，不能偏听偏信。要万类霜天竞自由。要愿意以生命捍卫别人说话的权利。

七、毛泽东与作家

问：有个疑问，毛泽东的个性，与作家性格是否能沟通？

答：毛泽东本人就是一个伟大的诗人。毛的性格，与中国两千年作家性格，最根本的差别是：作家百分之九十九是叹息的、愁苦的、悲观的、绝望的。毛的性格是豪放的、开放的、乐观的、豁达的。

李白大气、豪放、开朗、猴性幽默，接近毛的性格，所以毛对他的诗歌，喜欢得不得了。杜甫跟李白完全相反。所以毛对杜甫十分反感。原因在性格，不在其他。

中国历史的作家，除了李白、苏轼，其余差不多全是叹息的、愁苦的、悲观的、绝望的。即使是陆游，吟咏梅花，黄昏又愁，看后也闷得死人。所以毛反过来写咏梅词，被雪冻得彻寒，还是又俏、又笑、又不争。跟陆反着来。因为不能接受陆性格的悲。

毛的这个性格，跟他一生碰了无数钉子，吃了无数苦头，受尽无数不公，遭遇无数不平有关。物极则反，悲观过了头，就乐观到了底。这点我跟他接近，我24岁前很悲观，车祸、落榜……折腾得要死。后来性格就反过来了。反过来对写作不见得好。至少事实这样。

作家要打动人，都是要叹息、愁苦、悲观、绝望。忧伤、悲凉，这些情绪，最容易感染人。歌诗生民病，文学也是病。从内心里激发每个人的共鸣。但毛从根子上改了这个传统，这相当于彻底改造人性。因为文学本质上是懦弱的，敏感的，脆弱的，感伤的。所以它禁不起毛这一大气性格的介入。所以：许多作家不能接受毛，说他的诗歌不通。不是不通，是被他热烈的阳光一照，眼睛刺得睁不开。诗人很生气，后果也严重。他们要骂人。就好比在一个群体里，大家都残疾，你突然来个健全人，要按健全人的方式生活，这叫人怎么受得了。

文学即人学。以我34岁的人学，人生是不按常理出牌的。对的，好的，不一定是要坚持的，并且不一定是能够坚持住的。社会是一股潮流，非理性大过理性。对的，好的，有时逼得要迫于现实，屈服于错的，坏的。但社会长久来看，是十分理性的。

改造人性谈何容易，唐吉诃德战风车。但客观地说：反传统的人是天才，但也是个异数。作为作家诗人的毛，是个天才的异数。世界毕竟也有很多能跟他在诗歌中找到沟通，寻到共鸣与灵魂的，所以他的“乐观文学”，是会一直存在下去。因为一味悲观，最后也玩不下去。这样就好了，“悲观文学”与“乐观文学”共存。谁也不吞并谁。

有人总在铁脚琵琶，唱大江东去。我说：一味乐观是假的，豪放到底，那是伪豪放，而且会伤精神，人怎么去连续激动24小时？但婉约到底，柔靡得死人，天天沉在里面，那也会愁杀人、闷杀人的，林黛玉固然是不错，但让人老远总感到别扭。

毛说：偏于豪放，不废婉约。我说：有时婉约，有时豪放。文学不是打架，文学是唱摇篮曲。

对异数来说，孤独感是经常的。嘤其鸣矣，求其友声。是希望于万千人中，在茫茫人海，能得一二知己，我们一生都作为好朋友。

第三卷

湖南精神

湖南精神

站在民间看「湖南精神」

湖南人在纽约

评论

解剖湖南人文病灶的柳叶刀

源自故乡的深情

湖南精神

站在民间看“湖南精神”

> 站在民间立场，以草野的视角，将丰富与精彩做枯燥与灰色的体察后，我所知道的“湖南精神”，也就十二个字：湘人忧天，倔强勇猛，自由洒脱。

精神是一种气质，文化是一种方式。湖南精神与湖湘文化，互为表里。湖湘文化，已有定论，不外“经世致用、心忧天下、敢为人先、实事求是、兼收并蓄”。

湖南精神呢？

到今天为止，还没有人来完整地概括或者说定义“湖南精神”。1921年，安徽人陈独秀在绝望中呼喊，“欢迎湖南人底精神”！他做了一个应时的判断：“湖南人底精神是什么？若道中华国果亡，除非湖南人尽死。”借杨度之言，他归纳提炼成“奋斗精神”。历数王船山、曾国藩、罗泽南、黄克强、蔡松坡，以史佐证。

陈独秀最后高呼：“我们欢迎湖南人底精神，是欢迎他们的奋斗精神，欢迎他们奋斗造桥的精神，欢迎他们造的桥比王船山、曾国藩、罗泽南、黄克强、蔡松坡所造的还要雄大精美得多。”话音还没飘出书房，他身边就站出来毛泽东。毛泽东如陈独秀所盼，又造出了比湖南前人雄大得多的桥。

今天我们再追寻前人、追问历史，湖南精神真正就是陈独秀当年环顾中国急寻而不可得的稀缺的“奋斗精神”吗？

多数湖南人对此难以完全认同。原因在于，中华民族、中国文化、中国种族，多数时候并不处在“保国、保教、保种”的情况，乱世、战时特定状态下的概括，容易以偏概全。而且，在王船山之前，湖南人的精神气概，已延续五千年。在或战或和的漫长岁月，湖南土地、湖南人血管里，激荡一种怎样的精神？我们随手举出蚩尤、屈原、贾谊、柳宗元、周敦颐、范仲淹，则不似一种“奋斗”，或者说，独一个“奋斗精神”，不能概括。

文化是一种理性，精神则偏向感性。湖南人自己去追索，更能切近事实，接近味道。每一个湖南人可以从自己出发，推己及人，推人及史，仰望星空，俯瞰内心。当一种精神过于丰富、庞杂，现实与史实，永远比已知的要精彩。所以，身为湖南人，也只是“我所知道的‘湖南精神’”。

站在民间立场，以草野的视角，将丰富与精彩做枯燥与灰色的体察后，我所知道的“湖南精神”，也就十二个字：湘人忧天，倔强勇猛，自由洒脱。

湘人忧天

“忧”是一种情绪，既有忧患，亦含悲愤。在失败、挫折感中，它有一种看得见的忧伤。

湖南古时属于楚地。楚包括湖南、湖北、安徽、江苏等，泛及今天中国的中部主要地区。湖南土地从中部昂然挺出，因一条湘江。在一江春水向东流的自然安排中，湘江偏偏北去，于是与这块土地同时昂然挺出的，有湖南人，特称湘人。

第一个流传下来了的伟大湘人，叫蚩尤。蚩尤早年欲平定中原，毅然冒险北伐，跟黄帝作战。黄帝利用指南车，陷蚩尤于迷雾中。蚩尤大败，逃到今湘中梅山，作为九黎王，繁衍后代，成为湖南土著三苗的祖先。

蚩尤部落山人尚武、好斗，失败者巨大的悲情，给湖南土地以传染，包括他冒险、草莽性格，在后来的历代楚王，尤其是问鼎周王的楚庄王以及反秦的楚霸王项羽身上，体现得淋漓尽致。

部落原始率真时代，蚩尤第一次“战天”。后来有所谓“周虽旧制，其命维新”，蚩尤“战天”可以看作有史记载之前的变革天命，或者说创新天命。变革创新失败，忧伤悲怆，定下了司马迁在《史记》中所描述的楚人气质基调：“其俗剽轻，易发怒”。

蚩尤“战天”失败，数千年后，与梅山隔得遥远的汨罗江畔另一位楚人，在洞庭湖浸润着的湖南，用一种完全不同于蚩尤“战天”的豪情斗志，用一种完全有异于山地人霸蛮、尚武的方式，播下了水边人浪漫、高远的情怀。他叫屈原。

蚩尤“战天”，屈原“问天”。一战一问，共同的情绪是忧。前者是失败者悲情忧绪，后者是流放者的悲愤忧思。

当年，行副宰相职权的左徒屈原被解权流放到湖南，“朝发枉渚兮，夕宿辰阳”，内心似火如灰，极度矛盾郁结。神奇的是，放眼三湘，跋涉四水，孤独心境，自由思想，他居然跳脱一国命运之悲，开始神交宇宙，写下《天问》，作为《楚辞》中的一篇。《天问》共373句，提173问，开篇即问："曰遂古之初，谁传道之？"

屈原是中国第一个站出来向天发问的诗人、学者。楚国首都在湖北郢，为什么他到了湖南才"忧天"？

湖南是一块自然引发人敢来"问天"的土地。

环看中国，漫长古代，黑龙江、广东、海南，是用来流放罪犯的土地，因流放的人素质过低，文化只有负面影响。湖南不同，历来用来流放官员，每流放一个，就给湖南带来莫大的文化滋润，他们又多是中国一等一的旷世奇才。其中就有贾谊、柳宗元。

回望湖南，此地三面环山，一面围水，山不太高，水则必阔。人进入湖南，一则清净，断绝尘扰，二则在秀水青山中时刻可以找到自己，感觉到自己。

感觉到自我存在的屈原，独立无依中抬头望天，心中问道。他这一问，开创了湖南文人"追问自然天道、探求宇宙真理"的传统。

览遍历史，两千年来，在"要将宇宙看稊米"的浪漫高远胸怀中，无论是岳麓书院"惟楚有材"的高傲，还是湖南大学"传道济民"的谦卑，都事实从那一刻发生出来了。

再去细看：屈原问天，"追问自然天道、探求宇宙真理"，作为哲学家，开拓了湖南文人学者在求真理时的格局、气象；作为政治家，则树立了湖南人以天下为实业、为己任的标榜。

屈原在《天问》只关注五个方面：天、地、自然、社会、历史。两千年后，青年毛泽东也只关注五个方面：中国、世界、宇宙、社会、人性。毛泽东当时不大可能看过《天问》，很大程度上出于一种地理气质的自觉。这种直逼宇宙本原的宏大气象，决定湖南人视野辽阔、胸怀博大、人格高岸。

自屈原在离国的忧伤情绪中“问天”，后历数代大家，无人敢贸然对答。再历千年，唐代落魄文人柳宗元被流放到湖南永州。

柳宗元落地湖南，顿时来了兴趣、灵感，也仿佛有了底气，他自信地斗胆写《天对》，对困惑屈原的173问，逐一回答。

唯物主义思想家柳宗元回答对错、好坏暂且不说，我们关心的是，柳宗元为何一到湖南，就想着来“对天”？

“追问自然天道、探求宇宙真理”，柳宗元从中悟出高远的哲学洞见，他用来解决现实的政治问题。作为“唐宋八大家”之一，柳宗元是唯一直接参与了中唐“永贞革新”和“古文运动”两大行动的中坚人物。

屈原问天，是哲学思索，属无用之学。柳宗元对天，是实用主义，借天道解人道。两个之间，来了次华丽转身。

柳宗元死后，又一个落魄大文人跟来湖南。他不是在舜帝墓地的永州山边，而是在洞庭湖畔的岳阳水旁，此人叫范仲淹。

柳宗元落在湖南山南，范仲淹飘到湖南水北。

《天问》有了，《天对》出了，范仲淹来到湖边，还能干什么呢？也只能想想前人，望望天下。天下湖湘，八百里洞庭，气势浩瀚，乾坤沉浮其中。范仲淹登临此境，精神之忧与现实之乐，同时涌上心头。仿佛醍醐灌顶，通达了天人之际，古今之变，他将这种感受，凝结成一句哲学之言。这句流传很广的话，解决了困扰士大夫千年的政治心结：先天下之忧而忧，后天下之乐而乐。

千年以下，湖南本土文化与中原文化，一直是单向影响、交流传播的。互动式交流，则自唐朝大中元年湖南人刘蜕考上进士。史称“破天荒”。与中原文化接轨互动后，儒家的“平天下”（进取），与道家的“观天下”（自由），到这时才开始出现第一次大融合。

到宋朝时，湖南土地已历经诸多大家，人文也有千年积淀，开始酝酿本土大家的崛起。

与范仲淹几乎同时，湖南道州本土哲学家、中国道学（理学派）开山鼻祖周敦颐出来了。其时佛教对中国儒教产生毁灭性的冲击，周敦颐这个只在湖南、广东、江西等几个县级政府颠荡过的小官员，优哉游哉中也来“忧天”。

周敦颐“忧天”，而且忧有所得，跟湖南神奇的地理有关。在湖南道州月岩山，有这样一个奇特的景点，其岩形浑圆，入洞仰视，自东看像“上弦月”，自西看像“下弦月”，从洞中看，蓝天当顶，圆如满月。天光透入岩中，竟有三个月亮。更奇妙的是，中间的月亮，随行人步伐，依次变化出“上弦、满月、下弦”。周敦颐第一次踏入此地，面对自然鬼斧神工，心中无比惊奇。观月岩山之月，顿悟宇宙大道，写出了《太极图说》。

《太极图说》共249字，不足今天两条微博。它的价值，在于用一种学术的创新，在意识形态上挽救了以后的封建王朝使其免于崩溃，影响力与孔子比肩。周敦颐学说，核心内容，就一个“诚”字。他创新的方法，是“佛教内容儒家化”。

到这时，我们是否已经可以总结出一个规律，湖南人欲得宇宙大本大原之真理，必得先“望天”？放到中国比较去看，广东人口头禅“望天打卦”，周敦颐“望天得真理”。

周敦颐死后，另一个湖南大家又出来了，他就是衡阳王船山。

王船山是一个性格坚硬到无以复加的文人，屈原也无法跟他比较。屈原被流放10多年，转了湖南沅江、汨罗几条水路，越走越伤心，忧愁而死；王船山被追杀，白毛女一样，躲避深山40年，波澜不惊，毫发不损。

前人已将天望得差不多，这么一个铁石心肠的读书人，他再来抬头望，还得到什么真理了呢？

王船山只做过类似今天科长职务，因明朝灭亡而放弃科考做官，从小在乡下做着真学问，看天眼光又不同。在衡阳湘西草堂的陋室前，在平沙落雁的秋凉中，自称“头不顶清朝天，脚不踏满清地”的王船山，望出这样一个结论：六经责我开生面，七尺从天乞活埋。

前句是关于学问大道的创新，后句是从天道中悟出读书人应有什么样的气节。在忧天而及学术真理、忧天而及为人处世真理方面，王船山将“忧”的影响面进一步拓宽。

思想学者韦政通将中国古代知识分子归纳出四种典型人格，“孟子刚健，庄子透脱，阮籍狂放，船山贞固。”王船山的霸蛮、执定，用花岗岩脑袋来形容，恐还嫌花岗岩太软。

王船山望天，虽然没有前面的屈原、后面的毛泽东关注的五个方面那么宏大，但他在哲学上、在关于人性的哲学思考上，已有独到的发现，他说：“天地之德，日新富有，流动充盈，随在而昭其义于有形有色。”就是说，天地从来不吝惜自己爱的付出，为了使人类始终有善性，每时每刻都在不停地给人以善的滋养。他又说，“夫性者，生理也。日生则日成也。则夫天命者，岂但初生之顷命之哉？”，在王船山看来，善是人活着的标志，活下去的理由和根据，失去它，就算活下去，人已经沦落为动物。

我们终于明白，王船山补天不得，转而望天生忧，一望一忧，开创了“命日生，性日受”的人性理论。弥补了中国自先秦以来学术界在人性论上的漏洞。（孟子“性善论”与荀子“性恶论”，都只论及人生下来之本性，至于后天人性如何，他们并没有立论，王船山开创性地立论出来了。）这一点又可比肩于前人周敦颐。

到此归纳总结，湘人忧天，大概有这么一个规律：一是在失意、挫折、悲愤中怀忧患之心，忧虑之意，忧伤之情，思考出整个宇宙最根本的哲学性的法则、原理、真理，也就是“求得天道”。二是用这些求得的天道，来指导人道，解决现实政治与社会人生中的大难题，也就是“传道济民”。

这些引领湖南精神的伟大人物，以各自相似又不同的气质、秉性，在各自坚持的某个方面，创造发挥到一个巅峰的高度：要么成为理论的哲学家、学问家，要么成为朝野皆通的思想家、或有良知与大抱负、大作为的官员。但他们不是没有缺陷：他们对宇宙大道思想的发现，要远远大于他们现实行动的实践影响。换句话说，他们的行动力，跟不上思想力。

恰在这时，毛泽东出现了。

毛泽东的出现，是迄今为止“湘人忧天”气质所开创的一个顶峰。毛泽东是湖南人中将蚩尤部落山人尚武、好斗，与屈原水边人浪漫、高远完全融合一体的特例。他从小除了与父亲斗，也漫想天下事。他一句“丈夫何事足萦怀？要将宇宙看秭米”，蚩尤屈原融合了。

毛泽东生在清末民初，这是一个政治松弛、管制纷乱、思想自由的时代，没有了大一统思想的束缚，人可以直接追求宇宙真理，达到天道，实现天性。青少年时代，毛泽东自由行走，自由求学，一心只思考人类最大、最根本的真理。他在橘子洲那块不大的地方，抬头望天，问出个“苍茫大地，谁主沉浮”来。相对于前人的“望天忧人”，“望天忧学”，他在“望天忧地”。

借天道解决人道，是湖湘学问的立足点，也是学问行动的起点。毛泽东思考一生，行动一生，对天问人。

年轻时他问："人有病，天知否？"，试图与天对话。中年后他说："天若有情天亦老，人间正道是沧桑"，站到天道哲学的高度，来俯瞰地球变化。尼克松称毛泽东是大哲学家，而毛泽东与尼克松见面，也只谈哲学问题。毛泽东被称作战略家，战略家首先是哲学家。

在性格气质上，毛泽东自称"虎性为主，猴性为辅"。虎性即是蚩尤的霸蛮、倔强、好斗；猴性即是屈原的智性、浪漫、高远。湖南八百里南岳，八百里洞庭，山为虎性，水为猴性。自然就这样人化了。

蚩尤、屈原的悲情忧伤，是一种心力，毛泽东早年师从杨昌济，专习伦理学，第一篇作文，正是《心之力》。毛泽东最大的贡献，是将"忧天"的思想与行动完全合一。

书生文人历来坐而论道。书生行动，是王船山开创的传统；成熟在曾国藩；知行合一，出神入化，在毛泽东。他干脆将自己的哲学文章叫《实践论》。

孔子说，以人载道。一切地域精神，无不要通过人行动出来。

湖南精神，有江湖与庙堂之分，草根与正统之别。毛泽东将之间全部打通，湖南人精神气质若干面，在他身上都可以找到。

今天湖南人，无论贩夫走卒，还是达官显贵，无论是村野民夫，还是江湖名士，他们总或多或少，能从毛泽东身上找到自己的一些影子。对毛泽东批判得最激烈、最不留情面的湖南人，无非是同毛泽东一样，有着倔强、刚烈、独立、不服权威的性格而已。

卓然独立，锋芒毕露。湖南精神本就是一种大缺大全，充满了争议与不确定的气质。

倔强勇猛

倔强是湖南人身上最醒目的一种精神，倔强的象征物，是骡子。

湖南人倔强，原因多样。比方湖南山地、丘陵奇多，人人隔绝，各自占山而居，造成性格独立；同时，湖南山地十分贫瘠、坚硬，造成湖南人生存必须与土地斗，与人争；湖南人从九黎王蚩尤败归化为三苗，好斗的气质仍在，负气造成倔强；而湖南四塞之国，被洞庭湖封住，中原主流的大一统文化迟迟影响不进来，也是湖南人独立、不依不傍的一个重要原因。

但以上都是外部原因。真正内在地决定湖南人倔强的精神气质，还是因为文化源头上的“忧天”。

湘人忧天，无关功利。屈原忧天，只为“追问自然天道、探求宇宙真理”。这让湖南人一开始，就保留了一种自然、率真的性情。

强烈的自我感、独立意识，注定湖南人只认真理，行事坦荡，个性刚烈，他们不信邪。信什么？自己。

独立、自信，就是前面说到的王船山气质，叫“贞固”。贞是高洁，固是坚硬。这一气质的源头，都在屈原。“世人皆醉我独醒，世人皆浊我独清”是高洁，“九死而不悔”、“董道而不豫”是坚硬。

高洁情怀，与风土有关。湖南有两大象征物，一是橘花，二是莲花。

橘花是屈原的价值观寄托，20岁那年，他第一篇文章叫《橘颂》。橘花色白，橘树只能生淮河之南，生到淮北就变味成枳。文化的象征意义，是屈原借此比喻自己只能属于楚地。毛泽东独自站在橘子洲头作《沁园春·长沙》，也是感受了这种地域植物的风神。

橘花性格，与其说是爱国，不如说是安土重乡。

莲花则是周敦颐的价值寄托。莲茎中通外直，不蔓不枝，象征君子。莲花则是佛祖释迦牟尼的象征。释氏出生时，传说“地涌金莲”，莲花被赋予了“普渡众生”含义。

湖南人慈爱心肠。魏源晚年投身佛学，谭嗣同将佛学融入仁学中，蔡锷也称“用霹雳手段，显菩萨心肠”，熊希龄以慈爱心办学，纵横家杨度晚年也遁入空门。最广为人知的，则是毛泽东幼年跟母亲拜佛，还认了石头做干娘。

慈悲与普救情怀，在湖南民间，广为弥散。站在倔强的对立面，消融了湖南人因倔强好斗而造成负面结果。

倔强的根源，在独立意识。这造成每一个个体的湖南人都有自己的特点，不可复制的特性。世上没有两片完全相同的树叶，地球上没有两个完全相同的湖南人。

在中国内，湖南是保留人类天性最完整的一个人群。

天性的湖南人，“尚巫重情”。直到民国，依然完整。湘西可以产出《边城》，沈从文以“永远的乡下人”自居，是这种完好天性的流露。

湖南自古蛮荒，王化不及。“怀化、新化”地名正源于此，所以“尚巫重情”历数千年，至今影响依然。这造成湖南人对技术侵占到人性、人情的地方，会特别敏感，有本能排斥。假使地球人将来都跟电脑结婚，湖南人一定最后将人脑换成电脑。

保存天性的湖南人，独立、自我、个体意识，他们“忧天”的作为，通过一个个具体的生龙活虎的人物，发挥得淋漓尽致。

蔡锷当年“为四万万人争人格”，即最见个体精神的锋芒。

重情之外，还有重义。

湖南人仿佛为义而生。义者宜也，即是事情的正当性。社会公平、人间正义、天下大义，是湖南人求取的对象。所以，倔强、决绝的湖南人，对那些于自己毫无实利的事情，那样醉心，那样投入，舍命相投，飞蛾扑火。

放进全国去比较，更加了然如画：江浙文化，本质上是一种“利”的文化；安徽一带，基本上是一种“名”的文化。湖南则是一种“成就感”的文化。

利是人安身立命的基点，名是对利的一个超越，而成就感则是人能追求的最高境界。成就感就是“自我价值的实现”。

无视利、名，一心追求成就感，追求自我价值的实现，这种文化特质，让湖南人有倔强的底气。倔强就是无论多大的利，多高的名，都不会妥协，而按着自己的意愿，将事情做成。

所以我们看到，王船山以来，历经陶澍、魏源、曾国藩、左宗棠，中间有谭嗣同、黄兴、蔡锷、宋教仁，直到毛泽东、彭德怀、胡耀邦、朱镕基，中间还有无数一等一的人物，都以蚩尤那样的勇猛、血性，不顾利害得失，个人性命，举起历史的闸门，划开历史的双桨，将民众导进民主、自由的境地。在《经营天下的湖南人》一书中，我逐一进行了比较完整的述说。

“经营天下”是湖南精神一以贯之的追求。

“经营”的本来含义，是筹划与管理。经营天下，就是筹划与管理天下。从屈原问天，到柳宗元变天，到范仲淹唤天，到周敦颐补天，到王船山哭天，到毛泽东换天，求天道而得人道，湖南人筹划与管理天下，有一根清晰的逻辑线。从古代自陶澍出湖做官，到近代曾国藩组建湘军，崛起于陇亩，暴湖南以大名，两百年来，湖南人前后接力，事实上在做的，就是成功运筹中国，经营天下。

这样一脉传承下来看，湘商文化创始人伍继延将两百年来湖南人的作为，归纳成六个字：“湘军、湘政、湘商”，这是有历史感与洞察力的发现。

湘军是以军事作为天下大业的发力点，湘政是以政治作为天下大业的发力点，湘商是以经济作为天下大业的发力点。军事、政治、经济，是国家存在的三大基石。湘军、湘政、湘商，共同的目标，都是经营天下，如果说有不同，只有发力点不同，手段不同。

所以，2007年9月，伍继延牵头，千名湘商签名发布《湘商宣言》，依然是秉承湖湘文化的优良传统，根据全球化时代的历史潮流、时代需求，将它转化为“责任、创新、务实、和谐、诚信”。

中国地域不同，各地特质大异。比较国内文化，商帮差异大现：儒家文化积淀，山东着眼家国，是以叫“中国鲁商”。江西怀念宋朝文化，是以叫“中华赣商”。山西、浙江、福建，着眼“利通天下”，是以名“世界晋商”、“世界浙商”、“世界闽商”。徽、粤、苏、陕，各本其名。唯独湖南放眼宇宙，气魄宏大，号称“天下湘商”。

天下是一个社会概念。国家是暴力机器，社会是自由自治。

历史流变，换了人间。湖南人告别曾国藩军事的铁血、告别毛泽东政治的谋略，今天以蓬勃生猛之势，用商业的手段，湘商迅速做大，造成湘商引领华商之势。固然，湖南精神中有霸蛮执着的地方，有智慧灵活的地方，但湖南千年耕读传家，传统造就湖南人性格中天然有一种肯干务实的风习。

书生实干，是湖南人的特质。

无论是历史以来，还是历史当下，湖南人经营天下，最显明的特点，即是：“天下当实业，经营利义爱”。

利是经营的起点，义是对利的超越，爱是义的升华。大爱天下，这是经营天下的最高境界。

忧天让湖南人得到大思想，倔强让湖南人保存独立天性，勇猛让湖南人敢做敢当，刚毅坚韧，超越利、名束缚，对自我价值的实现执着追求，让湖南人可以心无旁骛。所以历史以来，个体的湖南人，都有一股浩然之气，一副舍我其谁的精神风貌。

以上是湖南精神刚性的一面，它散布在湖南精英人物身上、装点在醒目历史事迹里。

凡事有正必有反，有刚必有柔。在刚性的对面，我们看到，柔性的湖南精神，同样有着自己的醒目特色。

自由洒脱

湖南地处中国中部，长江以南。梁启超曾以长江、黄河为界，将中国地域性格，分为“南老北孔”。湖南处在“南老”。老子的道家文化，是湖南人精神之根。

道家尚柔。湖南精神的根，是道家。相对于北方大漠的粗犷豪放，湖南更多是一种浪漫灵柔。山东出响马，湖南产土匪，源于地域差别。

但湖南的柔性，不是江南式柔媚。与江苏、浙江一带的温软柔腻比较，湖南人偏向于浪漫、高远。

这是一种南北杂交后的变异。湖南地处南方中的北方，北方中的南方，是“南人北相”与“北人南相”的杂汇。湖南骡子，说的正是杂交优势。在三苗土著与客迁者混居、江西填湖广民族大融合阶段，都对湖南本土人种起到了改良作用。

这种非南非北的地段、无论与北方人还是南方人，都有一种异质感。而湖南山地的独门独户的独居特色，造成每个人天然的独立意识。忧天时宏大气魄，更有一种排异心理，强烈的自我意识与强悍气质，更加剧了这种独立精神。同时，四塞之国开化较晚，被主流化程度不大，在保留湖南人天性同时，也保留了那种自由散漫、天马行空，不受拘束的气质。

湖南人身上的自由气质，对自由的本能向往和渴求，便因这几种原因生出。湖南人最光辉灿烂最激荡人心的一段，也正是为天下争自由的那段。

如果说，曾国藩、左宗棠还有卫道的气质，到了谭嗣同，唐才常，争取政治民主自由的精神，就初显端倪了。到蒋翊武、黄兴、蔡锷、宋教仁，追求自由的气质，已经回荡在身上了。

独立自由的集大成者，在青年毛泽东。32岁那年，毛泽东称“独立寒秋”，看到“万类霜天竞自由”。既要独立，又要自由，战乱年代，现实是既不独立，也不自由。

毛泽东首先想到搞湖南自治。

1920年9月28日，毛泽东写下《湖南自治运动应该发起了》。军阀张敬尧被逐出湖南后，他提出“自主自立、废督裁兵、公民制宪、实现民治”的运动。

可惜，这段历史今天被许多人忽略了。

毛泽东专门从湖南的历史、地理、民族性论证湖南为什么要自治。

第一，湖南作为中国里面的一个省，历史悠久，自有中国，就有湖南。第二，从地理形势来看，湖南大国也，南阻五岭，北极洞庭。第三，中国维新，湖南最早；辛亥革命，湖南首应。第四，湖南自1913年以来，遭军阀之暴虐统治比任何一省都厉害。他评价当时湖南精神，是“湖南人确有几种可爱的特性，坚苦、奋发、勇敢、团结心都是”。（见杨金鑫《青年毛泽东与近代湖湘文化》）

毛泽东创办《湘江评论》时，曾发起一个惊动中国的事情，驱赶军阀张敬尧。他当年去北京向政府请愿，落款是“湖南公民毛泽东”。这是湖南有史以来第一个以公民身份自称的人。其时的毛泽东，信奉的是无政府主义，这个主义的核心，是社会自由。

自由的本质，是超脱利、名束缚，追求自我价值实现。

自由与天下结合，就成了醉心成就感、社会公义、天下大义，如黄兴“碧血浇灌自由花”。自由与政治结合，就是毛泽东喊出的“为人民服务”。湖南人从政，可能过于理想、激进，在后世带来争议，但还从来没有产生过一个追名逐利之辈，为湖南人超越的精神使然。

湖南民间的洒脱，则见出道家文化达观的一面。

凡性格都有反面，霸蛮执着的人，必有灵活机智的一面。

湖南人会生活，爱生活，以长沙为最。

如果说，“忧天”是湖南人沉重的一面，“乐天”则在湖南人有轻松的一面。

乐天的落点在生活，乐天的精髓在折腾。

湖南人会生活，能折腾、擅长折腾。长沙的酒吧、歌厅、洗脚城可以佐证。中国四大直辖市洗脚城加起来，数量还抵不过长沙，即是例证。长沙人“策”，换句直白的话，是“用嘴巴来折腾”。

湖南卫视正是乐天的湖南人用“边策边折腾”鼓捣成功的。

乐天的湖南人，民间流传一句俗话，叫“白天爱看牛打架，晚上唯愿火烧天”。爱凑热闹，好生事情，精力充沛，生命不息，折腾不止。

折腾出于自由的天性。当这种乐天的天性，遭遇忧天的沉重时，表现出来的气概，无一不是：洒脱。

湖南民间俗话：要死卵朝天，不死又吃饭。粗俗俚语，很见湖南人的达观。道家的庄子，曾流传一则故事，妻子死后，他盘腿敲瓦唱歌。长沙人家里死了老人，丧葬时往往放流行歌曲。对于非人力可能及的事，湖南人都看得开。

老子说，民不畏死，奈何以死惧之。湖南人倔强、勇猛、血性，再加上自由、乐天、折腾这些元素，融合在一起，就起了化学反应，变化出湖南精神中很重要的一点，淡看生死，即是达观。

达观的精神，经过有大学问、大思想的湖南人的融会，就升华成两句话：“红军不怕远征难，万水千山只等闲”；“我自横刀向天笑，去留肝胆两昆仑”。无论是毛泽东的举重若轻、洒脱淡定，还是谭嗣同的勇猛决绝、达观自信，都为湖南人以生命求真理、以坚苦索自由的精神，立下了标杆。

湖南人精神中的这些大义情怀、决绝不悔、自由洒脱，让他们在艺术、反权威两方面，可以开创人类的巅峰高度。

如果说，湖湘文化经过系统的提升，已经成为一种庙堂文化，那么，湖南精神，事实上依然存于民间，它的精气神，它的不死活力，始终弥散在民间。

中国有两个历史时期，民间充满活力，思想自由丰沛：一是春秋战国，二是清末民初。共因是政治无法管制，民间自由生长。

"湖南精神"的形成，得益于洞庭湖的封闭，得益于湖南一直长存民间。湖南精神的真正不死的活力，始终保留在民间，因为湖南精神，本质上是一种草野的、自然的、天性的、民间的精神。

这种自由环境，让湖南人养成一种"士气"。

湖南因蛮荒而存自由，因自由而生士气，因士气而有风骨。

气节属于官方，风骨存于民间。

我们看蚩尤、屈原、贾谊、柳宗元、周敦颐、王船山、毛泽东，要么败归民间，要么流放民间，要么终老民间，要么起事民间。悲情动天，力以拔世；精神流传，始有湖南。古人说"礼失求诸野"，对湖南来说，精神失求诸野。

起于民间的湖南人，在"反权威，取自由"时最为积极，也成就最大，这也是天下有大事必有湖南人出，湖南人善挽狂澜于既倒的原因。

我们已经可以看出，湖南精神忧天，尚巫重情，保存天性，长存士人风骨，千百年来，接近一种公民气质。

公民气质，源于价值多元，表现为一种独立、自由的状态。在这种状态下，每个人都有强烈的个体意识，对自身权利特别看重，按各自天性选择各种生活方式，为了天下人的幸福，不惜代价去追求。

结 论

历史看来，湖南精神五千年来不变的一点，是挑战传统，打破规则，创新应变。无论是最伟大的湖南人，还是最普通的湖南人，身上都有"尚巫重情"的非理性气质，这注定他们不会按套路出牌。因而任何中规中矩的、精雕细琢的评价，又都会画虎不成反类犬。

历数千年，无论“惟楚有材，于斯为盛”，还是“楚虽三户，亡秦必楚”，或者“是中国不可一日无湖南”，或者“若道中华国果亡，除非湖南人尽死”，湖南人那种“像昆仑崩绝壁，似台风扫寰宇”的狂放、倔强、反叛的精气神，都不可能通过循规蹈矩的方式，坐而论道地将它提炼出来。

精气神只可临摹、描画；通过技术理性的分析提炼，已经走样。

当代中国公民社会建设，依然依赖五千年来湖南精神，依靠两千年来湖南民间士气。天下不可一日无湖南，而湖南不可一日无精神，如果湖南硬要来提炼精神，在主流官方的归纳之外，真正长存历史与人心的，是那长存湖南草野民间，事实蓄养着的“湘人忧天、倔强勇猛、自由洒脱”精神。

湖南人在纽约

> 如果说，陈泰行身上发生的故事，能让人发现美国制度十分理性，完全程序化，是刚性与人性化并存，它们都为中国所不及；钟先生则用自己的亲身经历，告诉了我另一个真实的美国，与中国官场类似，有拖沓、慵懒与龌龊。

2010年10月某天，我突然接到一个朋友电话，美国湖南商会名誉会长陈泰行从纽约飞回到长沙，约谈做个剧本。

交谈后方知道，美国湖南商会会长钟先生想拍一个电视连续剧，剧名暂叫《湖南人在纽约》。

11月3日，钟先生从美国飞回。我到时已晚上9点，他谈性正健，跟湖南卫视某个导演刚谈完一次环球飞行的策划。见面后他解释：正倒时差，现在对他相当于凌晨9点，精力旺着。

切入正题，电视怎么做?

钟先生说：故事肯定很丰富，每个去美国的湖南人背后都有一段奋斗史。我看这样：提供故事的主要人，我安排他们陆续飞回来，就在长沙见面，你逐个聊?

我觉得这样不错。但总得有感性认识啊，没一点生活体验，写的故事不走样，味道也出不来。

陈泰行也觉得有道理，说好分两次去。每次去多长？倒时差得半个月，一次不去两个月，就像喝醉酒了在美国，酒醒了在中国，去了也白去。

谈好后，我说：我得先回去再看一遍《北京人在纽约》，积点经验，找点感觉。

钟先生说：不用看了，你们以前上当了，《北京人在纽约》太假，我们在美国真实的生活，跟电视剧里不是一回事。

可是，那片子当年实在太火。收视率、影响力超高。记得在中国内地开播时，我还在上高中。我记住了一个刘欢，学会了《千万次的问》。18年过去，姜文、王姬、刘欢，还有那首歌，老了。

自由碰撞

我之前对美国的了解，大致停留在《独立宣言》，欧·亨利、爱仑坡、马克·吐温小说，好莱坞电影，克林顿绯闻，马丁·路德·金的《我有一个梦想》。西部牛仔的自由奔放，个性民主的美国制度，则只能在媒体上见到。

图书的了解，有几本书印象较深：白岩松的《岩松看美国》，刘瑜的《民主的细节》。再是写广义北美、狭义加拿大的一本，阎真送给我的《曾在天涯》。

我一直很想去美国看看。除了异域吸引，我对美国公民社会建设，比如白岩松提到的黄色校车制度，公共图书馆的公益开放制度，更加感兴趣。但真要去时，耿耿于怀的一点，是每个美国人都私人持有枪。

我想：如果一个美国人不想活了，你遭遇他（她），不就刚好死路一条？那简直是铁定的。他（她）随手可以掏出来，将你崩了。

但在美国的湖南人解释：没那么恐怖，一般业余的美国人不爱好拿别人脑袋来练习枪法；治安也严，毕竟人人都有枪；他们也只拥有一颗脑袋。

但钻牛角尖：万一他（她）自己活得不想再活下去了呢？那就只好躺着也中枪。据说美国每年都有3万多人死于擦枪走火。子弹面前，人人等价，乞丐总统均不例外。这样固然尊重私权，但由此的麻烦，别人的情绪，决定你的生命。如果某人活得不耐烦了，或者碰上恋爱被人甩了，或者被领导批评得冒火了，城门失火，殃及池鱼，一枪将你带去见华盛顿。貌似平等的背后，不是天大的冤枉？

照中国式思维，这样的假设，几乎就是事实。

难道你怕死了？朋友见了，感到困惑不解。

原谅我用中国人思维来思考美国的问题，我开始理解《曾在天涯》里的主角高力伟。刚到加拿大时，高力伟分分秒秒总将加币兑换成人民币来掂量：一加元，五块钱。换了我也会这样做。面对黑洞洞的枪，我首先想到中国人拿到枪，会怎么做。

不是怕不怕死的问题。湖南人根子里逞胜好赌，面子心重，一旦血气上来，你才喊打，他就喊杀了；轮到你喊杀，他早去到炸火星的路上了。湖南人比地球村内任何一个种族都不怕死。但男人有家庭，上有老下有小，活着不是为自己。更关键是：人要死得有意义，别人的情绪你看不见摸不着，一旦失控，你就得做冤死鬼。被冒失鬼杀了，他（她）本小人，你与之俱小，跟死条狗差不多。

在美国会遇到随时会被人崩了的事情吗？真有。

陈泰行说了自己的故事：他1983年初到美国那会儿，花了350美金，买了一辆高档二手小车（车已开过10万公里，一根油管坏了，方向盘特重，卖主不知道，嫌修理麻烦，人工费特高，便随便喊个价卖了），与妻子一起，晚上去赌场接妈妈。

那时，为了省房租，他已从纽约搬到了长岛（居然跟长沙橘子洲同名，“长岛人歌动地诗”，橘子洲在毛诗闻名前就叫长岛），他不知道，自己从富人区搬进了平民窟。在他接母亲回楼进电梯时，同时进来两个西班牙人，一高一矮。

电梯合上的瞬间，西班牙人眼明手快，啪啪啪从一楼一直按到顶楼。“我马上发现不对，才有警觉，枪已抵住了脖子。”陈泰行说。二楼电梯门开了。高个子夺路而逃，抢走了陈妻的包。陈泰行明白遭劫了，一把抓住逃不及的矮个子手腕。矮个子情急开枪，子弹打穿了电梯。陈泰行个子高大，一弯腰，将矮个子扛了起来，重重地摔到地上。陈母惊乱中报警，五分钟后，警车带人。

去警察局时，陈泰行做笔录，并从警局调出的厚厚一摞嫌疑犯中指认高个子西班牙人。但刚到美国，外国人就像中国人看电视《动物世界》的猴子一样，这个人跟那个人，还真差不多。谁都越看越像，最后谁都不像。看了半天，他没指认出来。

警员录完后，警告陈泰行：中国小伙子，你这样做太冒险了，下次碰上抢劫，抓紧将钱全部交给他，然后向我们报案。

陈泰行说，事后一想，有点后怕。他刚到美国，只是凭湖南人的本能，根本没有想美国人每个人手里持的都是真枪，抢劫犯也不例外。

正因为这样，美国不鼓励见义勇为，他们反对见义勇为。有些乞丐也持枪乞讨，他问你要多少钱，你得乖乖给他。如果讨价还价，对方惹毛了，他掏枪吓你，不慎走火，响一下你就没了。电影《刮痧》中的男主角许大同就是这样，在平安夜里被乞丐持刀逼着给抢光了。

社区的保安呢？楼栋的保安呢？我疑问。陈泰行说：他在长岛的楼栋，一个楼长保护50户。让人哭笑不得的是，这里是贫民窟，楼长缺钱，配不起枪。陈泰行意外从抢劫犯手中抢到的那把枪，楼长要了，如获至宝。他很客气地感谢说：有了枪，从今以后，我就可以好好保护你们了。

这个故事让没有亲历的中国人都会感到有点惊悚。或许第一次接触，都会感到有所夸张。肯定的是，鼓吹个性与自由，私权神圣不可侵犯的美国，不至于人人时时生命危险；而且，人人平等的人人自危，久了人就麻木，习惯了这种危险，也就不成其为危险，而成了相互监督的手段。这大概是美国人宁愿放弃安全，也要用选票保护私人持枪权的原因。明白了这点，就理解了为什么美国人相互见面都客客气气。

制度碰撞

对知识分子来说，关于制度方面的文化差异呢？也不是没有。

美国是一个以制度起家，而又以制度闻名于世的国家。当年13个联邦从英国脱离出来，就是以各邦维护各自最大自由，消极联合成美国而设计宪法的，这让美国的民众一方面拥有最大限度的自由，同时对侵犯自身自由的地方，几乎都到了过敏的地步。

他们头脑里冒出来的第一个反应，是别人是否侵犯自己而违了法？他们请律师比上厕所还勤快。动不动跟你论理，打官司，法律文件，制度规定，看得人脑袋发麻。

美国是律师的天堂，但不是打官司的天堂。美国人一天也离不开律师，但他们又都最讨厌律师。有一则笑话，一位医生，一位教授，一位律师死了以后，一起到了天堂。给医生和教授开门的是天使，而给律师开门的是上帝本人。医生和教授都不服气，就找到上帝说，为什么你对律师那么尊重呢？上帝回答，“他是有史以来第一个来到天堂的律师，我当然要亲自迎接挑战了。”笑话就叫《受尊重的律师》。律师凭借他们的理性，已经要挑战代表信仰的上帝的权威，可见美国民众对他们有多恨。基督教相信律师死后都是要下地狱的。

中国人都不习惯制度，而强调道德与自律。湖南人天性向往自由，对制度更加不愿遵守。所以两千年来，湖南只桃源县出了一个宋教仁醉心宪政制度。

陈泰行老家湖南古湘乡，地处湘中，出过曾国藩、毛泽东的地方。他的祖辈早年参加湘军，跟着曾国藩打仗，发了财，由此开启了一个家族的兴盛。但到了毛泽东时代，这财发得真不妙，直接将家族阶级成分发成了黑五类，真有点像余华倒过来写的《活着》。地富反坏右，呆不下去了。父亲死得早，母亲在大陆呆不下去，便移民美国。陈泰行20世纪80年代初跟母亲也移民美国了。

尽管去乡离国三十年，他的身上，湖南人性格，依然明显。

我再给你讲个故事。陈泰行说：我刚买了车那会儿，春节上来，家人从中国返回美国，我去接他们。

当时还来不及办驾驶证，他开车带家人上了高速。因为车速低于限低标准，后面警车追了上来，对他亮灯，示意加速。

陈泰行领会错了，以为交警找他有事，便嘀咕着靠边停下来。交警很客气过来，交谈几句，说明事由，明白了，他又开车。不想发动机坏了，打不动引擎，只好求助。

刚好有现成的交警。交警说：我们帮你拖回去，请出示一下驾照。陈泰行一听，糟糕了，没办呢。谎称忘家里了。交警说：告诉我你的家庭地址，我护送你们回去拿。这下再瞒不过，只好老实交代，交警当场开了罚单。数规并罚，乖乖,400块钱，比买车还多出50美金。交警收了钱，又很客气将一家人义务送回，车就停在那儿。

这多少让人意外。照中国人的思维，你无证驾驶，已属违规，交警很生气，后果很严重，他不可能还客气护送你。但美国人理性到一码归一码，他们的个人情绪，不会带进公务中来。

第二天一早，陈泰行打计程车，来将车开回，本想先检修一下，不想一打就启动了。原来，这辆二手车有个毛病，引擎冷却几个小时，又可以恢复功能。只是，这个意外的小故障，让他当初便宜拣台车，却在后来又付了多出一倍的价钱，让人啼笑皆非。

这个故事有点滑稽，有点温馨，与国内比起来，甚至有点古怪。

如果说，陈泰行身上发生的故事，能让人发现美国制度十分理性，完全程序化，是刚性与人性化并存，它们都为中国所不及，钟先生则用自己的亲身经历，告诉了我另一个真实的美国，与中国官场类似，有拖沓、慵懒与龌龊。

钟先生老家在湖南湘阴，跟左宗棠、郭嵩焘是同乡。他定居美国，则十分偶然。20年前，他在岳阳政府部门工作，做专职翻译。一次随同政府人员偶然去美国考察的机会，他选择留了下来，虽然到后才发现，自己专业的口语，全是纸上谈兵，需要用时，实在无法跟美国人交流几句。

冒险留在美国，他后来回中国还是补办了签证。表格交到美国移民局，规定办理的最后期限将到了，他抽假去拿。戏剧性的情况出现了：移民局也不知哪个环节不负责任，居然将他的表格弄丢了。

在中国办理好的签字，只好自己重新“代签”，但根据规定，“代签”是无效的。移民局那个吊儿郎当的办事员，告诉他不能“代签”，推脱不能办理。但要命的是，这是办理最后一天了，再不签字，就要作废，自己又得回中国补办。只是这补办的来回费用，损失谁来买？移民局当然能赖则躲。

这真是一个叫钟先生感到左右不对的选择，但又必须选择。双方争执了一阵，钟岳说不办他就找律师了。只要办理人一告，移民局就将被认定失职。渎职罪在将职业精神看得神圣的美国，当然也是很严重的罪过。

怎么办呢？最后，移民局那个高傲的办事员，接受了一个馊主意，睁一只眼，闭一只眼，叫钟先生就在他眼皮底下“代签”成功了。签证这样还真办了下来。只是，这样一来，美国政府让中国人感受到几分熟悉与亲切，原来跟我们也差不多。这大概可以解释，美国人生下来就读法律，而法律事实也多如牛毛，而律师生意却总好到不可开交。

人的惰性，人办事中的拖沓、慵懒与龌龊，是人天性的部分，最完善的制度，也只能预防、警示、惩戒，不能做到完全消灭。人性善恶是相通的，美国人不只是有阳光的一面，他们也有夜晚漫长阴黑的那面，只是他们的制度像探照灯一样不时打过来，让拖沓、慵懒与龌龊要付出的代价比中国人严重，因此比中国要少。如果美国人不比中国人更拖沓、慵懒，那么他们的社会一片祥和，律师岂不多数待业家中，社会都鼓吹他们要上天堂了么？

这很好地解释了水门事件。在中国人看来，这件党派竞争时龌龊的偷听事件，可大可小，但只属于道德范畴，而美国人用技术理性的法律，让总统先生买了大单。

制度背后的文化冲突，很难说谁好谁坏。我们中学时课本里都读过马克·吐温的《竞选州长》，知道美国人竞选有黑幕，有潜规则。但批判政府、揭露黑幕的马克·吐温被美国人那样推崇，一方面显示这个民族的胸襟，同时也显示这个民主制度的宽容。

社会碰撞

跟在美国的一个接一个的湖南人聊天，我逐渐意外地发现，他们并不觉得美国就多么好，也并没有国人自己认为的那么差。这或许是他们跳出中国，美国带给他们遗憾，中国带给他们思乡，两者有一个反向的接受。完全熟悉的美国，让他们有某种厌倦；日益陌生的中国，勾起他们的某些回忆。虽然，他们自己已被美国同化，身上带着浓郁的美式风味，中国味已蜕变成文化杂交味。

尽管如此，一些价值观的差异，还是折射到生活中来。

钟先生问起我的家庭，我说，妻子正在中南大学攻读博士，过段时间才能毕业。他哈哈笑起来，说：在中国，都以妻子读博士为荣，在美国，这就成了骂人的话。人家骂人时会说：你妻子在读博士呢！

我多少听得有点惊讶，他可能看出来了。

在中国读博士，目前基本上还都是在寻求一种谋生手段，但美国不存在为谋生而读书。谋生在美国不成问题，即使拿社会保障金过生活的人，他们都跟在工作的教授差不多。金钱的诱惑与优越感一旦消失，博士的缺点就出来了：一个女性博士，让人第一印象是不会生活，换成中国式表述，叫灭绝师太。

这对崇尚自由，热爱生活，追求享乐的美国人，无疑是个扫兴的选择。

据说，以个体文化立国的美国人，都是一群特别会享受的人，享受养成了他们西部牛仔式的热情、自由、奔放，我行我素。完全自由的享受，需要大钱，所以他们虽然不差钱，但都需要钱，也最看重钱，因此崇拜钱。

如果说，中国人追求权力，最后将文化弄成一种特色，被叫作集权主义，那么美国人追求金钱，也造就了美国文化的另种特色，姑且名之"集钱主义"。在集钱的冲动下，在主义的舆论诱导下，美国人最佩服的对象，不是学者、教授，不是作家、总统，是体育明星、电影明星。至于理由，用中国纵横家苏秦嫂子的话说，"以季子之位尊而多金"。

有钱就有享受，有享受就是爷，也就得受追捧，难怪里根总统也做过演员。体育明星与演员最受美国人追捧，因为他们收入最高。电视剧《北京人在纽约》，将美国人对金钱的奋斗欲渲染到了地狱的程度，看来确是空穴来风。与重钱不重情的美国人比较，中国人特有的温馨与温情，也格外让美国人心动。美国文化，不可能有中国人这么虚伪到自相矛盾的委婉，他们通脱直接得多。

中国人自设等级，从来好面子，爱攀比，所以今天，中国稍有点名气的人，在国内都喜欢装，要么摆谱，要么装爷，实在不行，装孙子也行，那一定也是高官的孙子。他们打着这个旗号到处行骗，难得一次不成功。但到了美国，都不见了；每个人一踏上美国土地，自觉当成普通公民。这简直就是一块去等级化的魔土。

钟先生说起一些国内的一流明星、显要去美国的经历、故事，不无幽默地告诉我：前段时间，美国湖南商会请国内红极一时的"男女同体声"明星某某某做嘉宾，在晚会上登台演唱，某某某很高兴，连出场费都不要。这固然有走出国门的同胞情谊，很大程度上，也因为中国的名人，到了美国，也就是一个人名。奇怪的是，到了国内，明星喊价多则过百万，还要安排在黄金时段。中国从民间到官方，人心奇怪的地方是，它很容易刺激人要压人一身，盖人一头的冲动，你有本事而不压盖人，还真活不起人了。整体环境如果是污水，个人再多滴多少清水，还是一潭烂泥塘。唯一的办法，是另开一清渠，以清流化浊水。

听到这时，故事丰富了，内容也多了，比较也深入了，我多少有点信心了。但谁来拍《湖南人在纽约》呢？有人建议冯小刚。冯小刚的电影，我差不多都看过，平民化，充满了生活小智慧，包括狡黠，背后打上文艺的底子，带上人性温暖的感动，让人轻松一笑中接受了，传播开来。

美国好莱坞多年来是中国电影的滑铁卢，固然有前面说的文化差异原因，但中国许多导演搞不懂电影是什么，拍得很高深，像在菜市场谈哲学。其实美国大片没有一部不简单，简单的功夫做到极致，就是绝招。冯小刚是中国在菜市场谈菜市场，在哲学谈哲学的导演，因此他票房不错，口碑也好。钟先生说，冯小刚跟我熟，他到过几次美国，一点架子都没有，我下次专门去找他谈谈。

听也听了，想也想了，那么，《湖南人在纽约》的落点在哪里？我一时难以确定。写情？有亲情、有友情、有爱情。爱情最动人，但《北京人在纽约》做过了。写根？又是哪条根？异域湘人对湖南土地的眷恋？他们对落叶归根的终极寄托？这太俗套。写文化激烈碰撞与交融？湖南人独立、霸气、勇猛、智慧、冒险的性格与奋斗的欲望与美国人强烈的独立个体意识以及骨子里散发出来的自由气息的剧烈冲突与全新融合？湖南人的独立意识与自由天性，与美国人还真有几分接近。可是，我没去过美国，纸上谈兵而已。

随后，陈泰行为了让我加深了解，在长沙安排了一次餐聚。美国湖南商会的几位异域同乡，以及湖南省内的一些文化人、商人、官员，在一起交流。这是一次非常奇特而有趣的组合。

一位来自湘潭的政协委员说，我跟美国人打过不少交道，说实话，美国人在我看来，太笨了，他的反应都很慢，智商不高，内心过于耿直，根本跟不上你的思路。他断言：如果单打独斗，三个美国人加在一起，都不是他的对手。

说到后来，大家完全达成共识：就单个人而言，一对一地比较，美国人跟中国人，至少差了一个重量级，美国人跟湖南人比，还要另加两个。

问题是：为什么美国比中国发达？

政协委员说，根子出在中国人普遍聪明，而湖南人最聪明。你想想，聪明人跟聪明人在一起，能干什么呢？相互设防，相互算计。彼此算来算去，社会成本非常高，也不可能团结起来；而美国人虽然都比较笨蛋，但他们有一个好的制度，它的制度设置好了，照着那样的模板做，傻瓜当然都会做，只要坚持做完，就成功了，换谁都可以做出成就来，这有什么了不起呢？何况，美国人并不个个都是傻瓜，总有个把跟我们一样聪明的人。

这大概是说到了点子，当然也打破了人种的迷信。不要迷恋美国，大国只是传说。美国如果真有那么神秘，也只是中国人的想象，就像美国人中不少也想象中国这个东方的国度有多么神秘甚至神奇，然后不远万里飞来走一走看一看一样。美国全部或者最大的优势，在各项很具体、很实在的制度，以及对于制度的贯彻执行。如果美国人跟中国人甚或湖南人谈文化，全世界都要笑了。兵马俑随便找块泥巴，美国人拿起来便要数典忘祖；岳麓山上随便找块墓地，白宫看了也会感觉生不及死。据说克林顿做总统期间曾要求下兵马俑墓穴摸着马屁股拍照，中国媒体马上立照为据：克林顿拍中国的马屁。玩笑背后，未必没有美国人不能问“爷爷的爷爷”的意思。

今天中国对外国人的吸引力开始大于美国，这是事实。东方文化的魅力，让世界各地的人慕名而来。2012年北京开始对20万的外国人进行清查，一旦发现有偷渡的、违法犯罪的，就赶出国境。20万是个什么概念？在北京街头碰到10个人，就有一个是外国人。

中国的文化吸引外国人来这里生活，美国的制度吸引外国人去那里学习。对历史漫长，文化深厚的中国来说，是文化决定制度；对历史短浅、无文化积累的美国来说，是制度创出文化。

思考中国与美国，文化与制度，我想起中国第一任外交官、湖南湘阴人郭嵩焘在百多年前的判断：改变中国，需要三个百年。第一个百年改在器物；第二个百年改在制度；第三个百年改在人心。照这个说法，中国正处于“改在制度”阶段。

今天，中国的公民社会建设开始起步，虽然民间组织很不强大，社会活力远还没有激发出来。中国在技术上即将不输于美国，在经济实力上也正在逼近美国，如果在制度上进一步改进，中国与美国在地球村内的影响力，完全会翻转过来。中国文化在全球的魅力，也将再次焕发全新的活力。

电视还没开拍，但在纽约的湖南人，已经带给我们一些影响中国未来的启发。

评 论

解剖湖南人文病灶的柳叶刀

——读《湖南人怎么了》

> 敢于直面严峻的现实，批判一下湖南人的劣根性，对于振奋当代湖南人健康的人文精神，端正湖南人务实的处事心态，绝对是有百利而无一害的。

11月是深圳一年一度的读书月，照常要认真读几本好书，于是找出徐志频的新作《湖南人怎么了》，可能因为自己也是湖南人的缘故，在远离本土的南粤读这本书就有了一番隔岸观火的感受。读了《湖南人怎么了》之后，又发觉作者是一个人文积淀深厚且颇有历史洞察力的作家和一个具有文化批判精神的思想者。

《湖南人怎么了》第1版分为两大部分，第一部分是描摹刻画湖南地级行政市域的脸谱，将湖湘文化切割成十四个相对独立的板块，一一进行点评挖掘，等于建立了一个本土文化的人文模型；第二部分则是解剖湖湘文化的载体湖南人本身了，有褒有贬，信手拈来，纵横捭阖，张弛适度，表现了作者的冷静与成熟。前面写城，后面写人，但彼此间有着内在的呼应与互补的功能，合起来便是当代湖南人完整的切片图谱，加上通篇文字洗练，行文潇洒，前后照应，一气呵成，读起来让人痛快淋漓，爱不释手。

近现代以来，湖南人的历史地位已经被历史学家们，特别是一些湘籍学者们抬到了珠峰的高度，实际上湖南人在创造历史的时候，也在历史上留下了许多负面的精神垃圾，只是湖南人不愿意面对罢了。这些垃圾就像残留在湖南人体内的弹片，会常常令人隐隐作痛，当湖南人仍然陶醉在历史荣耀的阴影下的时候，才发现湖南人又被历史忽悠到了边缘，仿佛从终点又回到了起点。仅仅以去年3月全国两会选举的结果为例，在全国人大、全国政协、国务院、中央军委四大国家机构的领导人中以及国务院28个组成部委的正职中就没有一个是湖南人。因此敢于直面严峻的现实，批判一下湖南人的劣根性，对于振奋当代湖南人健康的人文精神，端正湖南人务实的处事心态，绝对是有百利而无一害的，哪怕是用微创技术点到为止，也能稍稍改善一下湖南人的微循环系统。

徐志频的确具有这种人文批判精神。他的笔就像一把温和的柳叶刀，剖析了湖南人某些具有遗传性质的病灶，让读者在掩卷之后能够产生一缕悲哀、一丝忧郁，当然也会获得一份启迪，引发一种思考。

先读他的“城”。限于篇幅，这里只随意点击打开其中几座城市的“窗户”

开篇就是《嘴巴长沙》，长沙人喜欢“策”，“这是比空瓶子也能喝出烈酒来更高的本领”，这种不务实的市侩作风绝对是与湖湘文化的品质格格不入的，这种“嘴上功夫”不仅仅是一种油滑与庸俗，也根本不可能支撑起一片现代文明的天空。

接下来的《土气湘潭》与嚼槟榔的民俗联系在一起总让人感觉不爽，它与当代健康的主流生活方式总有点背道而驰，据说湘潭的槟榔产业的市场规模高达十几个亿，如果这也成为一个现代化城市的支柱产业的话，恐怕并不是一件令人振奋的事情。

读《书生衡阳》时，当然会对王夫之这座文化丰碑高山仰止，但书生意气往往成不了大事，衡阳历史上真正能够彪炳千秋的就两个人，一个蔡伦，一个王船山，但这两个人并不是伴随着本土经济高度繁荣而出现的，因此与其说衡阳的书生意气是湖湘文化的一道绚烂风景，不如说在经济与文化共舞的时代，这种书生意气恐怕连一个城市也治理不好，难怪衡阳人自己也认为“脏乱差”是当下这个城市的代名词。

《手掌常德》调侃道：“常德人很适合做官，也挺能做官，据说湖南省厅局以上的官员，常德人就占了一半”，“我2003年在常德一个农村，当地人津津乐道地告诉我，他们单是某个村，处级干部就出了20多个”。这是高明的解剖与温和的缝合，它的潜台词是，当代中国什么资源都十分短缺、紧缺、稀缺，唯独官员不缺，常德人把精明和智慧用于经营官场实在是一种畸形的人文生态现象，也就难怪如今的厅级干部、处级干部的政治含金量大大贬值了。

一篇《打手邵阳》写真了邵阳人的“凌厉与凶悍”：他们面对敌人“眼如鹰隼，眉如刀枪，脸放红光，一不做，二不休，三不问，四不看，搬来一把大刀”，这恐怖的结果是可想而知的。当代邵阳人如果仍然全面继承“生活就是打架，打架即是生活”的秉性的话，只怕会影响这座湘中古城的投资环境，谁还敢去邵阳？实际上邵阳经济的发展一直处在蜗牛般的爬行状态。

《蛮人娄底》其实就是《打手邵阳》的另一个版本，“就像邵阳人的凶悍已成为基因，无论多少个博士学位，也无法改变其性格中的凌厉”，因为娄底人不怕死，“已经成为一个基因链条”，关键是当代社会所提倡的和谐文明的风尚，恐怕难以接纳娄底人这种自以为是的远古脾性。

在《商人郴州》里，作者讽刺了早几年郴州地方政府被人讥笑为“全国优秀腐败集体”的事件，这让人记忆犹新，如果所有的官员都用商人的手段捞钱，那么这个城市的营运成本和投资成本就会高企不下，它的发展之门也就关闭了，所以作者写道：“这个腐败的性格，基因沉淀，几乎成为特色官场文化，但不能遗传”，他希望郴州的“老百姓做生意多赚钱，做公仆的少当硕鼠多犁田”，这是一种很高境界的人文关怀。

《美人益阳》“蛮不及山地人，智不比水边人”，因此“在城市的定位、发展上，益阳也自觉不自觉地围着长沙转，在外人看来，它就成了长沙一条漂亮的尾巴”，一个城市失去个性，即便是美丽得无与伦比，也是没有吸引力的，因为养在深闺人未识的城市没人稀罕，这种微言大义的敲点颇有些大音希声的味道。

在《灵魂湘西》中“有我所见过最落后的湖南，而且超出人的想象力”，这大概是湖南经济状态的一个真实写照，足以震撼读者的心扉，也定能激起当代湖南人付出更多的心智去改变自己的荒蛮，从而与现代化的文明社会实行真正的接轨。

如果说湘西的落后多少有几分属于自然的造化，那么《蛮商怀化》则揭开了一段商业神话破灭的秘密，它告诉读者“中国第一古商城”和“中国第一商地”的洪江在经历了几百年的繁盛之后，由于近代湘商的蛮横固执与保守自闭而最终走向了衰落，这正是湖南商人缺乏商业智慧与经营谋略，不能与时俱进、顺势而上的历史教训，作者提醒我们时时刻刻都不能忘记这段湘商的灰暗历史。

再读他的“人”。徐志频首先想到的是湘商，这个与时代同呼吸共命运的特殊群体

《湘商的出路是不与人斗》告诫我们：当今湖南人要重新引领时代的潮流，是不能再依靠政治军事的手段了，而只能依赖经济奇迹的出现，但似乎这是一个愿景，于是作者呼吁湘商的崛起，就像当年的湘军横空出世一样。遗憾的是传统的湖湘文化与现代的商业理念彼此间有着遥远的距离，湘商要真正成为一个伟大的历史命题是应当在真正的湘商大军建立起来并取得举世公认的业绩之后，才能够彪炳史册的。而拦挡这一命题迅速形成的最大障碍物就是湖南人的“内斗”秉性，因为“湖南人好斗，世界上出了名”，“这注定他们天生的性格中，存在有巨大的漏洞”，所以作者感叹道：“今天好与人斗的人，多少是一种病态”，“多半是自己不如人，明着得不到，便要文韬武略，算计着夺人家”，因此只有当“湖南人的斗争文化转过来了，天下湘商也就看到希望的桅杆了”。

其次，另外三大硬伤也是屏蔽湘商成长空间的杀手，徐志频在《湖南人成事的性格大缺陷》中罗列的都是致命的病兆：偏激与意气、狂妄与空洞、浮躁与飘忽，湘商如果要想有朝一日执中

国经济之牛耳，必须经过一番痛苦的刮骨疗毒，才有可能化蛹为蝶，仿佛给当代湘商注射了一针人文疫苗。

《曾国藩让人反感的两点》则更多地体现了作者对传统文化的深刻反思。自从唐浩明把曾国藩推向神坛之后，这位近代老人就成了当代精英的偶像，但徐志频却“反感”这个人文标本，读曾国藩“不是享受，而是受罪，跟他的东西一接触，内心里总感到憋闷、压抑，他将你自然的心灵，总要上一副铐子，让你跟着他，自由不起来，只好一同出汗”，尤其认为曾国藩烙有封建印记的“官奴”形象是绝对不能进入湖湘文化的图谱的，这无疑也是当代湘商凤凰涅槃的天敌。作者甚至对曾国藩故居“富厚堂”的人文价值也提出质疑，湘商如果将财富转化为“微缩版”的皇宫或“死气沉沉的贾府”，那充其量不过是一位湘中土财主的最高成就。

总之《湖南人怎么了》具有温和的批判精神和理性反思态度，给读者提供了启示与教益，它告诉我们如何审视自身的文化遗传与历史包袱，如何正视自己的硬伤与软肋，以便用外来的“气功”调理自身的机能，从而勇敢地突出重围，将当代湖湘文化鲜艳的旗帜插到一个新的制高点上，也正如作者所期待的，在“穷山恶水”之中“开出惊艳之花”。

高源
（湖南省政协文史办原副主任，
深圳凡恩投资管理有限公司董事长）

源自故乡的深情

——评《湖南人怎么了》

> 那一行行充满乡土风味的文字，不仅吸引人，而且激动人。一个个充满幽默调侃色彩的题目，便引人走进了湖湘文化的深处，领略内中那迷人的风光，体味那一座座千年古城的千姿百态的风韵。更为重要的是，作者犹如侃大山的导游，细细诉说每一个浸透三湘四水春光秋色的城市个性。

一如醇茶浅斟，一如春风拂面，翻开徐志频的新作《湖南人怎么了》，便有一股子强烈的湖南人自豪感油然而生。那一片热爱故乡，热爱三湘四水这一方热土的深情，如悠悠乡曲，如汩汩乡情，动人肺腑，感人至深。

那一页页散发油墨清香的书卷，那一行行充满乡土风味的文字，不仅吸引人，而且激动人。一个个充满幽默调侃色彩的题目，便引人走进了湖湘文化的深处，领略内中那迷人的风光，体味那一座座千年古城的千姿百态的风韵。更为重要的是，作者犹如侃大山的导游，细细诉说每一个浸透三湘四水春光秋色的城市个性。

《嘴巴长沙》写尽了长沙人的健谈和爽朗，《土气湘潭》则散发出各色槟榔芬芳奇特的香味，至于《书生衡阳》，则让人领略到石鼓书院的千年古韵，细细地传达当年王船山先生“脚不踩满清人的地、头不顶满清人的天”那一份书生的热忱与执着。至于《手掌常德》，则让人油然而联想起常德人源远流长的文化传统和城头山上放歌的伟大激情。而《文人永州》则把忧愤深广的文人意气发挥到了极致，让人回味当年柳宗元指点江山激扬文字的几许愤懑，几许悲凉。而《商人郴州》则让人联想那些肩挑人扛沿街叫卖的湖湘商人艰苦奋斗的英雄传统。

事实上，商人是湖南最为智慧和最为顽强的族群，他们以自己无畏的奉献搞活了湖南的流通，并为湖南的历史写下了恢宏的一笔，真可谓汗雨挥洒彩笔画，湖湘商贾走天下。而《美人益阳》则把人们带入了一个诗情画意的境地，那些桃花江畔的俏丽女子，那一曲又一曲桃花江上美人多的动人传说，也成为了湖湘如诗如画的美丽风景的一个最为动人的篇章。

历史是人民写就的，《湖南人怎么了？》最为引人注目之处，就在于它的草根文学特色，也在于作者将湖南的草根、湖南的市井佃民作为第一主人公的勇毅。作者居然将这一类引车卖浆者流推上了聚光灯照射的醒目位置，字里行间，全无哗众取宠之心，尽有实事求是之意。他采用精雕细刻的工笔技法，把一座座城市市井佃民的草根性格写得淋漓尽致，他们的音容笑貌，他们的充满乡土风味的言语，全然跃然纸上，并给人留下了极为鲜明和极为深刻的印象。我们甚至可以毫不夸张地说，这部作品就是一幅幅湖南十四座城市的艺术写生，也是对这十四座城市的真正主人公、劳工阶级的写生。在当前这个大量歌颂亿万富翁、大量歌颂高官显贵的时代，居然出现了一曲吟诵市井佃民的城市物语，这也正是作者的一大奉献！如果依据当年毛泽东时代的风俗俚语，

《湖南人怎么了？》堪称一卷高高张扬文学人民性的文学精品。

徐志频是湖南一位才华横溢的本土作家，他清新秀丽的语言充满了湖南乡土文化的艺术风采，他那幽默调侃的文字，一方面平易近人，一方面又富有湖南文化人的机智和高雅。或者说，这类充满儒雅情趣的文字正体现了湖南人的气质，湖南人的个性，湖南人的才华，湖南人的风韵。这类文字调侃而不低俗，俏丽而不淫贱。而且字里行间，显示出悠然见南山的生活哲理，一如衡山庙里的偈语，令人蓦然回首，回味那一方美丽的风景。总而言之，将幽默调侃与深邃的生活哲理融为一炉，也许正是这部作品最为亮丽的艺术景致。

我与徐志频还是在长沙电视台的《有理大家谈》栏目中幸会的。原来我还以为徐先生是一位久经沙场的老学者，结果一见面，方才发现他竟然是一个散发青春活力的小伙子。这个人思维敏捷，少年老成，看问题可谓深思熟虑，心细如发，特别是他做起辩论来的样子，一就是一，二就是二，颇有一番为了真理而不惜一腔热血的湖南男子汉气概。一晃眼又是四年不见了，今天看到徐先生散发油墨清香的新作，方才知道洞中方数日，世上已大变，我们湖南新一代成长的小伙子，果真端的十分了得！

谢南斗
（《湖湘讲堂》主讲人，
湖南师范大学文学院教授）

后记

越写越害怕

我写《湖南人怎么了——湖南城市14脸谱》，画“湖南14张新脸孔”，说“代表今天最高水平”。几个网友说我在吹牛，几个网友说我在炒作。我想起鲁迅写《立论》。

老实说：真正潜心写作的人，不大在乎别人的看法。很简单：无论你怎么写，别人都有看法。说好说坏都有。要让所有人叫好，那只有住到火星。古人说：人上一百，形形色色。既然文学乃是人学，人学不离世道人心，写作之后，还得去看人心，去寻人性。

人是一个古怪的动物，在于常常心口不一。每个人懂的不一样，动机不一样。地球村里人有四种：聪明的好人，愚蠢的好人；聪明的坏人，愚蠢的坏人。

聪明的好人不用怕，因为他们实事求是；愚蠢的坏人不用怕，他们明着跟你干。最怕一是愚蠢的好人：他们真心实意帮你，但跟风车作战之时，矛拿反了方向，自己又浑然不觉，结果一枪将你刺死。最怕二是聪明的坏人：他们总想让你垮掉，但他们表面夸你，用飞机将你送上高空，然后地面控制，掐掉油门。

雨果说：比天空更广阔的，是人的心灵；释放无边光明的，制造无边黑暗的，都是人的心灵。有看透了人性的作家，这样说：嘴上骂我的人，心里都供了我的牌位。

作家写作从来是个人的事。一旦变成两个以上人的事，那等于毁了作家。假如沈从文的《边城》出书前请人提反对意见，两条是肯定的：一，语言太湘西化，中国人看不懂；二，故事题材太偏，与时代的都市生活隔膜。你几乎无法去反驳。但提意见的人自己没想到，《边城》最大的艺术魅力，正在这两点。我们得庆幸，沈从文没在乎这些意见。

我此前写作，最怕两件事。头一件是写命题作文，之次是请人提反对意见。我早年写作时，某次领导看中某篇，被重点提出来表扬，结果有人出来反对：这篇文章虽然不错，但比起某某某来，也不是没有瑕疵，我看大家应来找差距，提点反对意见。结果形势急转直下，奇迹迅时立现，表扬成了批判大会。

西方有社会学家发明“沉默的螺旋”。告诉我们，只要先对一个事定性，众人会受到暗示，跟着主导意见，往一个方向倒。虽万千意见，说白了就是一个人的反对。可见有些时候。最不可相信的，是众人的意见。

这其实是玩弄权术的人做的一个技巧：哪怕齐白石画虾，你拿《蒙娜丽莎》去比，然后定性：齐白石还需大大提高，去挖他的缺点，去找他的差距，齐白石耳朵里被灌满的，也都是墨汁一样的脏水。从艺术的角度，这无可无不可。但一旦被现实运做权术，马上成为一个阴谋。既然早已看透，虽然十分滑稽，但我有点过敏：荒唐最好在读小说，但不要发生到自身。

我大概能看懂别人的权术，但我内心里对这些奇技十分鄙夷。

前面的一切，都吓不倒我，要怕那是假怕，表示躲得起。但未必我就没有真怕？

真正让人害怕，是写作写到最后，都是写作家基因里的东西了。孟子说到写作，先教人去“养浩然之气”。其中缘由是，人间万千山水，世间百千道理，都先经过人的心，心灵感应到什么，将山水道理加工，又创造出什么。读一个人的作品，就是读一个心灵创造出来的山、水、道、理。文如其人，这是一个永恒的真理。所谓“文不如其人，人不如其文”，那只是假象。对高明的、能俯视的人而言，一切截然相反。用哲学的话说：假象也是人本质的表现，通过假象可以找到真象。

在艺术家眼里，世界就是通灵，普通人都是盲人。伯牙在荒山野地弹琴，樵夫钟子期听出：巍巍乎志在高山，洋洋乎志在流水。

孔子说：祭如在，祭神如神在。写作者的神，一是头顶的星空，二是内心的律令。

人间有小聪明，有大智慧。大智慧就是老实。当写作追求艺术，写作的人十分脆弱。人间波谲云诡，一切圣洁总要被玷污。混杂在污淖之中，如何始终看到星空，抓紧律令，这是一个如同星空一样久远的问题。

徐长颖 于湖南

2009年6月1日

名家荐读

徐志频是湖南一位才华横溢的本土作家，他清新秀丽的语言充满了湖南乡土文化的艺术风采，他那幽默调侃的文字，一方面平易近人，一方面又富有湖南文化人的机智和高雅。或者说，这类充满儒雅情趣的文字正体现了湖南人的气质，湖南人的个性，湖南人的才华，湖南人的风韵。

——《湖湘讲堂》主讲人 谢南斗

作为多年关注湖湘文化和湘商发展的著名青年作家，徐志频的文章总能体裁别出，眼光独到地对湖湘文化作出新的解读，从而使我们这些湖湘文化的“流放者”在“故国胡尘飞”的惆怅中穿越“远山楚云隔”，重新用一颗清明澄澈之心观照这个风云变幻的时代。近年来，我与志频先生思想交流频密，受其文化启示颇多，对其文章更是喜爱。

—— 湘商文化创始人 伍继延

百年来，我们所称道的湖湘文化存在着严重缺陷。如果不理性认识，就会造成负面影响。如心忧天下，有可能变成多管闲事；敢为人先，也许就是好出风头；过分强调身心修炼，就容易走向唯意志论；眼界过高，则容易流入空虚，不屑于干小事实事；热衷内斗，往往喜欢窝里斗；过于执着，就是霸蛮，有伤协调退让求共赢的商业谈判之道；血性旺烈，脾气多半暴躁；重情重义，一不小心就会形成帮派圈子。我希望有人写一部《丑陋的湖南人》，来解剖湖南人的缺点，这不是污蔑湖南人。

—— 著名作家 唐浩明

作者对当下社会前沿敏感问题进行体察，目光冷峻、情感真切，以一个新闻人的独特视角，从某些典型新闻事件切入，设法寻找隐藏在背后的东西。

—— 著名作家 王跃文

他写出了我们这个众声喧哗的时代，并试图极力探究事件背后的深度，将生活中的我们，放到时代聚光灯下，透视出最本质、最真实的一面来。

—— 中南大学教授、著名作家 阎真

《湖南人怎么了》具有温和的批判精神和理性反思态度，给读者提供了启示与教益，它告诉我们如何审视自身的文化遗传与历史包袱，如何正视自己的硬伤与软肋，以便用外来的“气功”调理自身的机能，从而勇敢地突出重围，将当代湖湘文化鲜艳的旗帜插到一个新的制高点上，在“穷山恶水”之中开出“惊艳之花”。

—— 湖南文史专家 高源

先天下之忧而忧，后天下之乐而乐，每一个湖南人都是光大湖湘文化的担当者。在当今，创新、传承湖湘文化，发展湖南经济，构建和谐湖南，重树湖南人自信心，重塑湖南形象，是每一个湖南人的使命。徐志频先生是一个有心人，孤心苦诣创作，站在当代民间的立场反思湖湘文化，视角独特，文笔优美，阅读性强。该书的出版大有裨益于世。

——青年学者 黄守愚

志频的文就像他本人，潇洒而富有知识性，使人被吸引的同时，也被这位戴着厚厚镜片的具有学者风度的青年才子所吸引。

——湖南作家 罗并乡

在一个消费主义盛行时代，历史与文化深处那些闪光的东西，总是显得遥不可及，也与喧哗而平淡无奇的生活毫不相干；但是，志频兄的作品，却以独一无二的视角和表达方式，向世人证明：那些深刻的见解和令人震撼的思绪，其实与每一个人都近在咫尺。

——《法人》杂志总编辑 肖黎明

徐志频在《湖南人怎么了》里对当下文化现象和现实状态有着创建性的批评，渗透着自己的现实经验与生命体验的思考，他对湖南人的研究和批评，与其说是他对现实的一种进入，不如说是一次自我生命的穿越和突破。

——知名作家 姚筱琼

在说与不说都无关大雅的语境之下，作者不是打着历史的幌子言说现实，而是以其独特、甚至带有强烈另类色彩的视角，将历史与现实做一番理性平和的沟通，由此窥探社会的诡谲和人性的杂奥，将自身的情绪置之度外，显现作品是一系列超越了寓言的“寓言”。

——自由撰稿人 唐继明

梦想是书生笔端的激情，现实是书生足下的大地。志频君以梦想为翼，短短一支笔，为“衡阳书生”继续丈量着现实，丈量出无边无际的天下。

——青年作家 赵海燕

“湖南十四脸谱”是湖南风土人情的“清明上河图”，更是转型时期湖南人的生动写照，也将对未来湖南人形象提供参照。一个作家要有深刻的历史意识，不仅仅是歌颂过去湖南人的丰功伟绩，高呼“湖南人凭什么”，而要使历史的成功经验对当下现实有裨益，也能够直面历史给当下现实造成的负面影响，反思“湖南人怎么了”，最终，我们的历史意识让我们具备了担当精神，使我们当下的一举一动也成为历史的一部分，最终书写了未来的历史。

——青年作家 枕戈

本书特别鸣谢
友情支持团体与个人

《湖南人怎么了》得以完美再版修订，特别鸣谢以下支持团体与个人：美国湖南商会名誉会长、旅美湖南同乡会会长陈泰行；日本湖南人会会长段跃中；湖南省经济技术协作办公室副主任祝拥军；山东省湖南商会常务副会长、青岛湖南商会会长程坚；陕西省湖南商会秘书长王俭平；安徽省湖南商会会长许宗志；贵州遵义湖南商会会长赵信；上海市湖南商会副会长龚文、副会长王灵杰；天津市湖南商会秘书长王晓玎；重庆市湖南商会副秘书长康华；四川省湖南商会副会长黄立新；江西省湖南商会副会长雷筱芳；广东省湖南商会副会长邓怀宇；广东省长沙商会会长黄学军；云南省湖南商会会长汤秋云、副会长许三庆；浙江省湖南商会常务副会长欧阳国辉；北京广西企业商会秘书长卢爱任；湖南省山东商会执行会长崔彦博；包头市湖南商会会长万必国；北海市湖南商会会长瞿孝江；曲靖市湖南商会秘书长田野；襄樊市湖南商会会长李文喜；西双版纳湖南商会副秘书长肖大翔；湖南省浙江商会秘书长应永来；湖南中商浏阳河酒销售有限公司总经理徐先忠；湖南省汇湘轩生物科技有限公司董事长王忠明；湖南长沙理工大学汽车维修培训基地董事长兼校长滕文星；盈科律师事务所高级合伙人彭勇胜，湖南东文新锐传媒有限公司副总经理姜军浩；方正证券股份有限公司办公室总监余春晖；湖南省常德澧县第一中学校长兼党委书记赵绪清；中国民用航空局空中交通管理局湖南省空管分局团委；“三湘读书月”指定承办单位弘道文化。

易中天、于建嵘、王跃文
伍继延、笑蜀、肖黎明
郑重荐读

反思中国，我们做错了什么？

官员读，谙熟治乱成败的智慧
文人读，通达政治与道德关系
公民读，发现公民精神的可贵